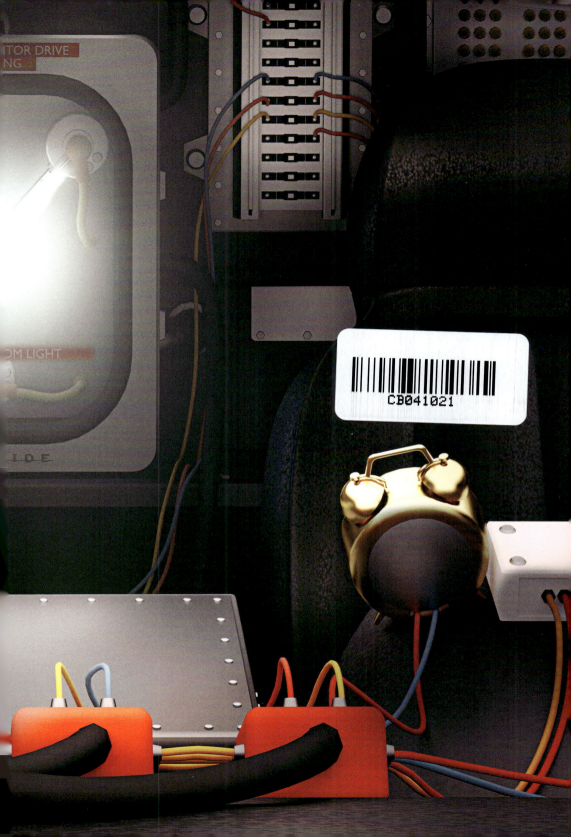

Copyright © 2015 by Caseen Gaines

Todos os direitos reservados incluindo o direito de reprodução integral ou de partes em qualquer formato.

Edição publicada mediante acordo com a Plume, selo editorial da Penguin Publishing Group, uma divisão da Penguin Random House LLC.

Tradução para a língua portuguesa
© Alexandre Matias 2015
© Mariana Moreira Matias 2015

Título original
We don't need roads : the making of the Back to the future trilogy

Diretor Editorial
Christiano Menezes

Diretor Comercial
Chico de Assis

Editor Assistente
Bruno Dorigatti

Capa e Projeto Gráfico
Retina 78

Designer Assistente
Luisa Primo
Pauline Qui

Revisão
Marlon Magno
Retina Conteúdo

Impressão e acabamento
Ipsis

DADOS INTERNACIONAIS DE CATALOGAÇÃO NA PUBLICAÇÃO (CIP)
Angélica Ilacqua CRB-8/7057

Gaines, Caseen
 De volta para o futuro : we don't need roads – os bastidores da trilogia / Caseen Gaines ; tradução de Alexandre Matias, Mariana Moreira Matias. – – Rio de Janeiro : DarkSide Books, 2015.
 320 p. : il., color.

 ISBN: 978-85-66636-76-5
 Título original: We Don't Need Roads: The Making Of The Back to the Future Trilogy

 1. Cinema 2. Filme – De volta para o futuro – produção 3. Roteiros cinematográficos 4. Filmes de ficção científica
 I. Título II. Matias, Alexandre III. Matias, Mariana Moreira

15-0942   CDD 791.4375

Índices para catálogo sistemático:

1. Filmes de ficção científica

DarkSide® *Entretenimento LTDA.*
Rua do Russel, 450/501 - 22210-010
Glória - Rio de Janeiro - RJ - Brasil
www.darksidebooks.com

CASEEN GAINES

DE VOLTA PARA O FUTURO

OS BASTIDORES DA TRILOGIA

DARKSIDE

TRADUÇÃO
ALEXANDRE MATIAS
MARIANA MOREIRA MATIAS

*PARA MINHA FAMÍLIA
QUE ME CRIOU COM UMA DOSE
SAUDÁVEL DE FICÇÃO CIENTÍFICA
ME MOSTRANDO SEM QUERER QUE
TODAS AS COISAS SÃO POSSÍVEIS*

- 015 PREFÁCIO
- 017 INTRODUÇÃO
- 025 PENSE, MCFLY, PENSE
- 055 APAGADO DA EXISTENCIA
- 081 FAÇA COM ESTILO
- 111 ROCK 'N' ROLL
- 135 CONTINUA
- 165 ESTAMOS DE VOLTA
- 185 VOCÊ É GEORGE MCFLY
- 203 SKATES QUE NÃO FUNCIONAM
- 229 UM EXPERIMENTO CIENTÍFICO
- 255 SEUS FILHOS VÃO AMAR
- 274 FLASHBACK

Rewind Fast Forward

*"A ÚNICA COISA MAIS INCERTA DO
QUE O FUTURO É O PASSADO."*

PROVÉRBIO SOVIÉTICO

UM FILME ATEMPORAL

POR ALEXANDRE OTTONI E DEIVE PAZOS

Quando Marty viaja no tempo para 1955, ele estava tão longe de sua época quanto estamos agora em relação ao lançamento de *De Volta para o Futuro* nos cinemas. No entanto, a obra-prima de Robert Zemeckis ainda parece intacta. Intocada pelo tempo e pela evolução natural da linguagem cinematográfica.

A maioria das histórias de viagem no tempo lida com grandes fatos históricos, onde o viajante se vê na posição de alterar eventos que reflitam em acontecimentos retumbantes. Impedir o ataque de Pearl Harbor em *Nimitz – De Volta ao Inferno*, rechaçar uma invasão alienígena em *Star Trek: Primeiro Contato*, salvar a humanidade do domínio das máquinas em *O Exterminador do Futuro*. Mas em *De Volta Para o Futuro* o problema é abordado sob o ponto de vista mais local e simples possível em uma cidadezinha fictícia do interior da Califórnia. Salvar o mundo? Matar Hitler? Não, o maior problema aqui é: Se meus pais não se apaixonarem, deixarei de existir! Está aí uma premissa capaz de ressoar em todo mundo, em um nível extremamente pessoal. A própria ideia fundamental do filme é "E se um adolescente pudesse ir à escola com seus pais também adolescentes? Eles seriam tão diferentes?"

A partir daí, descobrimos que a viagem no tempo é apenas um artifício de roteiro para uma história absolutamente íntima. É o desenrolar de uma curiosidade apetitosa para a mente. Deliciosa para a imaginação. Em uma ironia poética, isso faz *De Volta para o Futuro* ser um filme atemporal, capaz de atingir geração após geração com o mesmo divertido impacto.

É claro que a imaginação também decola com o DeLorean nas vias aéreas de Hill Valley, na linha temporal alternativa de Biff, no assalto ao trem, digo, experimento científico de Doutor Brown no Velho Oeste, na hora marcada para o raio da torre do relógio, uma informação que só um viajante do tempo poderia ter. Todos esses elementos são tão habilidosamente costurados nessa trama fantástica, que conseguimos entender porque esses filmes viajaram através dos últimos trinta anos sem envelhecer um dia.

INTRODUÇÃO

QUINTA-FEIRA, 23 DE JANEIRO DE 2014

LEI DE MURPHY
A teoria que, momentos antes de uma entrevista com Robert Zemeckis, faz seu gravador de áudio parar de funcionar.

Depois de nove meses na fase de pesquisa para este livro, sabia ter adiado falar com Robert Zemeckis o máximo que podia. Eu estava nervoso de conversar com a mente criativa por trás de alguns dos meus filmes favoritos, como *Forrest Gump: O Contador de Histórias*, *Uma Cilada para Roger Rabbit* e, é claro, aquela trilogia épica sobre viagem no tempo. Havia milhões de coisas que queria perguntar a ele, mas a maioria tinha a ver com o projeto em que eu estava trabalhando. Não era nem que eu estivesse tão ansioso pela possibilidade de falar com ele, mas, quando se tem a chance de conversar com um visionário cujo trabalho você respeita e admira, isso de alguma maneira te deixa excitado.

Ou, pelo menos, é assim que eu considero meus sentimentos olhando em retrospecto. Mais provavelmente, era porque eu tinha provas tangíveis da vantagem de ter Robert Zemeckis – ou Bob Z, como ele é conhecido pelos amigos, colegas e fanáticos por *De Volta para o Futuro* – neste livro. Algumas semanas antes, quando entrei em contato com o empresário de Christopher Lloyd, ele me perguntou se Zemeckis também participaria. Uma linha foi traçada na areia: o dia em que falasse com ele seria o dia em que eu agendaria uma entrevista com o Doc.

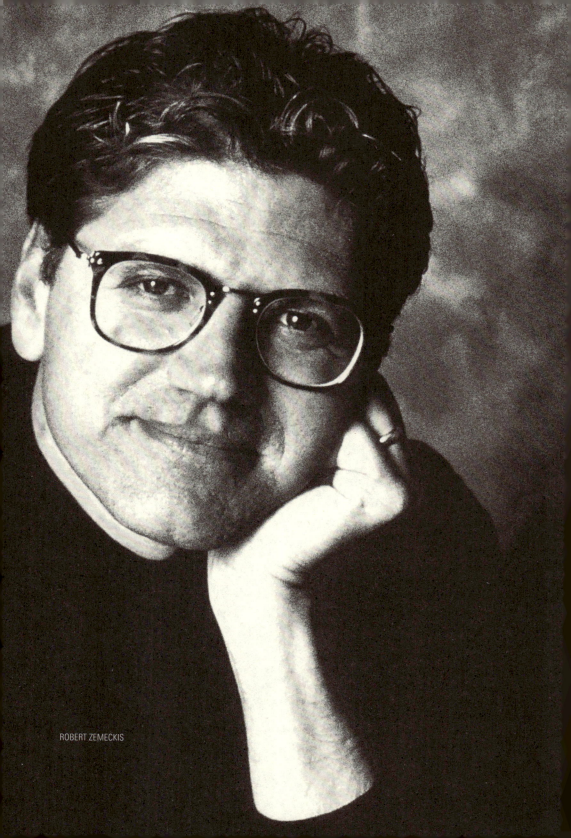
ROBERT ZEMECKIS

DE VOLTA PARA O FUTURO - BASTIDORES

Desafio aceito. Encerrei o telefonema com o representante de Lloyd e resgatei o cartão com o número do agente de Zemeckis, um pedaço de papel de 7 × 12 que vinha me assombrando desde que eu o havia rabiscado, quatro meses antes. Sem precisar ultrapassar muitos obstáculos, consegui falar com o assistente de Zemeckis, que agendou imediatamente uma entrevista de meia hora pra gente, com somente uma condição: "Nós pedimos respeitosamente que você obedeça ao período de trinta minutos que estabelecemos". Sem problemas, pensei – isso até uma semana depois, seis minutos antes do horário marcado para a entrevista, quando o software que uso para gravar ligações do Skype parou de funcionar.

Eram 12h24 no horário do Pacífico. Eu moro na Costa Leste, mas acabei me acostumando a programar meu dia em torno do que eu chamo resumidamente de "Horário de Los Angeles". Cada segundo foi se tornando cada vez mais importante. Eu não iria me atrasar para ligar para o Bob Z de jeito nenhum. Bob G – Bob Gale, corroteirista e coprodutor de *De Volta para o Futuro* e suas subsequentes continuações – tinha me dito que Zemeckis raramente dá entrevistas sobre seus trabalhos anteriores. As palavras do seu representante corriam pela minha cabeça, um painel de LED na parte de fora da bolsa de valores de Nova York. Lentamente, no início, e então foi ficando do cada vez mais rápido, com o texto cada vez maior – TRINTA MINUTOS QUE ESTABELECEMOS. TRINTA MINUTOS QUE ESTABELECEMOS. TRINTA MINUTOS. TRINTA MINUTOS. MINUTOS. MINUTOS.

Às 12h29, eu estava perdido, sem outra escolha a não ser usar meu plano B. Peguei meu telefone celular, deletei alguns aplicativos para garantir que teria memória sobrando e liguei para Zemeckis do meu computador, rezando em silêncio para que o microfone do celular pegasse tudo. Eu tinha consolidado todas as minhas perguntas em seis ou sete tópicos, após chegar à conclusão de que poderia ser mais fácil deixar a conversa transcorrer naturalmente, garantindo ao mesmo tempo que eu iria conseguir o que precisava dentro dos limites da sua agenda. E consegui. Não só foi um prazer conversar com o diretor, mas ele também foi agradavelmente direto em relação às suas intenções com os filmes e às suas contribuições para o cinema em geral. Dos muitos tópicos da nossa conversa, o mais importante foi seu orgulho e espanto permanentes com o legado duradouro de uma história que ele e Gale haviam criado há mais de três décadas e que não teria saído do papel se não fosse pela tenacidade e pelo compromisso inabalável dos dois com o projeto.

Crie um alerta do Google para a expressão "De Volta para o Futuro" e não vai passar um dia sem que você receba uma notícia de algum lugar do mundo usando o título, frequentemente sem ter conexão alguma com o filme. Como *Tubarão*[1] uma década mais cedo, *De Volta para o Futuro* estabeleceu um novo precedente sobre como criar um *blockbuster*

---

1   Baseado no romance de Peter Benchley, publicado pela DarkSide® Books em 2015. [Nota do Editor, de agora em diante NE.]

de verão. Como Bob Gale gosta de lembrar a aspirantes a roteirista, as três coisas mais importantes em uma história são personagens, personagens e personagens. Apesar de todos os efeitos especiais e visuais, o verdadeiro sucesso do filme encontra-se no roteiro hermético de Zemeckis e Gale, e os personagens marcantes que foram trazidos à vida por seu talentoso elenco. Ao longo dos trinta anos que se passaram desde o lançamento do primeiro filme, a trilogia continuou a capturar a imaginação de uma geração que, por sua vez, passou esses filmes para seus filhos como queridas heranças de família.

Sou novo o bastante para ter perdido os filmes no cinema, mas, graças a uma de minhas tias – que parecia ter centenas de fitas vhs quando eu era pequeno –, tive a sorte e, para muitos fãs de *De Volta para o Futuro*, a rara experiência de ser apresentado aos habitantes de Hill Valley pela primeira vez como um filme triplo. Era dia de aula, mas tive uma febre leve e a enfermeira da escola me mandou para casa. Como meus pais estavam trabalhando, minha tia Stacey, que trabalhava à noite, foi me buscar. "Acho que você vai gostar destes", disse ela, enquanto eu me sentava em seu sofá sob um cobertor, com uma tigela de sopa de galinha ao meu lado. Duvido que tivesse alguma ideia do quanto eu iria gostar. Ela colocou o primeiro filme no videocassete enquanto eu estudava a capa da caixa de papelão. A imagem daquele cara que eu reconhecia da tv com um pé naquele estranho veículo, com fogo passando pelo meio de suas pernas, parecia mágica. Eu não conseguia parar de estudá-la, procurando indícios do que iria se desenrolar nas horas seguintes. Sabia que estava na frente de um filme diferente de qualquer coisa que já tinha visto antes. Quando os créditos finais da primeira e da segunda parte começavam, eu corria para trocar a fita, fazendo tudo para continuar a história o mais rápido possível. A palavra "fim" apareceu na tela nos últimos momentos da *Parte III* e decidi deixar os créditos passarem até o final. Eu já nem lembrava da minha febre quando minha mãe foi me buscar. Mal podia esperar para ir à escola no dia seguinte e contar para meus amigos sobre Marty McFly, seu amigo Doc Brown e suas loucas aventuras que eu acompanhara durante quase seis horas.

Sempre fui um leitor ávido de livros sobre os bastidores dos meus filmes e séries de televisão preferidos, porque eles entravam em mais detalhes do que os "making of" promocionais comuns que às vezes passavam na televisão no final dos anos 1980 e início dos 1990. Conforme o 30º aniversário de *De Volta para o Futuro* se aproximava, eu não conseguia acreditar que um livro detalhado sobre os bastidores de um dos filmes mais significativos culturalmente das últimas três décadas ainda não havia sido escrito. Meu objetivo era mudar isso, não apenas narrando o processo de filmagem, mas também mostrando como esses três filmes deixaram uma marca indelével nos Estados Unidos e em muitos outros países ao redor do mundo.

Quando me propus a escrever este livro, levei em conta a importância de falar com o máximo possível de pessoas ligadas aos filmes. A trilogia havia sido bem documentada nos últimos trinta anos em revistas, fã-clubes, programetes em vhs, dvd e Blu-ray, e em incontáveis websites como o BacktotheFuture.com, a plataforma digital que centraliza tudo sobre a franquia. Como alguém me falou: "O que mais você pode dizer sobre um filme que está sendo escrito continuamente nos últimos trinta anos?" Mas, mesmo com essa abundância de informação disponível, a mitologia sempre me pareceu meio incompleta. Havia pouquíssima gente recontando as mesmas histórias diversas vezes. Várias histórias de bastidores tornaram-se comuns e o fato de você conhecê-las ou não tornou-se um teste pseudodecisivo entre os maníacos para determinar se um novo membro do grupo é realmente um grande fã da trilogia. E eu tinha a sensação de que essas histórias podiam ter perdido um pouco de sua verve inicial.

Durante o processo de pesquisa, descobri que minhas suspeitas eram verdadeiras. Muitas das histórias repetidas ao longo dos anos tinham sido depuradas, condensadas para omitir detalhes importantes e/ou contadas fora de contexto. Ao entrevistar minhas fontes, eu as encorajei a ir além das histórias de sempre e realmente lembrar do passado. Ou, talvez mais apropriadamente, do *Futuro*. E elas fizeram isso. Eu podia sentir as pessoas descobrindo coisas esquecidas havia muito tempo, muitas vezes com uma precisão surpreendente. É difícil para alguém se lembrar de tudo o que fez na semana passada, muito menos há três décadas, mas, quanto mais eu falava com as pessoas, mais as histórias eram corroboradas e uma visão abrangente de como era fazer parte da equipe que fez história no cinema tornou-se mais clara.

Como eu tinha aprendido na elaboração dos meus dois livros anteriores, é difícil encontrar uma pessoa que trabalhou em um filme que não tenha acumulado um ou dois episódios interessantes. Em relação a isso, tive sorte de tantas pessoas acharem que valeria a pena gastar alguns minutos de seu tempo comigo. Além de Robert Zemeckis, Bob Gale e Christopher Lloyd, cujo empresário cumpriu sua promessa, mais de cinquenta outras pessoas de todas as áreas da produção – atores, produtores, membros da equipe de filmagem, editores, artistas gráficos, figurinistas, divulgadores e os envolvidos com efeitos especiais e visuais – deram sua contribuição para tornar este projeto a maior compilação de *De Volta para o Futuro* já montada. Também falei com algumas pessoas que não trabalharam nos filmes, mas que são

Os criadores de *De Volta para o Futuro* BOB GALE e ROBERT ZEMECKIS, ou "os Bobs," no set

DE VOLTA PARA O FUTURO - BASTIDORES

especialistas em relação ao impacto da trilogia, incluindo críticos de cinema, documentaristas e fãs, que foram além de suas obrigações para manter acesa a chama de sua franquia favorita.

Ao escrever este livro, eu me apoiei principalmente nas mais de quinhentas horas de entrevistas que conduzi ao longo de um período de vinte meses. Todas as citações que aparecem nas próximas páginas vieram dessas conversas. Embora tenha sido um trabalho feito com muito critério e cuidados significativos para cada pessoa mencionada, algumas das citações foram corrigidas para maior clareza. E, nos casos em que as conversas foram reconstruídas, o diálogo ou veio de um relato de uma pessoa, ou da síntese da lembrança dos eventos de mais de uma pessoa. Toda a informação incluída foi corroborada por outras fontes ou reflete o que provavelmente aconteceu com base na minha apreciação da validade de cada entrevistado e da veracidade de sua memória. O resultado é uma cápsula do tempo dos bastidores da trilogia *De Volta para o Futuro* graças àqueles que estiveram lá e participaram daquilo.

Conforme o meu processo de entrevistas progredia, comecei a perceber que este projeto não seria simplesmente sobre os bastidores de uma trilogia cinematográfica, mas também sobre como alguns dos titãs da indústria foram criados. Até aqueles fãs casuais dos filmes vão encontrar informações interessantes sobre o mercado de filmes sob a perspectiva das melhores mentes de Hollywood. Quando quiser, veja a lista de créditos que as pessoas que trabalharam em *De Volta para o Futuro* acumularam antes e depois dos filmes. Embora você possa não reconhecer todos os nomes, praticamente todo mundo com quem eu falei trabalhou em outros filmes que receberam bastante atenção ao longo dos anos, como *Avatar, Blade Runner, Clube da Luta, Um Estranho no Ninho, Guerra nas Estrelas: O Despertar da Força,* a franquia original de *Super-Homem* e *Titanic,* só para citar alguns. Eles são visionários incrivelmente talentosos; alguns já eram veteranos quando as filmagens começaram, em 1984, e outros estavam apenas começando na área. Independentemente da sua experiência anterior, eles trabalharam juntos para fazer um filme realmente atemporal sobre viagem no tempo.

O que se segue é um amálgama da verdade deles – um perfil não só de um filme, mas, como fui lembrado quando passei meia hora revisitando a memória com Zemeckis, das pessoas normais e comuns que com criatividade e paixão produziram uma série extraordinária. Algumas das decisões que eles tomaram foram pouco convencionais, mas valeram a pena, apesar das probabilidades. A trilogia mudou para sempre a paisagem do cinema ao redefinir o que um *blockbuster* de verão poderia ser, quem poderia estrelar um e sob que circunstâncias improváveis uma trinca de filmes poderia ter um grande impacto em todo o mundo. Você pode não acreditar que *De Volta para o Futuro* é a trilogia de filmes mais importante de todos os tempos, mas, depois de ler este livro, eu aposto que você vai mudar de ideia.

Então, aperte os cintos, porque se meus cálculos estiverem corretos, quando esta belezinha chegar a 88 milhas por hora, você verá algo surpreendente.

PENSE, MCFLY, PENSE

DOMINGO, 30 DE DEZEMBRO DE 1984

As filmagens tinham começado havia menos de um mês, mas algo já não estava certo. No que deveria ter sido seu dia de folga, Robert Zemeckis foi até o trailer duplo que permaneceria estacionado atrás do complexo da Amblin Entertainment durante os meses seguintes. Como todas as salas de edição dentro dos escritórios do estúdio estavam reservadas para outros projetos, Steven Spielberg tinha combinado que os coeditores Arthur Schmidt e Harry Keramidas usariam a estrutura temporária como seu espaço de trabalho permanente enquanto montavam *De Volta para o Futuro*, o filme da Universal Pictures com lançamento previsto para o fim de semana do Memorial Day.[1]

O diretor caminhou pelo pátio, que normalmente estaria movimentado com ajudantes e aprendizes arquivando trechos de filmes e cenas extras em grandes caixas de papelão que cobriam a parede. Mas, por ser um fim de semana, era uma cidade fantasma virtual, com exceção de duas outras vivalmas no edifício, Schmidt e Keramidas. Eles estavam escondidos no antigo escritório improvisado, sentados diante de

---

[1] O Memorial Day é um feriado nacional dos Estados Unidos que homenageia os militares norte-americanos que morreram em combate. É celebrado na última segunda-feira de maio. [Nota dos Tradutores, de agora em diante NT.]

um monitor de tamanho modesto. Ao lado deles, havia uma cadeira – a cadeira mais confortável do escritório – que ficava sempre vazia, exceto durante as visitas de Zemeckis. As reuniões haviam se tornado cada vez mais comuns naquele ponto do cronograma de filmagens, semanas após a data de início, 26 de novembro. A equipe de produção esperava que a fotografia principal estivesse finalizada depois de cerca de vinte e duas semanas de filmagem, o que significava que haveria menos de três meses entre a última tomada capturada e a data de lançamento de *De Volta para o Futuro*, no fim de maio. Como se o cronograma já não estivesse apertado o suficiente, vários efeitos visuais ainda teriam de ser acrescentados na pós-produção pela Industrial Light & Magic (ILM), de George Lucas, restringindo ainda mais a programação.

Para agilizar o processo, Zemeckis ia para a sala de edição no final dos seus dias de filmagem e nos fins de semana para ver cenas em vias de ser coladas. Zemeckis passou a confiar em seus editores, especialmente em Artie, que havia sido indicado ao Oscar alguns anos antes por seu trabalho em *O Destino Mudou sua Vida*, outro lançamento da Universal. Suas habilidades meticulosas de edição o levaram a ser contratado após um encontro casual, alguns meses antes. "Eu estava trabalhando em um filme da Paramount chamado *Quando Se Perde a Ilusão* e tínhamos dois jovens adolescentes no filme", diz ele, provavelmente referindo-se a Christopher Collet e Robert Downey Jr. "Bob estava procurando em todos os lugares por alguém para fazer o papel de Marty. Ele ligou para o diretor, Michael Apted, e perguntou se poderia ver alguma filmagem dos dois rapazes. Michael não queria deixar que o filme saísse da sala de edição, porque ele ainda estava filmando e eu estava editando à medida que avançávamos, então ele pediu a Bob que fosse ver o filme na máquina de edição somente comigo."

Zemeckis foi com seus produtores Bob Gale e Neil Canton para assistir às três ou quatro cenas que Artie havia preparado com antecedência. O editor passou o filme, que, posteriormente, foi recebido com silêncio. Aparentemente, esse silêncio ficou mais alto a cada segundo, até que os visitantes o ouviram ser quebrado por seu anfitrião.

"O que vocês acham?"

"Acho que nenhum desses meninos é ideal para fazer o Marty McFly", disse Zemeckis. "Mas realmente gosto da maneira como essas cenas foram editadas." O rosto de Schmidt ficou vermelho, envergonhado por poder ter parecido que ele estava tentando ganhar um elogio, quando, na verdade, estava apenas tentando acelerar a sessão e voltar ao trabalho. Ele agradeceu ao diretor pelas palavras gentis e o grupo foi embora. A reunião, aparentemente inconsequente, assumiu uma nova importância quando, cerca de três semanas depois, Bob Z convidou o editor para ir até seu escritório na Universal para uma entrevista. Schmidt foi e o contrataram.

Um segundo encontro entre Zemeckis e Schmidt aconteceu logo em seguida. Quando houve uma pausa na conversa, o editor perguntou quem tinha sido escalado para

DE VOLTA PARA O FUTURO - BASTIDORES

o papel de Marty, já que nenhum dos jovens atores a que eles assistiram naquele fatídico dia se encaixava. "Até agora não decidimos", respondeu Bob Z. "O cara que eu realmente quero é o..." Ele caminhou até a mesa de centro em seu escritório e pegou uma revista adolescente, abriu em uma página com uma grande fotografia de um jovem galã, apontou para a foto e disse: "Este é o cara que eu realmente quero para fazer o papel do Marty, mas ele não está disponível porque está fazendo uma série na tv".

Artie não sabia disso na época, mas a busca pelo Marty McFly perfeito foi um esforço árduo. Quando a Universal Pictures concordou em fazer o filme, os Bobs começaram imediatamente a tentar preencher o papel fundamental do protagonista de *De Volta para o Futuro*. Embora ele não estivesse em suas cabeças quando escreveram o roteiro, assim que foi finalizado ambos sentiram fortemente que Michael J. Fox seria o protagonista perfeito. Hoje parece que Fox nasceu para interpretar Marty, mas este não era o caso quando a montagem do elenco estava em andamento, em meados de 1984. Sim, o ator canadense era o eixo central da série popular da televisão *Caras & Caretas*, mas, até aquele momento, ele só havia aparecido em dois grandes filmes – o fracasso da Disney de 1980, *Loucuras em Plena Madrugada,* e o moderadamente bem-sucedido filme de 1982 *Os Donos do Amanhã*, cujo subtítulo antecipava o papel que um dia definiria a carreira do ator: "Nós somos o futuro... e nada pode nos parar!"

No final do verão de 1984, antes mesmo de o pedido ter sido feito para Michael Apted, que resultou na contratação de Schmidt, Steven Spielberg ligou para seu amigo, o produtor de *Caras & Caretas* Gary David Goldberg, para pedir que Fox lesse o roteiro e considerasse fazer o teste para o papel. Spielberg e Goldberg se conheceram em 1979, depois que Kathleen Kennedy, ex-assistente e colega de Goldberg na faculdade, apresentou os dois. Como Spielberg estava em Londres filmando *Os Caçadores da Arca Perdida*, Goldberg foi até lá encontrá-lo, pois os dois estavam colaborando em um roteiro, que acabou por ser desfeito, chamado *Reel to Reel*, um musical semiautobiográfico sobre um diretor de primeira viagem rodando um filme de ficção científica. Quando *De Volta para o Futuro* chegou à fase de pré-produção, os dois não apenas eram amigos, mas também vizinhos – ambos eram proprietários de casas de praia próximas em Malibu – e aliados profissionais. Spielberg foi uma das primeiras pessoas a ver uma edição bruta do piloto de *Caras & Caretas,* em 1982, e sem qualquer exagero disse a seu amigo que a série certamente seria um sucesso e que seu precoce ator, que fazia o papel de Alex P. Keaton, o filho adolescente, ia ser um grande astro. Quando Zemeckis deixou claro que Fox era o primeiro da sua lista de atores para o papel de Marty, Spielberg se ofereceu para ligar diretamente para Goldberg, ignorando o caminho tradicional de telefonar para um agente a fim de negociar um acordo.

Depois de uma breve leitura do roteiro, o titã da televisão decidiu que Fox não ia receber as páginas. Goldberg adorou o que leu e percebeu o potencial que o filme tinha para ser um sucesso – mas aquilo ameaçava atrapalhar tudo o que ele havia estabelecido com sua *sitcom*. A série estava passando por uma ascensão meteórica nas

DE VOLTA PARA O FUTURO - BASTIDORES

avaliações da Nielsen[2] – do 49º lugar em sua primeira temporada para ficar entre as cinco melhores em um período de três anos – graças, em grande parte, ao fato de a série *The Cosby Show* passar logo antes. Quando Meredith Baxter, que fazia a matriarca Elyse Keaton na série, ficou grávida de gêmeos, os roteiros do programa foram modificados para se apoiar mais no personagem de Fox. O ator de 23 anos, que ainda tinha um rosto de menino e comportamento juvenil, tornou-se um astro, como Spielberg havia previsto, alavancou a audiência da série e estampou uma profusão de revistas adolescentes, como a que Zemeckis tinha em seu escritório. Goldberg tinha certeza de que Fox ficaria interessado em trabalhar no filme e, assim, se distrairia e ameaçaria a popularidade da série. Ele queria ajudar seu amigo, mas Michael J. Fox, disse ele, estava fora de cogitação. A busca por Marty McFly teria de continuar.

E assim foi. Da mesma forma que os Bobs ficaram desapontados com a falta de disponibilidade de Fox, eles estavam determinados a pressionar e encontrar a segunda melhor opção possível. Nada em relação a tirar *De Volta para o Futuro* do papel tinha sido fácil até aquele ponto e, na cabeça deles, aquele era apenas o mais recente contratempo que teriam de superar da mesma maneira que sempre encararam seus problemas – juntos.

Os dois se conheceram no primeiro dia da aula Cinema 290, no segundo semestre de 1971, na Escola de Artes Cinematográficas da Universidade do Sul da Califórnia (USC). Logo uma amizade se formou. "Nós estávamos entre os poucos alunos de graduação em uma classe, em sua maioria, de pós-graduação", diz Gale. "Nós rapidamente descobrimos que tínhamos gostos semelhantes no cinema. Bob era a única pessoa que eu conhecia que, como eu, tinha a trilha sonora de *Fugindo do Inferno*."

Eles logo perceberam que, enquanto a maioria de seus colegas de classe estava absorta com a ideia de criar filmes cabeça, eles estavam mais interessados em fazer filmes que qualquer cara gostaria de ver. Na maioria das vezes, eles passavam seu tempo livre assistindo a uma exibição de *Perseguidor Implacável* ou o mais recente filme de James Bond, não discutindo o fio condutor da carreira de Akira Kurosawa. Os filmes, acreditavam eles, deveriam ser divertidos para o público em geral, em primeiro lugar; o benefício adicional viria quando uma pessoa refletisse sobre ao que tinha acabado de assistir e percebesse que havia mais do que se pensava inicialmente. Zemeckis aspirava a ser diretor de cinema, enquanto Gale sonhava ser roteirista; ambos decidiram desenvolver o seu amor em comum pela criação de filmes, como uma equipe. Antes de se formar, eles se ajudaram em seus filmes estudantis, incluindo os curtas *The Lift* (1972) e *A Field of Honor* (1973), bem como em um roteiro para um filme de terror que Gale tinha concebido sobre prostitutas vampiras, *Bordello of Blood*,[3] que, eles nem imaginavam na época, seria transformado em filme mais de duas décadas depois, com um roteiro completamente reescrito por A.L. Katz e Gilbert Adler.

---

2   Sistema de medição de audiência usado em mais de quarenta países. [NT]

3   *O Bordel de Sangue*, da grife *Contos da Cripta*. [NT]

CLINT EASTWOOD
como Dirty Harry

DE VOLTA PARA O FUTURO - BASTIDORES

O objetivo deles era que *Bordello* fosse o primeiro longa-metragem que fariam juntos. Os dois continuaram a refinar o roteiro durante o primeiro verão após a formatura, mas, para começar a cavar seu espaço, pensaram que poderiam tentar a televisão. Bob Z passou a frequentar os estúdios da Universal, pois ouvira a lenda de que Steven Spielberg fez o mesmo quando era um jovem aspirante a cineasta com um sonho semelhante ao de Zemeckis. Spielberg, segundo essa história, passava tanto tempo nos estúdios que acabaram achando que era um contratado e ofereceram a ele um trabalho de direção – um boato que virou uma tradição de Hollywood. Ao seguir os passos fabricados de seu ídolo, Zemeckis ficou sabendo que a série *Kolchak e os Demônios da Noite* estava quase sendo cancelada e os roteiristas veteranos já estabelecidos estavam deixando o programa. Talvez, ele pensou, aquilo pudesse ser uma oportunidade para dois jovens famintos de vinte e poucos anos tentarem emplacar uma de suas histórias no ar. A dupla criou um roteiro para a televisão em apenas algumas semanas e a Universal comprou. Foi o primeiro momento de afirmação de que seu sonho em comum de ser cineastas poderia realmente se tornar realidade – e, quando isso acontecesse, eles poderiam provar que seus pais céticos estavam errados.

O sucesso rapidamente bateu mais duas vezes. Os Bobs escreveram um episódio para *McCloud*,[4] que foi "optado" – jargão da indústria para quando um produtor reserva oficialmente o direito, por um tempo acordado, de comprar um roteiro em uma data posterior –, e outro roteiro para *Get Christie Love!*, uma série de vida curta talvez mais lembrada agora por ser citada na sequência de abertura de *Cães de Aluguel*, de Quentin Tarantino. A Universal viu potencial nos Bobs para se tornarem grandes roteiristas de televisão e lhes ofereceu um contrato de sete anos para escrever para algumas séries da NBC, pagando a cada um US$ 50 mil por ano até o encerramento do acordo. O pai de Gale, que, como os pais de Zemeckis, já pensava que o filho era louco por ter se matriculado na USC com a esperança de se tornar um cineasta profissional, estava convencido de que tinha criado um idiota quando ficou sabendo que os Bobs, sob a orientação de seus recém-contratados agentes e advogados, iriam declinar do negócio.

Em vez de depender daquele salário fixo, os dois abandonaram a televisão e decidiram se concentrar em suas grandes aspirações na telona. Eles terminaram o roteiro de *Bordello* e o levaram para o também ex-USC John Milius, um corroteirista não creditado dos dois primeiros filmes de Dirty Harry[5] e *Tubarão*, que estava a poucos anos de receber uma indicação ao Oscar por seu roteiro de *Apocalypse Now*. O escritor tinha um contrato com a Metro-Goldwyn-Mayer (MGM), um acordo para dirigir dois filmes e produzir outros dois. Milius gostou do roteiro dos Bobs, mas achou que poderiam ter uma ideia melhor. Eles tentaram vender outra história em que estavam

---

4   Série de TV dos anos 1970 inspirada no filme
     Meu Nome é Coogan, estrelado por Clint Eastwood. [NT]
5   *Perseguidor Implacável* (1971) e *Magnum 44* (1973). [NT]

DE VOLTA PARA O FUTURO - BASTIDORES

trabalhando, uma comédia de época que se passava em Los Angeles no período de preparação para a Primeira Guerra Mundial. No final da reunião, Milius concordou em produzir o filme, com base principalmente na força do seu bem desenvolvido conceito e entusiasmo. O escritor fechou um acordo para que os Bobs desenvolvessem sua ideia em um roteiro formal e, quando estava pronto, o produtor tentou vender o filme para Spielberg, que já estava bem familiarizado com Zemeckis. O diretor comprou e *1941: Uma Guerra Muito Louca* iniciou a sua jornada para a produção.

O relacionamento e a amizade de Bob Z com Spielberg começou quando o primeiro era um estudante da USC e o último visitou o campus para exibir seu primeiro filme para o cinema, *Louca Escapada*. Zemeckis assistiu à exibição e depois foi conversar com Spielberg para saber se ele gostaria de ver seu filme estudantil de 1973, *A Field of Honor*, pelo qual Zemeckis ganhou um Student Academy Award. Após alguns dias, os dois estavam assistindo ao curta de catorze minutos no escritório de Spielberg. Embora ainda estivesse a anos de distância de tornar-se um nome familiar no momento da sua visita à USC, Spielberg já estava estabelecendo uma reputação como alguém para se acompanhar. Sid Sheinberg, que era vice-presidente de produção da divisão de televisão da Universal na época, viu o filme estudantil de Spielberg de 1968, *Amblin'* – que mais tarde inspirou o nome da empresa de produção do diretor –, e ofereceu-lhe um contrato de direção de longo prazo. Apesar de *1941: Uma Guerra Muito Louca* ter seguido o sucesso de *Tubarão* e *Contatos Imediatos do Terceiro Grau*, não conseguiu replicar a rentabilidade destes filmes na bilheteria. O filme se tornou o primeiro de Spielberg a não obter nenhum lucro sobre o investimento do estúdio.

Enquanto *1941: Uma Guerra Muito Louca* estava em produção, Spielberg assinou um contrato para ser o produtor executivo de *Febre de Juventude*, um roteiro que os Bobs escreveram e a Universal comprou. Desta vez, Zemeckis iria dirigir. O filme foi lançado em 1978 e, dois anos depois, a Columbia Pictures lançou o segundo filme deles, *Carros Usados*. Os Bobs colocaram seus corações e almas em ambos, mas, enquanto os críticos os adoravam, tal como *1941: Uma Guerra Muito Louca*, os filmes não conseguiram se conectar com o público em geral. "Não é que *Febre de Juventude* e *Carros Usados* não tenham sido bem recebidos – as pré-estreias dos dois foram uma bomba", diz Gale. "Nós simplesmente não tivemos nenhum público no dia das estreias."

"Os primeiros filmes de Zemeckis, que ele fez com seu roteirista parceiro Bob Gale, têm uma energia cinética incrível", diz Leonard Maltin. "Eles parecem estar sobrecarregados de adrenalina. Isso é o que penso, em primeiro lugar. Eu adoro *Carros Usados* e nunca vou entender realmente por que ele não se tornou maior. Mesmo ao longo dos anos, nunca conquistou seguidores como merecia, mas eu não sei por quê. É muito sarcástico? Muito cínico? Não sei. Talvez apenas o nome *Carros Usados* dê uma conotação que as pessoas não acham atraente."

Embora a Columbia Pictures só tenha obtido um lucro mínimo com *Carros Usados* (o filme arrecadou US$ 11,7 milhões contra um orçamento de US$ 8 milhões),

THE TWILIGHT ZONE

DE VOLTA PARA O FUTURO - BASTIDORES

Frank Price, o presidente do estúdio, não estava pronto para desistir dos dois jovens cineastas. O filme recebeu as classificações mais altas nas sessões de teste da história do estúdio – então o que importava se poucas pessoas o tivessem visto de fato? Aqueles que viram acharam o filme hilário – inclusive o presidente do estúdio. Logo após o filme ser lançado, Price pediu aos Bobs que levassem sua próxima ideia para ele assim que bolassem uma – o que, no fim das contas, ocorreu mais cedo do que ele esperava, pois os dois cineastas estavam desenvolvendo outra história.

Apenas algumas semanas antes de Price falar com eles, Bob G estava em sua cidade natal, St. Louis, para divulgar *Carros Usados* e participar da estreia local do seu filme. Ao visitar a casa de seus pais, ele descobriu o anuário de 1940 da escola que seu pai frequentou, University High School. Antes de ser o patriarca da família Gale, o pai de Bob fora presidente da classe, fato que o cineasta ignorava até se deparar com a tal foto em preto e branco. Enquanto Bob olhava para o rosto na página impressa, ele percebeu que seu próprio período como estudante devia ter sido muito diferente do de seu pai. O Gale mais jovem, que se formou na mesma escola em 1969, nunca teria participado de uma eleição estudantil. Apesar de tirar sempre as notas mais altas, ele não era um dos intelectuais. Ele amava música – não o rock, como alguns dos outros alunos, mas trilhas sonoras de filmes. Seu tempo livre era gasto lendo histórias em quadrinhos ou livros de ficção científica, fazendo filmes ou trabalhando no estúdio de arte. As garotas eram interessantes, mas caras, por isso ele não namorou até o último ano. Enquanto era estudante, tinha uma gama de interesses, mas fazer discursos na frente de seus colegas e pendurar cartazes de "Vá de Gale" ou "Aposte em Bob" nos corredores não estava entre eles. A mente do jovem cineasta entrou em um ritmo alucinado enquanto ele olhava para a foto de seu pai no anuário. Ele não conseguia parar de se perguntar: se ele e seu pai tivessem frequentado a escola na mesma época, eles teriam sido amigos?

Os Bobs estavam tentando criar uma história de viagem no tempo desde que começaram a trabalhar juntos nos roteiros, tendo ambos sido fortemente influenciados por *A Máquina do Tempo*, de H.G. Wells, bem como pela série de TV *Além da Imaginação*, de Rod Serling, mas não conseguiam pensar numa ideia original digna de ser contada. No entanto, enquanto Gale guardava o anuário, ele pensou que tinha chegado ao germe de uma ótima ideia. Ao voltar para Los Angeles, compartilhou o pensamento com seu colaborador. Zemeckis viu o potencial do conceito e começou a acrescentar suas próprias sugestões extemporâneas na mistura: *e se sua mãe, que sempre disse que nunca beijou um menino quando era adolescente, fosse na verdade a vadia da escola?* Eles rapidamente decidiram desenvolver alguns detalhes adicionais da história e levá-la para Frank Price.

Levou menos de três minutos para o presidente do estúdio perceber que o projeto deles era um vencedor. Durante a reunião, Gale sentiu que Price estava interessado, mas Zemeckis levou um pouco mais de tempo para se dar conta. O entusiasmo do diretor o incentivou a falar sem parar sobre os mínimos detalhes da trama e as piadas que a dupla tinha inventado. Depois de alguns minutos de monólogo, seu parceiro

CASEEN GAINES

lhe deu uma cotovelada, fazendo com que Bob Z parasse o suficiente para receberem a proposta de um contrato de desenvolvimento na Columbia a fim de expandir sua ideia e criar um roteiro.

Depois de alguns dias, os dois começaram a trabalhar. "Eu e Bob sempre ficávamos na mesma sala, geralmente em nosso escritório, e a gente conversava sobre tudo", diz Gale. "Primeiro a gente fazia um esboço do filme em cartões e os colocava em um painel de cortiça na parede. Uma vez que tínhamos uma estrutura e um plano para o filme, começávamos com a primeira cena e falávamos sobre ela. A gente trabalhava junto nos diálogos de cada cena e eu fazia anotações detalhadas."

"Era uma verdadeira colaboração", Zemeckis acrescenta. "Estávamos muito em sincronia e, quando uma boa ideia aparecia, era praticamente de um para o outro, discutíamos a respeito de tudo. Falávamos tudo o que vinha às nossas mentes; nós nunca nos preocupamos se o que estávamos dizendo não era uma boa ideia ou uma ideia válida. Qualquer coisa que um pensava era dita para o outro, porque você nunca sabe. Você nunca sabe o que pode desencadear outra ideia."

"Como eu sabia datilografar e o Bob não, toda noite eu batia o trabalho à máquina no formato de roteiro", Gale continua. "Quando começamos a escrever o primeiro rascunho, eu usava uma máquina de escrever manual que eu tinha desde que era calouro na faculdade e ainda tenho até hoje. Não me lembro se eu fazia cópias com carbono enquanto escrevia ou se nós tirávamos cópias das páginas no dia seguinte. De qualquer maneira, o resultado foi que Bob Z tinha uma cópia do que eu datilografava. Nós passávamos para a cena seguinte; enquanto eu datilografava o trabalho do dia, Bob relia as páginas datilografadas que eu tinha lhe dado naquela manhã, fazendo anotações, revisões, o que fosse. Eu nunca lia o que escrevia à máquina até que houvesse um roteiro completo. Dessa forma, eu poderia lê-lo do início ao fim e ter uma noção do ritmo, o que Bob não conseguia, uma vez que ele trabalhava cena por cena."

Esse processo continuou até que, em 21 de fevereiro de 1981, os dois completaram o primeiro rascunho de *De Volta para o Futuro*. Embora o ponto crucial da história que se materializou na tela estivesse presente – menino tem amigo inventor maluco, inventor maluco tem máquina do tempo, menino é acidentalmente enviado de volta no tempo e interrompe o primeiro encontro de seus pais –, existem várias diferenças significativas entre aquele roteiro e o que foi para a tela. Naquela iteração, Marty McFly pirateava vídeos e comandava uma operação secreta no mercado negro com seu amigo Professor – não Doutor – Brown, que tinha um chimpanzé de estimação chamado Shemp. O nome de sua namorada era Suzy, sua mãe era Eileen, Marty viajava de volta para 1952 e seus pais davam o seu primeiro beijo enquanto a banda Lester e os Moonlighters tocava "Turn Back the Hands of Time", música de 1951 de Eddie Fisher, no baile Primavera em Paris.

Frank Price ainda achava que o conceito geral do filme era bom, mas acreditava que o roteiro estava muito duro nas pontas. Os Bobs, sempre esperançosos, voltaram para

DE VOLTA PARA O FUTURO - BASTIDORES

seu escritório com os cartões. "Inevitavelmente, a nossa opinião sobre o nosso próprio primeiro rascunho era que ele era terrível", diz Gale. "Isso aconteceu com todos os roteiros que já escrevemos. Nós começamos a rever, desconstruir e revisar o trabalho."

A segunda versão foi concluída em 7 de abril. Price achou a segunda tentativa melhor, mas não deu a luz verde para *De Volta para o Futuro. Carros Usados* era uma comédia atrevida, o único filme não recomendado para menores de dezessete anos de Zemeckis até *O Voo*, de 2012, e Price estava esperando que os Bobs lhe trouxessem outro filme que se encaixasse nesse molde. Um filme curioso sobre um garoto tentando juntar seus pais podia ser um bom filme, mas, na visão de Price, ele não conhecia ninguém além de si que se interessaria em vê-lo. O roteiro foi devolvido para os cineastas no que é conhecido na indústria como um acordo de inversão, no qual um estúdio – por exemplo, a Universal – pode comprar os direitos de um roteiro desenvolvido por outro estúdio – como a Columbia – de modo que o primeiro estúdio possa recuperar o seu investimento inicial.

E foi precisamente o que aconteceu. Os Bobs estavam livres para levar seu roteiro para outros estúdios de cinema, o que inicialmente se mostrou menos do que proveitoso. Da Paramount à Universal, da 20th Century Fox à Warner Bros., todos os executivos com quem eles se reuniam faziam uma variação da mesma pergunta: "E o *Steven*?" Spielberg estava interessado na produção executiva de *De Volta para o Futuro* – ele via potencial no roteiro de Zemeckis e Gale, e a ingenuidade de sua ideia –, mas foi solicitado ao peso-pesado de Hollywood que não se envolvesse no processo de venda. Os Bobs gostavam de trabalhar com ele, mas seus dois primeiros filmes fracassaram. Se isso continuasse, eles temiam nunca mais conseguir fazer outro filme para um grande estúdio. Ou pior, eles seriam percebidos pelo mercado como duas pessoas que ganharam oportunidades que não mereciam para desperdiçar dinheiro do estúdio por causa de sua amizade com um dos diretores mais rentáveis da década precedente. Assim, Zemeckis pediu um espaço para seu amigo na tentativa de provar que poderia caminhar sozinho.

Enquanto os Bobs continuavam a apresentar o filme para todos os estúdios de Hollywood, eles ouviam com frequência que o roteiro de *De Volta para o Futuro* era muito meloso para atrair a juventude rebelde dos anos 1980. Embora a história, posteriormente, tenha provado que estavam errados, não se pode culpar o processo de pensamento uniforme dos executivos de cinema, notoriamente avessos a riscos. Nos quatro anos que a dupla levou para convencer um estúdio a financiar e lançar seu filme, comédias adolescentes não recomendadas a menores de dezessete anos, como *Picardias Estudantis, Porky's: A Casa do Amor e do Riso* e *Negócio Arriscado* foram grandes sucessos de bilheteria. Não só isso, mas três filmes de viagem no tempo também chegaram aos cinemas: *Nimitz: De Volta ao Inferno, Em Algum Lugar do Passado* e *Os Bandidos do Tempo* – e apenas este último teve um sucesso modesto. O recado foi dado e digerido: comédias obscenas davam dinheiro, filmes sobre viagem no tempo não. Todos os estúdios abriram mão do filme principalmente por essas razões, com exceção de Tom Wilhite, vice-presidente encarregado do desenvolvimento de filmes e séries para a televisão na

MICHAEL DOUGLAS e KATHLEEN TURNER
em ação em *Tudo por uma Esmeralda*

DE VOLTA PARA O FUTURO - BASTIDORES

Walt Disney Company, que tinha suas próprias queixas. O executivo ficou chocado com a cena em que Marty e Lorraine, sua mãe adolescente, dão um rápido e desajeitado beijo no Packard conversível amarelo do rapaz. O filme era oficialmente impossível – muito provocativo para a Disney e pouco provocativo para qualquer outro estúdio.

Embora ambos esperassem que *De Volta para o Futuro* fosse feito, a realidade logo os alcançou. Era bom continuar a perseguir um sonho, mas era melhor ter dinheiro para que pudessem comer. Os Bobs ganharam a oportunidade de criar um filme de gângster para a ABC, mas depois de cinco semanas de pré-produção a rede de televisão desistiu. O projeto não interessava muito a nenhum dos Bobs, mas foi a gota d'água para Zemeckis. Ele estava cansado de correr na roda para hamsters – desenvolver uma ideia, escrever um roteiro, apresentar para os estúdios e depois repetir tudo, apenas para ver uma luz verde ficar vermelha, ou nem mesmo ficar verde. Ele informou ao seu parceiro que dirigiria o próximo roteiro satisfatório que aparecesse. Gale compreendeu. Sem ressentimentos.

Como se sua fala tivesse poderes, um roteiro que interessava Zemeckis logo caiu no seu colo. Era uma oportunidade para dirigir Michael Douglas, Kathleen Turner e Danny DeVito em *Tudo por uma Esmeralda*, de 1984, um filme de comédia/ação/romance sobre uma mulher da cidade grande que embarca em uma aventura que a leva a se embrenhar nas selvas da Colômbia. O filme, que marcou a primeira colaboração do diretor com Dean Cundey, foi filmado principalmente em locações no México. Embora o diretor e o diretor de fotografia tenham se dado bem, as filmagens ocasionalmente foram problemáticas, muito por conta da frequente frustração de Turner com o estilo de direção de Zemeckis. Ela achava que ele era um garoto esperto que tinha acabado de sair da escola de cinema e que estava mais preocupado com as câmeras e efeitos especiais do que em dar atenção a seus atores. O diretor não só não foi capaz de impressionar sua atriz principal como, de forma ainda mais desastrosa, não conseguiu ganhar nenhum elogio dos executivos da 20th Century Fox.

"Ele não era o Bob Zemeckis que todos nós conhecemos agora, com todos os filmes fabulosos. Ele tinha feito aqueles outros dois filmes que, financeiramente, não tinham ido bem", diz Clyde E. Bryan, que também trabalhou como primeiro assistente de câmera em *Tudo por uma Esmeralda*. "Em vez disso, os executivos do estúdio tinham certeza que um filme chamado *Rhinestone: Um Brilho na Noite* seria um enorme sucesso. Era com Dolly Parton e Sylvester Stallone. Era uma péssima combinação, um filme terrível. Eles colocaram toneladas e toneladas e toneladas de dinheiro nesse filme. Não investiram quase nada em *Tudo por uma Esmeralda* e chegou uma hora em que mandaram o pessoal do financeiro para acabar com tudo. Não era, na época, um filme muito caro, custou algo em torno de US$ 9 ou 10 milhões. Eles só não tinham ideia sobre como ele iria se sair."

"Era um filme um pouco diferente para aquele momento", Cundey continua. "Quando viram a primeira versão de *Tudo por uma Esmeralda*, um dos caras no estúdio

CASEEN GAINES

disse que achava que o filme era impossível de ser lançado." Enquanto o diretor continuava a trabalhar com seus editores na versão final e nas refilmagens, o chão estava desaparecendo sob seus pés. Ele tinha sido escolhido para dirigir outro filme para a Fox, o filme de ficção científica/fantasia *Cocoon*, mas, depois que os produtores desse projeto receberam a notícia de que se esperava que *Tudo por uma Esmeralda* fosse muito mal nos cinemas, Zemeckis foi demitido. Estava claro: as chances de Zemeckis estavam se esgotando. Ele precisava de um sucesso ou não teria qualquer outra chance de dirigir um filme para um grande estúdio.

Então, apesar da previsão, o céu se abriu. *Tudo por uma Esmeralda* foi lançado nos cinemas em 30 de março de 1984, faturando respeitáveis US$ 5,1 milhões no fim de semana de estreia. Na semana seguinte, foi ainda melhor. Ao contrário das expectativas da indústria, o filme não só foi um sucesso financeiro, mas foi o único acerto do ano para a Fox. Quando o filme saiu de cartaz nos cinemas, havia arrecadado mais de US$ 76,5 milhões no mercado interno norte-americano, quase quatro vezes mais do que *Rhinestone*. Quase instantaneamente, Zemeckis tornou-se um diretor concorrido e, assim, *De Volta para o Futuro* tornou-se o projeto do momento. Os Bobs estavam de volta e já não havia dúvidas de que seu filme de viagem no tempo veria a luz do dia. A única questão era qual estúdio iria financiá-lo.

Zemeckis não queria dar a qualquer um de seus amigos de todas as horas de Hollywood, que haviam rejeitado *De Volta para o Futuro* ao longo dos anos anteriores, a cortesia de produzir seu filme. A resposta, então, era voltar para a única pessoa que tinha acreditado no projeto desde o início – Steven Spielberg. Ele havia entrado recentemente no livro dos recordes com *E.T.: O Extraterrestre*, cujo estúdio apostou US$ 359 milhões para superar *Star Wars* como o filme de maior bilheteria de todos os tempos. Apesar de sua estatura na indústria ter crescido dramaticamente desde que leu pela primeira vez o roteiro de *De Volta para o Futuro* dos Bobs, o produtor ainda queria participar. *De Volta para o Futuro* tornou-se o primeiro projeto criado na Amblin Entertainment que Steven Spielberg não iria dirigir – uma prova da confiança que o mentor tinha em seu pupilo.

Depois de entrar na equipe de *De Volta para o Futuro*, o produtor executivo apresentou o projeto para a Universal, onde os escritórios da Amblin estavam localizados. Por acaso, Frank Price era então o presidente, depois de ter deixado a Columbia em 1983. Spielberg guardava rancor do executivo por ele ter recusado *E.T.* quando ainda estava em sua empresa cinematográfica anterior e afirmou que, se a Universal quisesse fazer parte de *De Volta para o Futuro*, Price teria o menor envolvimento possível. "Frank Price nunca teve um relacionamento íntimo com Steven", diz Sid Sheinberg. "Ele era muito influenciado por um colega chamado Marvin Antonowsky, que veio do mundo da pesquisa. O problema com o mundo da pesquisa é que às vezes você chega a conclusões erradas." Em um movimento altamente incomum, Sheinberg nomeou a si mesmo como executivo-chefe encarregado de cuidar do investimento do estúdio no filme. Após quatro anos de rejeições, os Bobs enfim conseguiram a luz verde que tanto esperavam.

DE VOLTA PARA O FUTURO - BASTIDORES

Com a bola finalmente rolando, uma equipe de produção tinha de ser escalada. Junto com Spielberg, vieram Frank Marshall e sua ex-assistente Kathleen Kennedy, dois produtores que, em 1981, cofundaram a Amblin depois de terem feito sucesso com *Os Caçadores da Arca Perdida*. Embora os Bobs tivessem um relacionamento com Spielberg, era claro que se tratava de um projeto que teria interessado ao Trio da Amblin mesmo que tivesse chegado em seus escritórios de maneira espontânea. "Achei o roteiro ótimo", diz Frank Marshall. "Eu não conseguia entender por que ninguém queria fazê-lo. É um dos melhores roteiros que eu já li."

Frank Marshall sugeriu que Neil Canton se juntasse à equipe. Eles já haviam trabalhado juntos em *Essa Pequena é uma Parada*, em 1972. "Ele tinha um roteiro e me pediu para lê-lo", diz Canton. "Eu li, adorei, liguei para ele no dia seguinte e contei. Aquilo me fez rir. A ideia de uma história de viagem no tempo era algo que me deixou totalmente apaixonado." Mais tarde, naquele mesmo dia, Canton, Zemeckis e Gale se encontraram para almoçar em Burbank. Os três se deram bem e a equipe de produção estava completa.

Após quatro anos mexendo no roteiro, que ainda estava em sua segunda versão, Zemeckis e companhia começaram oficialmente a pré-produção. O diretor convidou alguns dos membros de *Tudo por uma Esmeralda* para se juntar a ele, incluindo Dean Cundey, Clyde E. Bryan e o compositor Alan Silvestri. Embora fosse emocionante que as coisas estivessem andando, ainda havia alguns assuntos para tratar em relação ao roteiro. Além de suas reservas sobre o título, Sid Sheinberg tinha alguns outros pedidos menos relevantes. O executivo queria que o nome da mãe de Marty fosse alterado de Eileen para o primeiro nome de sua esposa, a atriz Lorraine Gary, que apareceu em dois filmes de Spielberg – *1941: Uma Guerra Muito Louca* e *Tubarão*. Ele também exigia categoricamente que o Professor Brown fosse apelidado de "Doutor", pois era mais curto e mais acessível. O mais importante era que Shemp, o macaco de estimação do cientista, tinha de sair. "Sid *odiava* aquilo", diz Gale. "Ele nos disse que tinha pesquisado e que filmes com chimpanzés nunca ganhavam dinheiro. Eu o desafiei, citando Clint Eastwood e *Doido para Brigar... Louco para Amar*, mas Sid contra-argumentou que o símio era um orangotango, não um chimpanzé. Por isso, demos um cachorro ao Doutor. Provavelmente foi uma boa ideia – todo mundo gosta de cães." O desenvolvimento do roteiro foi retomado, com as mudanças propostas por Sheinberg devidamente incorporadas, além de muitas outras, se materializando em uma terceira versão, concluída em julho daquele ano.

Mas justo quando tudo parecia estar finalmente se encaixando as coisas começaram a ficar complicadas novamente. Como Michael J. Fox estava indisponível para fazer o papel de Marty, os diretores de elenco Jane Feinberg, Mike Fenton e Judy Taylor se reuniram com o que parecia ser uma lista contínua de atores recém-estabelecidos e astros em potencial, incluindo Johnny Depp, que tinha acabado de fazer um papel importante em *A Hora do Pesadelo*, de 1984, e um integrante do *brat pack* John

CASEEN GAINES

Cusack.[6] George Newburn, que talvez seja mais conhecido por seu papel em *O Pai da Noiva* (1991) e sua sequência, lançada quatro anos depois, saiu de Chicago para fazer um teste. Charlie Sheen, que fez uma estreia estelar em *Amanhecer Violento*, de 1984, também fez testes para o papel. O astro pop canadense Corey Hart também foi convidado, mas declinou. Talvez como um gesto público de arrependimento sobre sua decisão e uma tentativa de se associar à franquia, o site oficial do cantor ainda alardeia que o triunvirato responsável pela escalação do elenco queria se encontrar com ele, apesar de Hart estar completamente desinteressado no papel na época. Nenhum desses atores jamais foi considerado seriamente; eles foram apenas alguns dos muitos que entraram pela porta giratória do escritório de elenco somente para sair rapidamente pelo outro lado.

C. Thomas Howell e Eric Stoltz subiram ao topo da lista dos diretores de elenco como as melhores opções para interpretar Marty. Até o momento de seu teste, Howell tinha acumulado uma série de papéis de sucesso em grandes filmes dirigidos pela realeza de Hollywood, como Steven Spielberg (*E.T.: O Extraterrestre*) e Francis Ford Coppola (*Vidas Sem Rumo*). Os Bobs preferiam ele, pois acharam que Howell fizera o teste de vídeo mais consistente de todos, uma opinião compartilhada de maneira generalizada pelos diretores de elenco e membros da equipe de filmagem. "Eu me lembro muito bem do teste de C. Thomas Howell porque, se eu estivesse no comando, teria escolhido ele", afirma Clyde E. Bryan, primeiro assistente de câmera. "Ele foi o único que fez aquele personagem parecer real para mim. Houve três ou quatro testes diferentes para Marty, mas os dois únicos de que eu me lembro foram o de Eric Stoltz, principalmente por causa de seus olhos azuis penetrantes e pelo fato de que os cabeleireiros e maquiadores tingiram seu cabelo, e de C. Thomas Howell, que eu achei hilário no papel. Posso te dizer que, com base no teste de vídeo de Howell, ele era a escolha certa."

Eric Stoltz tinha se tornado um *protégé* do roteirista Cameron Crowe depois de aparecer em *Picardias Estudantis*, de 1982, e acumulou participações em vários outros filmes em seu currículo, incluindo o projeto seguinte de Crowe, *Vida Selvagem*, de 1984. Ironicamente, nenhuma de suas comédias de escola foi responsável por ele estar na lista dos possíveis McFly. O que atraiu a atenção dos executivos da Universal foi a transformação de Stoltz em astro no papel de Rocky Dennis, um adolescente vivendo com uma deformidade no crânio, em *Marcas do Destino*, de Peter Bogdonavich, outro filme da Universal. Embora ainda não tivesse sido lançado na época em

---

6   O nome "brat pack" (trocadilho com *rat pack*, grupo de artistas populares entre os anos 1950 e 1960, incluindo Frank Sinatra e Dean Martin) foi dado por um repórter da revista *New York*, que foi cobrir as filmagens e saiu certa noite com Rob Lowe, Judd Nelson e Emilio Estevez, e notou neles uma juventude e um frescor que os fazia diferente dos astros de Hollywood de então. "A gangue dos pirralhos" depois foi usado pela imprensa para incluir outros novos astros da época, como os atores dos filmes de John Hughes e o elenco de *Vidas Sem Rumo*, de Coppola, com Patrick Swayze, Matt Dillon e Tom Cruise. [NT]

DE VOLTA PARA O FUTURO - BASTIDORES

que *De Volta para o Futuro* estava montando seu elenco, o presidente do estúdio Sid Sheinberg já tinha visto o filme e apostava que seria um grande sucesso. Embora sua previsão nem sempre tenha sido correta, neste caso ele previu com precisão o que estava por vir. Quando *Marcas do Destino* foi lançado, em março de 1985, foi recebido com aclamação comercial e da crítica. A atuação de Stoltz foi aplaudida pela imprensa como sendo emocionalmente visceral, apesar de seu rosto estar escondido por pesada maquiagem. O ator seria nomeado ao Globo de Ouro por sua atuação, mas ele ainda era um segredo que em breve seria descoberto; um astro que Sheinberg esperava que permaneceria no sistema solar da Universal por um longo tempo.

Por causa de sua história com Spielberg, Sid Sheinberg tinha se interessado de maneira especial por *De Volta para o Futuro* e as deliberações sobre o papel de Marty McFly. Ele comunicou a escolha entre os dois finalistas como se estivesse se decidindo entre "salada de galinha", Stoltz, e "merda de galinha", Howell. Sheinberg registrou seu voto oficial para o primeiro, que, no final, provou ser o único voto que importava. Zemeckis tinha a palavra final sobre o elenco, claro, mas com o prazo do Memorial Day dado pelo estúdio pairando sobre sua cabeça, cada página do calendário jogada no lixo enquanto as deliberações sobre o elenco continuavam tinha um custo alto. Não só isso, mas discordar do presidente do estúdio provavelmente não era o melhor jeito de começar. Sheinberg tinha tanta certeza que Eric Stoltz seria ideal para o papel que disse aos Bobs que, se não desse certo, ele permitiria que substituíssem o ator principal. O assunto estava resolvido: Stoltz recebeu a proposta e rapidamente aceitou o papel.

As filmagens começaram e continuaram por quatro semanas. Enquanto o Natal se aproximava, a produção não parou completamente. Gale e Canton aproveitaram o recesso do feriado para gravar dentro da Whittier High School, o local usado como a fictícia escola de Hill Valley, enquanto os alunos estavam de férias. Mas o inverno congelou um pouco o cronograma, o que o diretor usou a seu favor. Foi só naquele domingo, no final de dezembro, quando Bob Z e seus dois editores estavam olhando de forma pensativa para um monitor, que o problema que tinha ficado borbulhando sob a superfície atingiu a ebulição plena. Até aquele momento, o diretor sabia que haveria refilmagens. Dias antes, ele havia fornecido a Artie Schmidt e Harry Keramidas – trazido a bordo pouco depois do início das filmagens, quando tornou--se evidente que a edição consumiria mais tempo do que se pensava inicialmente – um caderno cheio de cenas que ele suspeitava que teriam de ser revistas. Zemeckis prestaria atenção especial às sequências enquanto assistia àquela abrangente, mas ainda grosseira, edição de cerca de uma hora de filmagem – um mês de frutos do trabalho coletivo. Embora Bob Z estivesse mantendo sua parte no trato, indo ao trailer durante os intervalos de almoço e após as filmagens para ver as cenas que estavam sendo editadas diariamente, ele sentiu que o filme não estava tomando forma como esperava.

"Bob não gosta de ver seu filme em qualquer tipo de formato longo até que tenha trabalhado em cada cena e colocado cada uma onde ele quer", diz Keramidas. "Uma vez

WHITTIER HI

G H S C H O O L

¹ Com MICHAEL J. FOX indisponível para interpretar MARTY MCFLY, ERIC STOLTZ foi selecionado e filmou por seis semanas. "Embora ele estivesse atuando bem, não trazia aquele elemento de comédia para a tela", diz Christopher Lloyd

² ERIC STOLTZ e seu dublê BOB SCHMELZER

DE VOLTA PARA O FUTURO - BASTIDORES

ele disse que fica deprimido ao assistir à primeira versão de seus filmes porque sente que tem muito mais que ele precisa tirar daquilo."

"Filmes são como pequenos pedaços de cada vez – pequenos momentos que foram colocados juntos e às vezes você não consegue ter noção de como a atuação está indo até ver alguns desses momentos juntos", diz Neil Canton. "Talvez tenha havido uma razão para Bob ter ido à sala de edição naquele momento. Talvez, lá no fundo, ele estivesse preocupado. Talvez, para si mesmo, ele estivesse dizendo 'Eu quero ver isso, porque não tenho certeza se está saindo do jeito que eu quero que saia' ou houvesse uma vozinha em sua cabeça dizendo 'Vá para a sala de edição, Bob. Vá para a sala de edição'. De qualquer forma, eu sou muito, muito grato por ele ter ido."

Então, na véspera em que a bola brilhante e resplandecente deveria cair em Manhattan,[7] Zemeckis estava tentando confirmar se a voz em sua cabeça estava correta. Os três observaram o monitor em silêncio, com o diretor analisando cada quadro através de seus grandes óculos. Havia aspectos de menor importância em muitas cenas que o incomodavam. O efeito colateral implacável de Zemeckis ser um discípulo de David Lean – diretor de filmes pitorescos, como *A Ponte do Rio Kwai*, de 1957, *Lawrence da Arábia*, de 1962, e *Doutor Jivago*, de 1965 – era que ele acredita que tudo dentro de um frame do filme tem de ser digno de ser pendurado em uma parede e anunciado como uma obra de arte. Mas a especificidade dos detalhes era a menor de suas preocupações. O problema não era a floresta, mas uma árvore específica – o maior pau-brasil à vista. Bob Z observou a forma como Eric Stoltz, de camiseta, jaqueta preta de gola alta e calça jeans escura, atravessou pela primeira vez a praça da cidade de Hill Valley dos anos 1950. Ele atravessou a rua, o céu acima dele nublado. Zemeckis não só estava falhando no "teste Lean", mas sua pontuação estava caindo mais rápido a cada segundo. Tudo no quadro era a antítese da perfeição. Estava escuro, triste e desprovido de qualquer humor, um espelho que refletia o humor do diretor. Aquela era a confirmação.

"Foi muito angustiante", diz Zemeckis. "Você não quer ter de admitir essa verdade horrível. Não teve um momento 'Ah, eu sei qual é o problema'. Era sempre uma suspeita me corroendo, que foi piorando na minha mente, e então eu finalmente precisei admitir para mim mesmo que não estava funcionando da maneira que precisava."

Na sala de edição, a primeira versão continuou a rodar, com Zemeckis sem dar um pio. Os três ficaram em silêncio quando o monitor encerrou a transmissão. Bob Z estava completamente concentrado. Depois de alguns minutos, Artie perguntou: "O que você acha?" O diretor sabia o que achava, mas não tinha certeza se deveria dizer. "Bom, eu não acho que o Eric..." Zemeckis parou por um minuto, depois reconsiderou e reformulou sua resposta: "Há um buraco no meio da nossa tela. O ator principal não funciona".

---

7   Menção à tradicional comemoração de réveillon em Nova York. [NT]

Naquele momento, era difícil identificar exatamente quais seriam as implicações para a declaração de Bob Z. Era simplesmente um diretor desabafando suas picuinhas ou isso significava que o filme estava destinado a morrer antes mesmo de nascer? Depois de terem visto a totalidade das filmagens, ainda mais do que o que Zemeckis exibiu, os editores não estavam absolutamente certos de qual era o problema. "Eu tinha aceitado o fato de que Eric Stoltz era Marty McFly", diz Schmidt. "O que eu achava de sua atuação não parecia fazer muita diferença para mim àquela altura, porque eu sabia que Bob havia procurado em todos os lugares por alguém para fazer o papel de Marty e tinha finalmente escolhido o Eric. Quem melhor para saber como Marty McFly deveria ser se não a dupla Bob Zemeckis e Bob Gale?"

Enquanto Artie tentava descobrir o porquê, Harry foi tentar descobrir o onde, quer dizer, onde ele iria encontrar seu próximo emprego quando aquele morresse. Keramidas ganhou a vaga em *De Volta para o Futuro* depois de ser recomendado por Schmidt, com quem trabalhou em *Tubarão II*, de 1978. Embora a relação de trabalho entre os dois fosse boa, e era ótima, naquele momento parecia que seu reencontro profissional teria curta duração. "Eu estava com medo de perder meu emprego", diz Keramidas. "Era minha primeira grande oportunidade em um grande filme de Hollywood, com o melhor roteiro que eu já tinha lido e, provavelmente, o melhor roteiro que eu já li em toda a minha carreira, em relação a como ele foi bem produzido e o quanto ele fazia sentido a cada página, a cada cena, e tudo que eu podia prever naquele momento era um desligamento."

Apesar de os editores estarem alheios ao descontentamento de Zemeckis com Stoltz, havia outros que viam bandeiras vermelhas. "Eu meio que senti, cerca de três semanas antes, que eles não estavam felizes e buscavam uma solução", diz o diretor de fotografia Dean Cundey. "Embora eu tivesse ouvido alguns rumores, não havia nada de concreto que qualquer um de nós no círculo pudesse perceber somente ao assistir às filmagens no set. Bob queria algo que faria você dizer 'Sim, isso é muito engraçado' e Eric dizia 'Bem, não, acho que não consigo fazer isso'."

É difícil definir *De Volta para o Futuro* em termos de gênero, por ter elementos significativos de comédia, ficção científica, fantasia e até mesmo de musicais. Embora tenha momentos de romance e sentimentalismo, o filme certamente não seria considerado um drama emotivo contundente. Mas esse fato pode ter se perdido no seu primeiro ator principal. Desde o primeiro dia de filmagem, o diretor teve de fazer um grande esforço para tentar tirar de Stoltz a performance cômica que ele e Gale imaginaram que deveria estar lá enquanto escreviam o roteiro.

"Eric não entendia", diz Clyde E. Bryan. "Eric não entendia o tipo de humor físico embaraçoso que Bob queria, que Steven chamava de 'humor Patolino'. Eric não gostava daquilo. Não fazia parte de seu estilo, com certeza, por isso era um cabo de guerra constante – 'É isso o que eu quero'; 'Mas eu não entendo, por que eu deveria cair quando estou colocando a calça?' Eric é um ótimo ator. Já trabalhei com ele antes e depois, mas ele é um ator muito do Método, o que não funciona realmente para o estilo de filmar do Bob."

"Eric não entendia o tipo de humor físico embaraçoso que Bob queria, que Steven chamava de 'humor Patolino'", diz CLYDE E. BRYAN, primeiro assistente de câmera.

CASEEN GAINES

Quase meia década antes, em 1981, Eric Stoltz se mudou para Nova York depois de abandonar a Universidade do Sul da Califórnia. Ele estudou com Stella Adler, Peggy Feury e William Taylor, professores de atuação respeitados e reverenciados, antes de voltar para Los Angeles no ano seguinte. Consistente com a abordagem preferida por Adler para o ofício, ele tornou-se um ator do Método, um processo no qual um artista utiliza uma série de técnicas para encarnar os pensamentos e sentimentos do personagem que ele ou ela está retratando, a fim de conseguir uma atuação mais realista. Stoltz aprendeu a analisar um roteiro e procurar o subtexto, habilidades que podem ter sido utilizadas de forma limitada nos seus papéis em filmes anteriores, mas foram lições que se pagaram e levaram à sua excelência em *Marcas do Destino*. Esse filme pode ter sido o que o levou a conseguir o papel de Marty, mas era óbvio desde o primeiro dia, pelo menos para Lea Thompson – que interpretava a mãe de Marty, Lorraine Baines McFly – que a abordagem de Stoltz podia estar muito errada para o clima mais leve que os Bobs buscavam.

"A história é realmente bem intensa, se você pensar a respeito", diz ela. "Se você quebrar o roteiro, como faz um ótimo ator, você fica confuso com aquilo. Eles precisavam de um ator para manter as bolinhas no ar para que as pessoas só seguissem a história e não pensassem nos aspectos mais sombrios dela. Lembro que depois da primeira leitura todo mundo estava tipo 'Isso foi tão legal' e ele levantou a questão de que é realmente meio estranho e triste que todas as pessoas que Marty ama se lembrarem de um passado que ele não viveu. Ele se lembra de um passado completamente diferente. Não me recordo bem de como ele disse isso, mas eu só conseguia pensar 'Não faça isso! Não diga isso, Eric!'. Ele apenas não era a pessoa certa para o papel."

O seu desajuste ao papel pode ter sido algo de que o ator estivesse ciente, na verdade. Muitos na equipe acreditavam que ele estava frustrado com o projeto por conta de sua pouca semelhança com Marty McFly. Em certo momento, Stoltz supostamente falou, sentado na cadeira de maquiagem antes de uma cena, que não entendia por que estava no filme, já que não era um comediante e não se achava engraçado. Ele se via mais como um ator treinado e sério. A resposta do maquiador foi simples: "Você é um ator? Bem, então atue, porra".

Mas isso não quer dizer que ele não estava tentando. Stoltz fez tudo o que pôde para entrar no personagem e se sobressair no papel. Após as filmagens, ele frequentemente se reunia com Paul Hanson, um professor de guitarra do Hollywood's Musician Institute contratado por Bones Howe, supervisor musical do filme, para aprender a dedilhar a guitarra para a cena em que tocaria "Johnny B. Goode" no baile "Encanto Submarino". "Ele estava hospedado no Sheraton Universal e eu subia até o seu quarto", diz Hanson. "Depois ele ia na minha casa, em North Hollywood. Ele era um cara muito legal. Ele gostava de *Jornada nas Estrelas* e era um trekkie como eu. Dei aulas para ele por um mês, mais ou menos – talvez não por tanto tempo, mas parecia isso – duas vezes por semana." Stoltz não era músico e tinha dificuldade em manusear a guitarra, mas, depois de algumas semanas, tornou-se razoavelmente proficiente.

DE VOLTA PARA O FUTURO - BASTIDORES

Ele também passou muitas horas trabalhando com Bob Schmelzer, seu treinador de skate e dublê. Era muito melhor no skate, tanto que Schmelzer, que também foi contratado para ser um dos dublês de Stoltz no filme, achava que o ator acrescentava um toque de nervosismo punk ao filme nas cenas sobre as quatro rodinhas. Stoltz ficava confortável e confiante em um skate, pois já sabia andar antes de pegar o papel em *De Volta para o Futuro*, o que fez desses momentos os melhores durante o seu período trabalhando no filme.

Embora sentisse claramente que o ator não estava dando certo, apesar de seus esforços, Zemeckis tentou tirar o melhor disso. Dirigir, para ele, é uma série de compromissos. Se você está filmando em uma locação, espera encontrar nuvens bem espaçadas em um cenário claro de azul profundo; mas, se não acontecer, você trabalha com o céu do jeito que estiver. Você faz o possível para manter o cronograma; mas, se não der, você trabalha o mais rápido que puder e tenta recuperar o tempo perdido em uma data posterior. Se um ator não consegue se adequar ao seu padrão, você se esforça mais para que ele consiga; e se ainda assim todo o resto falhar, espera que a próxima cena seja melhor, acrescenta mais alguns comentários em seu caderno e pressiona. Mas, como o diretor assistiu à primeira versão do filme na véspera do Ano Novo de 1984, ele sabia que continuar com Eric Stoltz em *De Volta para o Futuro* era um compromisso que não podia manter.

"O que você acha que devemos fazer, Artie?"

"Se realmente acha que isso é um grande problema, então você deve mostrar essas cenas para os nossos produtores o mais rápido possível, amanhã, na segunda-feira. Se eles concordarem com você, então mostre as cenas para o Steven [Spielberg]. Se Steven concordar, mostre as cenas para os executivos da Universal."

Artie olhou para o seu número dois, que estava espiando a lista de cenas que Zemeckis queria que os editores cortassem ou usassem takes alternativos. Bob não estava descontente só com o desempenho de Stoltz, mas também com o material editado, que ele achava não estar pronto para ser compartilhado com mais ninguém.

"Nós não temos tempo para fazer qualquer uma das suas alterações", concordou Zemeckis, "então eu vou assumir a responsabilidade total pelo modo como essas cenas estão editadas. Você pode dizer aos produtores, ao Steven e aos executivos do estúdio que essa não é a sua edição, mas que queríamos mostrar isso logo para todos por causa do desempenho do Eric."

Bob Z sentou-se por um momento, depois levantou-se e saiu da sala, passando por todas as caixas de papelão que abrigavam o que todo mundo logo saberia que era um material completamente inutilizável. Nesse momento, Robert Zemeckis e Marty McFly tinham duas coisas importantes em comum – ambos eram os principais responsáveis por consertar o futuro e ambos precisavam de alguma ajuda e apoio para isso. Zemeckis pegou

¹ ROBERT ZEMECKIS, MICHAEL J. FOX, STEVEN SPIELBERG E EQUIPE durante a produção de *De Volta para o Futuro* (1985)

² MICHAEL J. FOX E ROBERT ZEMECKIS

DE VOLTA PARA O FUTURO - BASTIDORES

o telefone e ligou para seus produtores, dizendo a mesma coisa para Bob Gale e Neil Canton: "Uma boa e uma má notícia. A boa notícia é que todos os outros no filme são realmente, realmente maravilhosos; a má notícia é que Eric está meio perdido. Ele não tem a qualidade de homem comum que todos nós estávamos esperando".

No dia seguinte, os dois produtores se juntaram a Zemeckis para assistir às filmagens. Eles também viram o buraco na tela. O próximo passo era levar o corte para Steven Spielberg e pedir seu apoio em despertar a preocupação dos outros e solicitar um novo ator para Sid Sheinberg. O diretor levou o material para a sala de projeção na Amblin e a assistiu com o seu produtor executivo. Quando acabou, Zemeckis perguntou se ele estava louco por ver o que via. A resposta foi um enfático não. Spielberg poderia escrever uma longa lista de atributos positivos sobre o que ele acabara de assistir, mas o desempenho de Eric Stoltz não estaria nela.

No início, Zemeckis pode ter ficado muito ansioso para ter Spielberg na equipe de *De Volta para o Futuro* durante a fase de venda para os estúdios, mas com esse problema nas mãos Bob Z estava feliz por ainda ter seu antigo conselheiro ao seu lado. Spielberg exibiu o filme para seus parceiros Kathleen Kennedy e Frank Marshall, que logo se juntaram ao movimento de apoiadores de Zemeckis. "Eu achei que o Bob foi muito corajoso por ter falado isso num momento em que ainda havia algo que poderíamos fazer", diz Marshall. "Nós éramos muito jovens. Seria aterrorizante agora, mas se mostrou um desafio. O que faremos? Como é que vamos corrigir isso? É isso o que os produtores fazem. Nosso trabalho é ajudar o diretor a colocar a sua visão na tela, mesmo que eles tenham uma visão diferente do que tinham no início. Nosso desafio era: como é que vamos fazer isso? Será que podemos realmente fazer isso?"

Com todos os produtores a reboque, Spielberg aconselhou Zemeckis e seus produtores a encontrar um substituto o mais rápido possível. Não importava o que fizessem, eles tinham de continuar avançando com o cronograma para que o estúdio não sentisse cheiro de sangue na água e acabasse com tudo de uma vez. Embora o problema estivesse claro, a solução era mais opaca. A busca por Marty McFly tinha sido árdua desde o início e não havia nenhuma indicação de que tentar arrumar um ator substituto – especialmente de maneira secreta – teria um sucesso maior. Sem outras opções, Steven Spielberg ofereceu-se para fazer um "passe de ave-maria".[8] Ele se fechou em seu escritório, sentou-se à sua mesa e fez outra ligação em nome do filme para seu amigo Gary David Goldberg, da série *Caras & Caretas*.

---

8   O termo original "Hail Mary" foi usado pela primeira vez pelo time de futebol
da Universidade de Notre Dame, uma tradicional escola católica dos EUA.
Na NFL, a jogada ficou famosa nos *playoffs* de 1975, quando o *quarterback*
do Dallas Cowboys, Roger Staubach, lançou um passe para touchdown
com 26 segundos no relógio, virando a partida contra o Minnesota Vikings.
Após o jogo, Staubach disse que na hora do passe havia "fechado os olhos
e rezado uma Ave Maria". [NT]

APAGADO DA EXISTÊNCIA

QUINTA-FEIRA, 3 DE JANEIRO DE 1985

Michael J. Fox demorou menos de uma hora para desligar o telefone, trocar de roupa, sair de sua casa, voar baixo pela rodovia e chegar aos estúdios da NBC, em Burbank. Ele fora até o escritório de Gary David Goldberg dezenas de vezes antes, mas havia algo no jeito urgente e vago da ligação do produtor que fez Fox ter certeza de que aquela não seria uma visita como as outras. Ele chegou com a sensação de que fora chamado à sala do diretor, como se, sem querer, tivesse feito algo de errado e fosse então ser repreendido. Goldberg já estava sentado à sua mesa. Ele pulou as gentilezas, deixando Fox ainda mais apreensivo. O produtor de televisão tinha um grande respeito por seu astro e foi direto com ele. Goldberg contou a Fox sobre *De Volta para o Futuro*, como a equipe de produção do filme o queria desde o início e por que não havia passado o roteiro para ele. Embora grande parte disso fosse informação nova para Fox, o produtor ficou surpreso ao saber que o ator já estava familiarizado com o filme e queria estar envolvido desde as fases de pré-produção.

Em meados de agosto, quando Meredith Baxter teve de ficar em repouso pois a data do nascimento do seu bebê se aproximava, *Caras & Caretas* fez uma breve pausa para que seu personagem não se ausentasse por metade da temporada. Durante essa folga, Fox foi convidado, e aceitou, para fazer o papel principal em *O Garoto do Futuro*, uma comédia de terror adolescente exagerada produzida por um estúdio de cinema independente, que prometeu ao ator as três coisas que ele mais queria – um bom salário, um papel de protagonista e um cronograma de filmagens de quatro semanas. Enquanto filmava em Pasadena, Fox viu uma equipe avaliando o local onde a equipe de *O Garoto do Futuro* tinha se instalado temporariamente. O ator puxou papo com os visitantes, que lhe contaram estar trabalhando em um novo filme, *De Volta para o Futuro*, e que um dos envolvidos era Steven Spielberg. Fox percebeu imediatamente a sua situação, castigado pela maquiagem protética aflitiva, correndo pela rua como um animal num filme tosco de baixo orçamento que estava quase destinado a ser um fracasso, enquanto Crispin Glover, com quem Fox trabalhara havia não muito tempo em um episódio de *Caras & Caretas*, apareceria em um filme de us$ 14 milhões de Spielberg. Fox pensou que era pelo menos tão bom ator quanto Glover. Então por que não tinha sido convidado para fazer um teste para o filme?

Mas agora tudo fazia sentido. O produtor de televisão tirou o roteiro de um envelope pardo enorme guardado em segurança na gaveta da escrivaninha. Quando Spielberg falou com Goldberg sobre Fox pela segunda vez, as coisas estavam diferentes em ambos os lados. "Nós garantimos a ele que iríamos ajustar o nosso cronograma de filmagens ao de *Caras & Caretas*", diz Bob Gale. O ator que todos queriam já tinha um pouco mais de flexibilidade no cronograma de filmagem de sua série, já que Meredith Baxter tinha dado à luz seus gêmeos e voltado para *Caras & Caretas* em tempo integral. Além disso, o seriado encerraria em breve a produção da temporada, uma situação diferente de quando eles estavam montando o elenco pela primeira vez. Spielberg enviou rapidamente uma cópia revisada do roteiro para o estúdio de televisão e pediu que o ator o lesse naquela noite.

Fox pegou o roteiro e considerou seu título intrigante. Dada a situação irregular em torno de *Caras & Caretas* no verão de 1984, ele não poderia culpar o criador do show por tentar proteger sua propriedade. Goldberg pediu a Fox para lê-lo durante a noite e voltar no dia seguinte se estivesse interessado. Se estivesse, isso significaria dezoito horas de trabalho por dia entre os dois projetos, às vezes até mais. Os fins de semana seriam dedicados quase inteiramente a rodar o filme, pelo menos até que a série encerrasse a temporada, mais ou menos quatro meses depois. E, aliás, ele teria de começar na semana seguinte.

Fox pegou o roteiro e fez uma balança improvisada com a palma da mão, dobrando o braço para avaliar o peso. Era muito mais pesado que qualquer um dos roteiros da *sitcom*. Ele se preparou para sair do escritório do seu chefe, mas parou para avisar ao produtor que já tinha tomado a decisão, mesmo sem nem ter lido o roteiro. Michael J. Fox estava dentro. A equipe de produção de *De Volta para o Futuro* tinha superado seu obstáculo mais importante até então. Agora, eles iam para o tudo ou nada.

Graças a uma ligação às 16h30 na quarta-feira, 2 de janeiro, os produtores conseguiram um horário para ver o grande e poderoso mago da Universal, Sid Sheinberg. Despedir Eric Stoltz não era só uma empreitada cara, uma vez que teriam de pagar a ele

O GAROTO DO FUTURO
(1985)

TeenWolf

A New Comedy Starring Michael J. Fox

THOMAS COLEMAN and MICHAEL ROSENBLATT present MICHAEL J. FOX in "TEEN WOLF"
With JAMES HAMPTON   SCOTT PAULIN   SUSAN URSITTI   JERRY LEVINE and JAY TARSES
Special Makeup Effects by THE BURMAN STUDIOS Director of Photography TIM SUHRSTEDT Music by MILES GOODMAN
Written by JOSEPH LOEB III & MATTHEW WEISMAN Executive Producers THOMAS COLEMAN and MICHAEL ROSENBLATT
Produced by MARK L. EVINSON and SCOTT ROSENFELT Directed by ROD DANIEL

DE VOLTA PARA O FUTURO - BASTIDORES

o salário já acordado; também haveria gastos extras devido a, essencialmente, ter de começar tudo de novo, o que atrapalharia ainda mais a definição da data de lançamento do filme. No início, Sheinberg esperava estar com o filme nos cinemas no Memorial Day, mas já havia concordado e agendado o lançamento para meados de julho. Embora Sheinberg tivesse dito que eles poderiam substituir Stoltz se não desse certo, todos os envolvidos sabiam que era um pedido ousado, mesmo para alguém com tanto capital para gastar em Hollywood como Steven Spielberg. Substituir um ator no meio do caminho não era completamente sem precedentes – Harvey Keitel fora substituído por Martin Sheen após Francis Ford Coppola ficar descontente com a primeira semana de filmagem de *Apocalypse Now* –, mas isso nunca havia acontecido com tanto material rodado, sem contar no dinheiro e no tempo desperdiçados. "Fomos até o Sid Sheinberg e colocamos as cartas na mesa", diz Bob Gale. "Depois que ele viu o filme, concordou com relutância."

"Foi uma decisão fácil", diz Sid Sheinberg. "O que você faria se tivesse um projeto sendo tocado por duas pessoas, Bob e Steven, que você respeita muito? Eles nunca disseram 'Nós achamos que está ruim'. Eles diziam 'Não está engraçado. Não está funcionando da maneira que queremos'. Não precisei de mais de um minuto. Eles queriam que eu descesse para ver o filme e eu disse 'Vocês devem estar loucos. Acham que eu vou discutir com vocês dois? A vida é muito curta. Se acham que é isso, podem fazer a troca'. Acho que, se eu tivesse dito 'Continuem a fazer o filme que vocês não acham que está funcionando', eu teria sido um idiota, com certeza."

Embora Zemeckis reconheça que escalar Stoltz foi um erro seu, Sid Sheinberg se sente culpado pela decisão. "Eu fui o responsável pelo Eric ter sido contratado, mas não considero isso uma falha de caráter", diz Sheinberg. "É que a minha percepção original em relação ao papel era usar os atores como protótipos. Eu vi o papel como Jimmy Stewart, uma escola de comédia. Eles viam o papel – e quando falo 'eles' quero dizer Bob e Steven – como Bob Hope. Com a sabedoria da retrospectiva, eles estavam certos. É claro que nós não sabemos o que teria acontecido se Eric Stoltz tivesse continuado no filme. Pode ser que também tivesse sido um sucesso."

Em sigilo, medidas foram tomadas para que a transição fosse feita da maneira mais tranquila possível. Fox se reuniu com a equipe de produção e se inteirou de seu personagem. Marty McFly, um adolescente que tocava guitarra, parecia um papel feito para o ator. Ele já sabia tocar o instrumento e, embora não fosse o melhor skatista do mundo, tinha um skate e estava disposto e ansioso para passar mais tempo em cima dele. No início, Fox considerou a história um pouco confusa, mas achou o texto excepcional. O que quer que acontecesse com *O Garoto do Futuro* – que ainda não tinha sido lançado – e seus dois filmes anteriores, era irrelevante para ele a partir daquele ponto; sua carreira no cinema ia começar no seu primeiro dia de filmagem.

Enquanto isso, a produção continuava com o McFly inicial. Anos mais tarde, quando Eric Stoltz foi convidado a refletir sobre o período em que trabalhou em *De Volta*

CASEEN GAINES

para o Futuro, o ator contou que lhe pareceu um longo inverno. Talvez ele estivesse se lembrando da noite de 7 de janeiro, quando a arte imitou a vida e as experiências de Stoltz e Marty finalmente se unificaram. O elenco e a equipe estavam filmando no Griffith Park, um local que o gerente de produção Dennis Jones hiperbolicamente observou ser, à noite, o ponto mais frio no universo conhecido. Poucas horas antes, Zemeckis conseguiu a aprovação para avançar com a transição de um ator principal para outro. Poucas pessoas sabiam disso na época, mas o ator estava prestes a receber uma indenização e ser mandado embora. Naquela noite, Stoltz gravou uma cena da sequência antes de o raio atingir o relógio da torre. Marty está na linha de partida branca se preparando para partir em sua máquina do tempo veicular. Ele pisa no acelerador, mas nada acontece. O rapaz sente a frustração e a decepção simultâneas de que seu destino previsto, seu futuro, não está mais ao alcance como pensava no início. Ele tenta de novo, mas nada. Continua girando a chave, tentando convencer o veículo a se mover. Por fim, bate a cabeça no volante, exasperado, e o carro liga, e ele se prepara para dirigir. Marty então olha para a frente, olhos focados, engata a marcha e...

"Corta. Obrigado, Marty. Nós continuamos daqui." O ator saiu do carro e seu dublê tomou seu lugar, provavelmente para completar a viagem, enquanto Stoltz esperava ao lado.

No dia seguinte, a produção foi transferida para o Puente Hills Mall, o grande shopping center da City of Industry, localizada na região de San Gabriel Valley, em Los Angeles, que serviu como locação para o fictício Twin Pines Mall. O elenco e a equipe deveriam filmar a cena do primeiro deslocamento temporal da máquina do tempo, em que Doc envia o seu cão Einstein para um minuto no futuro. O desfile prosseguiu, com a equipe ainda acumulando cenas irrelevantes de Stoltz, sem saber que estavam treinando para quando Fox estivesse na tomada, enquanto o fotógrafo Ralph Nelson batia fotos que permaneceriam sob sete chaves nas próximas décadas. O apocalipse veio apenas 48 horas depois. A maioria dos que foram chamados ao shopping naquela noite não tinha nenhuma razão para suspeitar que aquela filmagem seria diferente das que a precederam. O ator principal chegou no set às 17h30 e se dirigiu diretamente para fazer o cabelo e a maquiagem. Em seguida, seguiu para a frente das câmeras para seu último momento, provavelmente para passar falas com Christopher Lloyd, que coestrelava a produção como Doutor Emmett "Doc" Brown. O gerente de produção Dennis Jones preenchia um relatório a cada dia de filmagem com códigos listados para representar como o tempo de cada ator foi gasto naquele dia em particular e se ele ou ela precisaria voltar em um momento posterior. Em 10 de janeiro, na coluna de Stoltz, Jones escreveu a letra "F" em esferográfica preta. Neste caso, ela representava "*finished*" ("finalizado"), mas uma série de outras palavras certamente poderiam ter entrado em seu lugar – "*fired*" ("demitido") seria uma das mais gentis.

Foi decidido de antemão que os membros da equipe de produção avisariam ao elenco principal sobre a mudança um pouco antes do anúncio para o resto da equipe. Bob Gale falou com Crispin Glover, que havia sido escalado como George McFly,

¹ ERIC STOLZ E OS IRMÃOS DE MARTY, na clássica foto em que desaparecem

² STOLZ E LEA THOMPSON no set de De Volta para o Futuro (1985)

CASEEN GAINES

e Thomas F. Wilson, que interpretava o valentão Biff Tannen, enquanto Neil Canton ficou responsável por falar com Christopher Lloyd e Lea Thompson. Frank Marshall e Kathleen Kennedy ligaram para os agentes de Eric Stoltz. O próprio Robert Zemeckis deu a notícia para Stoltz, enquanto Spielberg aguardava nos bastidores.

O que aconteceu exatamente entre o diretor e seu protagonista que estava de saída durante aquela última conversa ficou somente entre os dois, mas Zemeckis reconhece que o ator não recebeu bem a notícia, como era de se esperar. Para Canton, a noite que ele assumira ter sido preenchida com infelicidade começou de uma maneira surpreendentemente alegre ao receber uma tão necessária risada de seu velho amigo, Christopher Lloyd. "Eu conhecia Chris porque tínhamos trabalhado juntos em *As Aventuras de Buckaroo Banzai*", diz ele. "Chris era engraçado. Quando eu lhe disse que substituiríamos Eric no filme, ele olhou para mim e disse 'Tá, mas quem é Eric?'. Respondi 'Marty' e ele retrucou 'Ah, eu *realmente* achei que o nome dele era Marty'. Até hoje, não sei se Chris estava brincando comigo." A diversão de Canton veio do fato de que, no set, Stoltz aderiu à sua preparação de atuação pelo Método e se recusava a responder ao seu nome verdadeiro, para a frustração e desprezo de muitos da equipe. A equipe de produção, aliás, não achava o pedido do ator tão ofensivo como o resto do grupo. "Nós quase sempre o chamávamos de Marty", diz Bob Gale. "A gente achava que era uma bobagem, mas pensamos que, se isso o ajudava a trabalhar, não havia problema. Mas algumas pessoas da equipe que tinham trabalhado com ele em *Marcas do Destino* o chamavam de Rocky, o nome de seu personagem no filme."

Enquanto Lloyd podia ou não ter percebido que aquela era simplesmente a maneira de "Marty" entrar no personagem, para Tom Wilson estava claro que "Marty" se chamava Eric Stoltz e que ser um pé no saco era a sua atitude. A origem da relação de trabalho frequentemente estranha e hostil entre Stoltz e Wilson pode ser rastreada até o momento em que o primeiro teve de empurrar o outro enquanto filmavam a cena no refeitório da escola. De acordo com Wilson, o ator principal usou toda a sua força tomada após tomada, sem querer somente fingir. Apesar dos repetidos pedidos de Wilson para que pegasse mais leve, Stoltz não o fez, forçando suas mãos contra a clavícula do ator coadjuvante com cada vez mais força.

Ação! Empurrão. Corta. Mais uma vez. Ação! Empurrão. Corta. Mais uma vez. Ação! Empurrão. Corta. Mais uma vez. Ação! O resultado foi uma tomada perfeita e uma série de contusões na clavícula de Wilson. Uma conta foi aberta e o valentão da Hill Valley High queria acertá-la em poucas semanas. Wilson, que estava fazendo seu primeiro grande filme – ele até então tivera somente um pequeno papel em um filme independente chamado *L.A. Streetfighters* que estava ansioso para esquecer –, sentia que não podia reclamar com o diretor, mas fez uma anotação mental para retaliar quando eles fossem filmar a cena em que Biff dá uma surra em Marty do lado de fora do baile "Encanto Submarino". Wilson nunca teve a chance de dar a Stoltz o que ele merecia.

DE VOLTA PARA O FUTURO - BASTIDORES

Para Lea Thompson, a notícia da demissão de Stoltz foi agridoce. "Foi difícil para mim porque eu era muito amiga do Eric", diz ela. "Era um momento em que estávamos emergindo dos anos 1970. Todos os jovens atores queriam ser como De Niro e Al Pacino, o que era bom em vários aspectos. Hoje em dia, muitos jovens atores são exatamente como executivos. Aquela, no entanto, era uma época diferente. Mas não era o filme certo para se comportar assim. Ele dramatizava tudo. Eric não era, de fato, um comediante e eles precisavam de um comediante. Ele é superengraçado na vida real, mas não tinha essa postura em seu trabalho e eles realmente precisavam de alguém que fosse mais leve."

No entanto, apesar de ter ficado desapontada por saber que ele estava sendo retirado do projeto, a notícia trouxe um pequeno alívio, especialmente considerando suas próprias pequenas indiscrições na época da filmagem. "Meu namorado na época era o Dennis Quaid e ele estava no exterior fazendo um filme", diz ela. "Nós não nos víamos havia algum tempo e eu realmente queria encontrá-lo. Eu não deveria viajar, mas tinha uma ou duas semanas de folga, então fugi, quebrando as regras, depois que me disseram explicitamente para não sair da cidade. Eu estava em Munique. Isso foi há muito tempo, então liguei para minha secretária eletrônica apenas para verificar e era assim: 'Bip! Aqui é o Steven Spielberg. Bip! Aqui é o Frank Marshall. Bip! Aqui é o Bob Zemeckis. Bip!' e eu fiquei pensando 'Ai, meu Deus, eles vão me demitir! Ai, meu Deus! Ai, meu Deus! Ai, meu Deus, eles descobriram que eu saí da cidade e estou em apuros!'. Eu estava tentando comprar uma passagem de avião, até que finalmente falei com Neil e ele me contou o que tinha acontecido."

"Fiquei superaliviada porque não era eu", ela continua, ainda rindo sobre isso depois de quase três décadas. "Eu desobedeci às regras. Eles nunca iriam lembrar disso, porque eu nunca lhes disse que estava fora da cidade."

Alguns dos atores que trabalhavam mais próximos de Stoltz sentiram que algo estranho já estava ocorrendo uma semana antes do anúncio. Tom Wilson, que fazia Biff Tannen, o antagonista do personagem principal de *De Volta para o Futuro*, lembra que havia uma atmosfera estranha e um burburinho desconfortável no set nos primeiros dias de 1985. Christopher Lloyd também teve a sensação de que as coisas não estavam indo como deveriam. "Eu fiquei mal pelo Eric. Ele era um ator muito bom", diz ele. "Embora estivesse fazendo bem o seu papel, ele não estava trazendo o elemento da comédia para a tela."

Apesar de o anúncio ter sido tão surpreendente, alguns dos membros da equipe perceberam que uma grande mudança estava próxima quando as filmagens foram retomadas após o feriado de Natal. "Havia sinais, especialmente por volta da última semana", diz Cundey. "Quando a gente montava uma cena e filmava o ângulo do Chris Lloyd, mas não fazíamos o inverso com o Marty, eu dizia 'Não precisamos do ângulo?' e Bob respondia 'Não, não, não, não vamos nos preocupar com isso'. Não demorou muito para eu ver que estávamos economizando nossa energia para o que viria a seguir."

CASEEN GAINES

"Recebi um telefonema de um dos produtores, não me lembro se foi o Bob Gale ou o Neil, dizendo basicamente 'Larry, não mude o set de 1955'", conta o designer de produção Larry Paull. "Diziam que ainda não haviam terminado o que tinham de fazer com ele, que poderia haver algumas mudanças e que não podiam falar mais, mas que era pra eu parar o que estava fazendo."

O anúncio formal foi feito durante o "intervalo para a refeição" da noite, por volta das 22h30. Depois que Zemeckis dispensou Stoltz do set, o elenco e a equipe se reuniram. A equipe de produção completa, com o diretor, Bob Gale, Neil Canton, Kathleen Kennedy, Frank Marshall e Steven Spielberg, estava presente – uma apresentação incomum de força que fez com que todos percebessem que algo sério era iminente.

"Temos um anúncio", disse Zemeckis em seu megafone. "Provavelmente vai ser uma surpresa – meio que boa, meio que má notícia." A multidão estava começando a ficar inquieta, ele percebeu. "Vou dar a má notícia. Nós vamos ter de refazer a maior parte do filme, porque mudamos o elenco e vamos ter um novo Marty: Michael J. Fox."

O diretor viu as reações das pessoas ao redor. Não eram propriamente alegres, mas não pareciam ter ficado tão bravos ou preocupados como ele temia. Alguém na multidão gritou: "Essa com certeza não é a má notícia!"

"Bem, ok, então aqui vai a boa notícia. Eu acho que a outra boa notícia é que nós vamos continuar." Ele fez uma pausa. "Então, é apenas uma boa notícia e mais outra boa notícia."

Com apenas meia hora reservada para o intervalo, as coisas rapidamente voltaram o mais próximo possível do normal depois do anúncio de Zemeckis pelo megafone. No entanto, embora Zemeckis e companhia tivessem planejado uma surpresa para sua equipe, uma surpresa inesperada ainda estava guardada para um membro do círculo íntimo. Após o anúncio, o *pager* de Neil Canton disparou. Ele foi até o telefone público mais próximo e fez a ligação. "Vem pra casa agora." Era sua esposa. Ele fez o que ela pedia, pediu licença, saiu correndo do estacionamento do shopping e pegou a direção oeste na California Route 60. Quando retornasse ao trabalho, ele não só teria um novo protagonista, mas também um bebê, uma menina.

O nome de Eric Stoltz permaneceu no relatório de produção do dia seguinte, mas sem horário de chamada ou código de letras para indicar que ele tinha sido convocado a se apresentar no set. Quando começou a semana seguinte, duas passadas de corretivo líquido foram feitas na folha de chamada, eliminando "Marty" e "Eric Stoltz" do topo da lista do elenco. Michael J. Fox deveria se apresentar para trabalhar na terça-feira, no shopping, exatamente onde Eric Stoltz parou. Não poderia haver maior sinal de que as coisas iriam continuar da maneira mais ininterrupta possível.

DE VOLTA PARA O FUTURO - BASTIDORES

Mas, para grande decepção da equipe de produção, houve um dano colateral a partir da decisão sobre Stoltz. É difícil imaginar alguém mais infeliz ao ouvir sobre a demissão de Stoltz que Melora Hardin, escalada como Jennifer Parker, a namorada de Marty. Hardin, hoje mais conhecida por ter interpretado Jan Levenson na versão norte-americana da série *The Office*, da NBC, ainda não havia filmado nada para *De Volta para o Futuro* quando se viu do lado perdedor de uma aula de causalidade. Os Bobs perceberam que sua altura – 1,65 m – podia parecer estranha para o público quando ela estivesse ao lado de Fox, dois centímetros mais baixo. Primeiro eles acharam que estavam só cismando com isso. O que são dois centímetros? Muitos caras tinham namoradas mais altas que eles. Mas, só para garantir, eles decidiram fazer uma pesquisa com a equipe. O resultado foi que as mulheres estavam convencidas de que Jennifer não devia ser maior que seu namorado em relação à estatura física, o que foi suficiente para convencê-los a encontrar outra atriz para o papel.

Meses antes de Bob Z fazer o anúncio no estacionamento do shopping, Hardin, que tinha estrelado a esquecível série da NBC de 1977-1978 *Thunder* e fez participações especiais em vários programas inesquecíveis como *O Barco do Amor*, *Arnold* e *Os Pioneiros*, fez o teste para *De Volta para o Futuro*. Em seguida, ela foi chamada de volta para fazer uma "leitura química", um processo no qual dois atores são colocados juntos para ver como eles interagem e como ficam juntos na tela. Com Stoltz já contratado, Hardin e duas ou três outras finalistas se revezaram para ler trechos curtos do roteiro, dando tudo de si para mostrar que eram perfeitas para desempenhar o papel do interesse amoroso de Marty.

Embora não fosse novata no mundo da atuação, a jovem atriz, que tinha comemorado seu aniversário de 18 anos algumas semanas antes, sentia que aquele teste era especial. Hardin ficou em êxtase quando soube que iria compartilhar a telona com Stoltz. Nas semanas seguintes à sua contratação, à produção começou. Quando Stoltz e Crispin Glover estavam filmando a cena no refeitório da Hill Valley High em que Marty tenta convencer George pela primeira vez a convidar Lorraine para o baile "Encanto Submarino", Hardin foi chamada ao set. Foram tiradas fotos dela que mais tarde seriam impressas em tamanho de bolso, para Marty carregar em sua carteira. "Lembro de estar na escola onde eles estavam filmando", diz ela. "Eu disse 'oi' para todo mundo. Todo mundo estava, tipo, 'Estamos muito felizes em ter você no set! Estamos tão felizes por você estar no filme!'. Eles foram muito acolhedores e fofos, e ao mesmo tempo tudo estava desmoronando e eu nem sabia."

O estado das coisas tornou-se evidente quando ela recebeu um grande buquê de flores e uma ligação em casa com os dois Bobs na linha. "Eles me ligaram juntos e disseram que sentiam muito", diz ela. "Não tinha nada a ver comigo, mas que precisavam colocar outra pessoa no papel do Eric. Eu era muito alta para o Michael J. Fox, mas eles tinham me adorado e prometeram que iríamos trabalhar juntos novamente

CASEEN GAINES

no futuro." A atriz começou a chorar, o que levou seus recém-ex-patrões a consolá-la pelo telefone. "Foi uma das coisas mais difíceis que eu já tive de fazer", diz Bob Gale. "Não tenho nenhum problema em demitir uma pessoa por justa causa, mas ter de contar a ela que a dispensaríamos por ser sete centímetros mais alta do que deveria foi algo muito difícil."

"Bob Gale e eu almoçamos algumas vezes ao longo desses anos – outro dia mesmo, aliás – e falamos mais sobre o assunto", diz Hardin. "Eu só posso imaginar como foi horrível para eles. É difícil fazer essas coisas. Mas eles teriam de fazer o Michael J. Fox subir em uma caixa cada vez que tivéssemos uma cena juntos. Isso teria sido um pouco estranho."

O papel vago de Jennifer Parker ocasionado pelo segundo abalo no elenco levou a equipe de produção a oferecer o papel para Claudia Wells, de 18 anos – pela segunda vez. No verão de 1984, durante o casting inicial, Wells foi convidada para fazer o papel, porém, uma coisa engraçada aconteceu no caminho para Hill Valley. A ABC decidiu produzir *Off the Rack,* um piloto em que ela aparecia e era estrelado por Ed Asner e Eileen Brennan, como uma substituição de *mid-season*[1] que teria seis episódios. A rede exigiu que ela se concentrasse na série, o que a impedia de aparecer no filme. Assim como aconteceu com Michael J. Fox, o azar de Stoltz foi uma sorte para ela. Quando esse problema com o elenco ocorreu, *Off the Rack* não tinha sido renovada e Wells estava disponível novamente. Ela aceitou de bom grado o papel, atuando ao lado de um novo ator que, fique registrado, é da mesma altura.

Poucos dias depois do grande anúncio, na noite de terça-feira, 15 de janeiro, Michael J. Fox foi até o set para filmar sua primeira cena. O ator já havia passado a maior parte do dia no estúdio de televisão. Quando ele terminou, um motorista o buscou e o levou para a City of Industry. Chegou às 18h30, foi cuidar da maquiagem e do figurino, e apareceu no estacionamento às 19h15. Ele deveria filmar durante três horas, trocar-se em quinze minutos, ser levado para casa e dar um cochilo em uma pilha de cobertores na parte de trás de uma caminhonete com um motorista ao volante. Ele iria para a cama pouco depois de uma da manhã, continuaria a dormir por cinco ou seis horas e depois seria buscado para retornar aos estúdios da Paramount, na Melrose Avenue, para começar o processo todo novamente no dia seguinte. Embora a maratona de Fox nos dias de trabalho tenha se tornado um mito cinematográfico, na época ficar se matando assim não o intimidou nem um pouco. Como disse aos Bobs quando se encontrou com eles pela primeira vez depois de aceitar o papel, Fox confiava em sua juventude e entusiasmo para compensar a falta de uma boa noite de sono.

---

[1]   Séries que estreiam na televisão norte-americana na segunda metade da temporada tradicional. Normalmente, as substituições de *mid-season* acontecem quando uma série é cancelada ou faz um intervalo e as redes de TV precisam de outro programa para preencher aquele horário. [NT]

[1] CLAUDIA WELLS E MICHAEL J. FOX, em *De Volta para o Futuro* (1985)

MICHAEL J. FOX E CHRISTOPHER LLOYD,
em *De Volta para o Futuro* (1985)

DE VOLTA PARA O FUTURO - BASTIDORES

Com as fortes luzes das filmagens iluminando o estacionamento do shopping Puente Hills naquela noite de janeiro, Christopher Lloyd e seu novo colega começaram uma conversa fiada estranhamente agradável. Enquanto isso, a equipe do supervisor de efeitos especiais Kevin Pike começou a montar o futuro trecho de magia cinematográfica para a participação dos dois. Dean Cundey se preparou para filmar, enquanto Bob Gale e Neil Canton conversavam com Robert Zemeckis. Olhando de fora, os produtores pareciam estar hesitantes, mas ambos estavam animados com a chegada de Fox e aliviados pelo fato de que sua manobra não convencional para salvar o filme estava indo conforme o planejado.

Com o estacionamento devidamente iluminado e a câmera e seus operadores a postos, os produtores se afastaram de seu diretor. A equipe de efeitos acendeu uma mistura de gasolina e fluido de pirotecnia, que tinha sido previamente testada para garantir que não iria destruir o asfalto do estacionamento. No chão, duas linhas retas adjacentes ficaram em chamas perto de onde o astro estaria de pé. Os atores foram para suas marcas, se prepararam e, quando estavam prontos, o segundo assistente de câmera, Steve Tate, entrou na frente da câmera e bateu a claquete. Bob Z deu a palavra de ordem – "Ação!" – pelo seu megafone. Gale e Canton assistiam de perto. Com menos de um minuto de sua primeira cena, todos no set quase puderam sentir um peso saindo de suas costas. *Vamos* mesmo *conseguir fazer isso, afinal...*

Zemeckis tinha se acostumado a fazer acordos, pequenos e grandes, nos trinta e quatro dias de filmagem anteriores. Demitir Stoltz foi uma decisão ao mesmo tempo humilhante e corajosa, que exigiu que ele se esforçasse para conseguir o apoio de todos, desde seus editores até do próprio presidente do estúdio. Foi uma demonstração incrível de liderança para um diretor de 32 anos, em um momento de sua carreira em que ele ainda se considerava um homem de sorte apenas por ter um trabalho. Mesmo que fosse uma decisão intimidante para se tomar, quando Zemeckis viu Michael J. Fox virar o rosto para a câmera e fazer a hoje famosa pergunta retórica para Christopher Lloyd – *Você está me dizendo que construiu uma máquina do tempo... em um DeLorean?* –, o diretor sabia que estava certo. O buraco no meio da tela tinha sido preenchido.

A decisão foi aplaudida tanto pelo elenco como pela equipe. "Bob é muito bom em enxergar como um projeto deve acontecer e tentar fazer com que vá por esse caminho, ao contrário de outro diretor que possa ficar com medo de ele mesmo ser demitido, que apenas continua e deixa o mau ator meio que dirigir tudo", diz Dean Cundey. "Bob tem aquela confiança de saber o que o filme precisa e ser capaz de pedir o que for. Acho que essa é uma de suas maiores qualidades, especialmente nas circunstâncias de *De Volta para o Futuro*: o fato de que ele estava convencido de que a decisão deveria ser tomada e fazer com que ela fosse levada a cabo."

Desde os primeiros momentos no set, ficou claro que Michael J. Fox era perfeito para o papel por vários motivos, tanto tangíveis quanto intangíveis. Talvez porque Marty de repente ficou vinte centímetros mais baixo. Com ele e Doc, com 1,85 m, não se olhando

CASEEN GAINES

mais olho no olho, havia um lembrete visual maior para o público de que o seu herói era, na verdade, um adolescente tentando navegar por um mundo imponente – em 1985 e, especialmente, em 1955. Também poderia ter sido a troca rápida e discreta do figurino, uma mudança substancial da jaqueta pseudomilitante preta de gola alta do personagem para um conjunto mais bobo e mais chamativo composto por uma camisa xadrez casual de botões, uma jaqueta jeans e um colete vermelho fofo que as pessoas do passado, compreensivelmente, sempre confundiam com um salva-vidas. *De Volta para o Futuro* deixou de ser apenas mais um projeto de filme e, com um novo ator principal no banco do motorista do DeLorean, começou a parecer algo especial.

"Quando Michael chegou, houve um tipo diferente de química e sensação entre a maior parte da equipe", diz Dean Cundey. "Ele era um personagem bem menino com quem o Doc Brown podia se relacionar. Eric era, de certo modo, mais velho e mais contido."

"Todo mundo sentiu uma nova energia por causa do Michael", diz Neil Canton. "Tipo 'Ah, nossa, esse filme é melhor. É mais engraçado. Ele é um personagem muito mais simpático'. Acho que todo mundo meio que se sentiu assim."

"Há filmes que você percebe que simplesmente não estão funcionando", acrescenta Cundey. "*De Volta para o Futuro* foi um desses filmes. Quando foi feita a troca para o Michael, ganhou vida."

Embora ela estivesse feliz porque a produção não ia parar, Lea Thompson no início não ficou nem um pouco entusiasmada com a chegada de Fox. A atriz de 23 anos já trabalhava havia muito tempo, tendo acumulado créditos em mais de meia dúzia de filmes de destaque, como *Tubarão 3-D*, *A Chance* e *Amanhecer Violento*. Apesar de ser relativamente nova na área, tendo trabalhado profissionalmente desde que atingiu a idade adulta, ela sabia que fazer filmes era um trabalho sério – e fez um grande esforço para ver como Michael J. Fox daria conta do desafio. "Eu era muito arrogante na época", admite Thompson. "Eu dizia 'Ai, meu Deus, um ator de série de tv?'. Eu era tão arrogante em relação a isso. Depois que fiz uma série, percebi que era a coisa mais difícil do mundo."

Mas, apesar de seu ceticismo inicial, Thompson foi logo conquistada por seu novo colega. Fox não foi apenas um trunfo para o que se materializou na tela, mas também elevou o estado de espírito de todos no set. "Michael era um verdadeiro príncipe e era sempre muito divertido trabalhar com ele", ela continua. "Ele sempre tinha um jeito de conseguir uma risada quando precisávamos de uma risada. Trabalhei com apenas dois atores assim – ele e Walter Matthau. Sempre gostei da sua técnica meio antiga, meio Buster Keaton, meio pastelão, que era impecável."

"Michael era muito extrovertido e estava muito feliz por estar conosco", diz Bob Gale. "Eu me lembro dele se apresentando à equipe, sendo muito simpático e sociável. Pelo

MARTY MCFLY
encontra a gangue de BIFF

DE VOLTA PARA O FUTURO - BASTIDORES

que me lembro, Eric fazia as refeições em seu trailer, mas Michael comia sempre com outras pessoas."

J.J. Cohen, que fazia Skinhead, um membro da gangue de Biff Tannen, recorda a segunda vez que filmaram a cena "Eu sou o seu desatino" no Lou's Café destacando uma diferença significativa nos estilos de atuação dos dois homens que interpretaram Marty. Durante as filmagens de Stoltz, o ator deu um soco em Biff na conclusão daquela cena como se realmente quisesse machucá-lo – talvez outro momento arquivado por Tom Wilson em seu cérebro enquanto tramava sua implacável vingança pela técnica do Método do ator. No entanto, quando Fox desempenhou o papel, ele acrescentou uma reação facial e uma leve mexida na mão para sugerir que o soco o tinha machucado, antes de sair correndo pela porta. É uma diferença pequena, mas que ilustra por que os Bobs tiveram a sorte de ter Steven Spielberg como aliado e por que a decisão de substituir Stoltz foi tão importante. Marty é um personagem reativo; se Fox era melhor em atuar nesses momentos, Sid Sheinberg estava certo em investir o dinheiro extra para conseguir o melhor homem para o papel.

"A principal diferença que vi entre os dois atores foi que, quando Michael fazia uma cena com Chris, ele era muito engraçado", diz o designer de produção Larry Paull. "Ele era capaz de segurar as pontas. Quando Eric fazia uma cena com Chris, ela se tornava uma cena do Doc Brown. Essa era a diferença."

"Muitas vezes, você precisa ter no elenco pessoas que resolvam os problemas da história apenas por serem quem elas são", diz Lea Thompson. "Se o problema da história é que o personagem faz coisas terríveis, mas você precisa gostar dele, você de que encontrar alguém realmente simpático para que as pessoas não percebam isso. Foi isso que o Michael fez. Ele consertou os problemas que estávamos tendo apenas por ser engraçado. Ele manteve uma leveza na história que era importante."

Embora a chegada de Fox tenha sido recebida essencialmente com entusiasmo, o elenco e a equipe estavam cientes dos sacrifícios que também teriam de fazer. No dia do anúncio, os que estavam fora da equipe de produção acreditavam estar no meio do cronograma de filmagem. Tornara-se comum para as pessoas perguntar uns aos outros sobre os próximos trabalhos que fariam após o encerramento das filmagens. Mal sabiam eles que o filme não estaria terminado até o final de abril, meses além da média da indústria. Além disso, o cronograma de *Caras & Caretas*, a série de Fox, garantia que filmagens à noite e nos fins de semana se tornariam a norma, uma carga extra para todos suportarem.

Como não havia nenhum precedente para pegar um mês de filmagens e descartar a maior parte, uma série única de oportunidades e desafios foi colocada para a equipe. Steven Spielberg adorou a maior parte do que Zemeckis tinha realizado quando assistiu à primeira edição, então, quando as refilmagens começaram, uma ordem simples

CASEEN GAINES

veio do seu escritório – continue o que você está fazendo. Isso era mais fácil de se dizer do que de fazer, especialmente com um ator principal que funciona tão "no momento" durante a filmagem como Christopher Lloyd. Afinal, como seguir os conselhos de Spielberg se você atua de forma diferente cada vez que o diretor grita "ação"? "Realmente fui pego de surpresa e fiquei muito preocupado depois que Eric foi demitido. Eu dei o meu melhor para viver o Doc Brown por seis semanas e temia não ser capaz de atuar tão bem novamente, por assim dizer."

É claro que suas preocupações foram exageradas. Doc Brown foi concebido plenamente nas páginas do roteiro de Zemeckis e Gale, mas o personagem realmente ganhou vida nas mãos de Christopher Lloyd. O ator foi fundamental na elaboração do olhar do cientista louco – uma hibridização do compositor Leopold Stokowski e Albert Einstein – e seu compromisso com sua atuação resultou em alguns dos momentos mais memoráveis do filme. "Chris foi incrível", diz Bob Gale. "Ele nunca fez uma tomada exatamente igual, então tínhamos todas essas diferentes variações das falas e todas eram maravilhosas. Era um bom problema para se ter na sala de edição."

"Eu sou o tipo de ator que está sempre preocupado por não ter atuado bem o suficiente em cada tomada", diz Lloyd. "Estou sempre me criticando. Tenho uma tendência a isso, mas vendo *De Volta para o Futuro* sou muito melhor do que achava que era quando o o fiz."

Para a equipe, revisitar o material antigo era uma oportunidade de fazer pequenas melhorias e elevar ainda mais a narrativa. De acordo com Cundey, filmar com Fox se tornou um pequeno quebra-cabeça, com ele e Zemeckis misturando cenas em que Marty aparecia com close-ups recuperáveis de outros atores da época de Stoltz. "A gente voltava e recriava a cena com a vantagem de não ter de filmar em todos os ângulos de novo, porque eles não precisavam", diz Cundey. No entanto, há muita controvérsia sobre se sua declaração é ou não precisa. Os Bobs afirmaram consistentemente que todo o filme foi refeito, talvez com a exceção de alguma fotografia secundária, que teria incluído tomadas de estabelecimentos, filmagens que incluíam dublês, close-ups da máquina do tempo e outros cortes. De acordo com Arthur Schmidt e Harry Keramidas, absolutamente nenhuma filmagem da época de Stoltz foi usada. No entanto, Tom Wilson concorda que algumas cenas foram feitas apenas uma vez, principalmente porque ele se lembra de que Michael J. Fox nunca lhe deu um soco na cara quando Biff é golpeado por Marty no Lou's Café depois que George diz a Lorraine que "ele é o seu desatino". O punho indo em direção à câmera, Wilson garante, pertence a Stoltz. Ao examinar a cena, é óbvio que o ator – que mal aparece – golpeando Wilson é vários centímetros mais alto que Fox. Talvez seja apenas um dublê, mas também poderia ser um fantasma do passado de *De Volta para o Futuro*.

Também foram feitas algumas modificações enquanto o filme estava em transição para acomodar as novas limitações orçamentárias e as diferenças físicas entre Stoltz e Fox. Por exemplo, os Bobs tinham escrito uma cena de abertura do filme em que Marty dispara um alarme de incêndio na escola para poder ir à audição com a sua banda. A sala de

DE VOLTA PARA O FUTURO - BASTIDORES

aula definida ainda teria de ser construída na época da mudança do elenco. Então, como medida para economizar custos, eles criaram um conceito diferente para o início do filme. Além disso, uma das últimas sequências que Stoltz filmou foi com Crispin Glover, enquanto George McFly está pendurando roupas. Marty pega sua mochila cheia de roupas, pendura em um varal no quintal e ensina seu pai a dar socos praticando na mochila suspensa. A cena deveria acabar com George batendo na mochila de um jeito bobo, quebrando o varal e uma janela no processo, antecipando, assim, o soco de esquerda que Biff recebe mais tarde no filme do lado de fora do baile "Encanto Submarino".

"Nós nunca chegamos tão longe, mas quando Michael entrou em nosso mundo foi preciso reinventar algumas das coisas que tínhamos filmado", diz Kevin Pike. "Mas o varal e tudo o que tínhamos colocado no local em Pasadena ainda estavam lá. Para todos nós, era algo óbvio. Iríamos apenas fazer a mesma coisa de novo."

Quando chegou a hora de filmar a cena com Fox, o departamento de adereços enviou uma nova mochila. A equipe de efeitos especiais a prendeu no varal e o elenco e a equipe tomaram seus lugares. Os atores foram para suas marcas e Zemeckis gritou ação. Então Zemeckis ordenou que a cena fosse interrompida. Uma ligação para Pike tinha sido feita de um telefone público nas proximidades.

"Há um problema."

"O que poderia ser um problema? Tudo que você tem a fazer é pendurar a mochila." Então ele se ligou: Fox não conseguia alcançar o varal. A estrutura havia sido montada

4 DREW STRUZAN ILUSTROU DÚZIAS DE *CONCEPTS*, incluindo este, antes de chegar ao icônico pôster de Marty olhando seu relógio ao lado do DeLorean

DE VOLTA PARA O FUTURO - BASTIDORES

na altura de Eric Stoltz. Como a parte de cima já estava presa e a parte de baixo cimentada no chão, a equipe de efeitos especiais tirou alguns centímetros do meio de cada poste e soldou as extremidades novamente. Mas este já era fácil de resolver.

Com o filme no caminho certo, quem havia investido financeiramente na obra começou a tomar as medidas necessárias para compensar as perdas sofridas durante as primeiras semanas de filmagem, entre novembro de 1984 e o início de janeiro de 1985. A decisão de dispensar Stoltz custou US$ 3,5 milhões e a data de lançamento foi postergada ainda mais – de 15 de julho para 16 de agosto. Como Zemeckis e companhia tinham colocado todos os ovos na cesta de Michael J. Fox, eram necessárias várias mãos para ajudar a carregar o peso extra. A equipe de publicidade fez a sua parte, jogando fechado na defesa. O primeiro passo foi manter longe qualquer curioso da imprensa, enquanto a transição do Ator A para o Ator B acontecia. O gerente de produção Dennis Jones enviou um memorando interno no dia em que Stoltz foi dispensado, informando a todos os envolvidos com a produção que quaisquer perguntas sobre a mudança de elenco deveriam ser respondidas somente por David Forbes, o representante de publicidade da Amblin, ou por Kimberley Coy, a assessora de imprensa, para evitar a divulgação indevida de informações e inflamar o que ele se referia como a "fábrica de fofocas". Todos obedeceram e, consequentemente, a classe tagarela foi mantida a distância. Em sua maior parte.

"Hollywood realmente achava que o filme tinha problemas", diz Bob Gale. "Ainda bem que na ocasião não tivemos de lidar com a internet e programas como o *E! Entertainment,* sugerindo que o filme podia vir a ser um desastre."

"Era notícia na época", diz o crítico de cinema Leonard Maltin, que trabalhou no programa *Entertainment Tonight* entre 1982 e 2010. "O filme recebeu muita atenção e, quando foi lançado, como era muito bom, e como foi tão bem-sucedido, falou-se ainda mais."

O segundo desafio para o estúdio foi simultaneamente defender o papel de Stoltz em *Marcas do Destino,* que só seria lançado depois de dois meses, enquanto explicava com muito cuidado sua saída de *De Volta para o Futuro* a todos que questionassem a decisão. Felizmente para a Universal, *Marcas do Destino* não pareceu ter sido desencorajado nem um pouco pela "fábrica de fofocas", mesmo com o diretor Peter Bogdanovich tendo se envolvido em uma disputa pública com o estúdio sobre edições feitas no filme antes de seu lançamento. Algumas perguntas ocasionais sobre o filme de Zemeckis surgiram em entrevistas com Stoltz, mas ele manteve consistentemente a versão de que o motivo de sua saída foram diferenças criativas e que tudo foi tratado de forma amigável entre ele e os cineastas, uma posição mais ou menos sustentada pelas décadas seguintes ao lançamento do filme.

¹ DREW STRUZAN FEZ DIVERSOS CARTAZES ICÔNICOS, entre eles Star Wars III: A Vingança dos Sith, Harry Potter e Blade Runner, o Caçador de Androides

² EM SEGUIDA, STOLZ INTERPRETOU ROCKY DENNIS, um adolescente vivendo com uma deformidade no crânio, em *Marcas do Destino* (1985)

DE VOLTA PARA O FUTURO - BASTIDORES

A etapa final era mudar a estratégia promocional de *De Volta para o Futuro* para sua nova data de lançamento no final do verão, uma época do ano em que as pessoas tendem a deixar de visitar cinemas para viajar mais uma vez antes do Dia do Trabalho, celebrado nos Estados Unidos na primeira segunda-feira de setembro. A data complicada e seu orçamento recém-ampliado criaram um desafio ainda maior para a Universal para conseguir um retorno sobre seu investimento. A equipe de publicidade da Amblin fez a sua parte ao começar a conversar com Drew Struzan, um artista muito requisitado que criou os pôsteres ilustrados icônicos da trilogia *Star Wars*,[2] além de dezenas de outros filmes. Struzan tinha uma relação de trabalho antiga com o Trio da Amblin – Steven Spielberg, Kathleen Kennedy e Frank Marshall – e o Trio achava que um cartaz apresentando sua arte poderia gerar o interesse que eles precisavam para conseguir a atenção do público. O artista concordou em emprestar seu toque original à campanha promocional do filme, não só para o deleite dos produtores executivos, mas também para o fã de longa data de Struzan, Robert Zemeckis.

Quando a produção foi encerrada, no final da primeira noite de filmagem de Michael J. Fox, o cronograma de dois turnos que seria seguido pelas semanas seguintes havia sido definido. Às 4h35, a equipe desmontava seu equipamento no estacionamento do shopping. O sol apareceria logo e, como o shopping funcionava normalmente durante o dia, não demoraria muito para que os funcionários começassem a aparecer no local para se preparar para o trabalho do dia. Michael J. Fox já estava na cama, a algumas horas de ser acordado e levado para o set de *Caras & Caretas*. Por mais que Christopher Lloyd tenha ficado triste de ver Eric Stoltz partir, o veterano ator tornou-se ainda mais vivo com Fox ao seu lado. Os dois rapidamente perceberam que tinham um vínculo, não só por seu amor compartilhado pela história e pelo roteiro dos Bobs, mas também pela frustração mútua com seu outro companheiro de cena – a besta de aço inoxidável de quatro rodas que exigia um pequeno exército para mantê-la funcionando durante as filmagens.

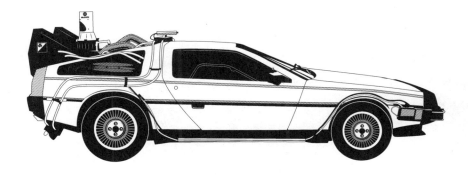

[2] Trilogia que deu origem ao clássico universo da saga, cujos romances foram publicados pela DarkSide® Books em 2014. [NE]

QUINTA-FEIRA, 24 DE JANEIRO DE 1985

A van branca GMC Value, de 1984, que trazia as palavras "DR. E. BROWN ENTERPRISES – 24 HR. SCIENTIFIC SERVICES" ("DR. E. BROWN EMPREENDIMENTOS – SERVIÇOS CIENTÍFICOS 24 HORAS"), estava estacionada no asfalto preto liso enquanto mais ou menos uma dúzia de homens trabalhavam ali perto. O terreno, que tinha sido molhado pela equipe de efeitos especiais momentos antes, refletia as luzes brilhantes usadas para iluminar o estacionamento, um truque antigo no cinema para dar profundidade e textura às filmagens noturnas. Fumaça branca saía da parte de cima do veículo, prenunciando o que logo viria. À medida que a rampa traseira de alumínio começou a descer, ela revelou que o interior do caminhão-baú estava completamente envolto em uma grossa névoa de vapor branco. Duas luzes vermelhas eram visíveis através da nuvem. Então, os detalhes do DMC-12 apareceram melhor: o para-choque, o corpo cinza liso, que implorava para que alguém passasse a mão nele, e a placa "OUTATIME" ("SEM TEMPO") da Califórnia entre dois grandes escapamentos. Com uma fluidez sutil, a câmera subiu, mostrando uma confusão de fios, parafusos, conectores e bobinas, além de um reator nuclear, habilmente adaptado a partir da calota de um Dodge Polara dos anos 1960. Em apenas alguns momentos, Christopher Lloyd pularia de dentro do carro e cumprimentaria Marty, dando início ao experimento com Einstein e uma cena cheia de explicações sobre as regras das viagens no tempo e como a sua invenção funcionava.

Na vida real, pode ser falta de educação se exibir, mas no mundo do cinema isso é incentivado. É algo que não se estende apenas aos astros do cinema, mas também para cineastas e como eles escolhem filmar uma cena. Quando bem executada, a informação essencial para conduzir a narrativa adiante pode ser determinada por aquilo que é incluído, ou omitido, num único quadro. Isso não é verdade só para esse momento do filme, mas ao longo da obra toda. Por exemplo, a primeira vez que o público vê Michael J. Fox em *De Volta para o Futuro* é em um close-up do ator com a guitarra na mão e óculos de aviador espelhados, personificando o adolescente masculino descolado de 1985. Nessa mesma sequência de abertura, a câmera lentamente mostra uma série de relógios diferentes, que estabelece o tema do tempo. Depois que George McFly salva sua personagem da tentativa de estupro por Biff Tannen no carro de Doc do lado de fora do baile "Encanto Submarino", Lea Thompson é filmada de cima – ela então olha para a câmera de baixo para cima, refletindo a maneira como agora olha para George por seu ato heroico – em uma tomada que exibe sua beleza. A primeira tomada glamourosa da máquina do tempo no DeLorean tinha como objetivo mostrar para o espectador que, embora o carro fosse parecido com o DMC-12 já conhecido do público, aquele veículo era capaz de muito mais do que apenas andar.

Considere a inserção da cena no filme. Após chegar ao Twin Pines Mall, Marty faz carinho em Einstein e é interrompido pela rampa traseira do caminhão-baú branco de Doc descendo automaticamente. Logo a máquina do tempo DeLorean está totalmente exposta, depois de atravessar uma nuvem de fumaça branca. Apesar desse momento ser tão interessante visualmente, na narrativa do filme, do ponto de vista prático, os limites do bom senso talvez tenham sido estendidos. Doc Brown, presumivelmente, entrou no carro e o dirigiu até o caminhão, com certeza, mas como é que a cabine se encheu de fumaça? Por que ele próprio se trancou sem uma saída de emergência? Como ele mesmo levantou a rampa em primeiro lugar e como sabia quando baixá-la? Parece que o teatro foi feito para impressionar Marty, mas Doc fica surpreso ao ver seu amigo de pé ao lado do carro quando a porta se abre. Embora possa haver uma teoria complicada a respeito do motivo do cientista ter passado por tudo isso – ele é apenas um excêntrico? –, a razão mais lógica para a tomada é que ela foi concebida para cativar o público com alguns segundos de beleza automotiva e gerar alguns momentos de especulação dentro da mente do espectador sobre as funções dos componentes externos da máquina do tempo. "É uma revelação clássica", diz o supervisor de efeitos especiais Kevin Pike. "Havia uma série de maneiras de mostrar o carro para o público e Doc Brown poderia ter mostrado o carro para Marty de uma série de maneiras. Não há nenhum ponto na história que diz que o caminhão tinha de estar cheio de fumaça por causa de algum plano de Doc que não deu certo. Isso tudo era o sonho de Bob Zemeckis. Ele dá muita importância para coisas pequenas que se tornam grandes obstáculos e nós fazemos o melhor que podemos para atendê-lo. Isso é pura arte."

Embora tenha recebido muito menos atenção ao longo das três décadas após o lançamento do filme do que a mudança dos atores principais no meio do caminho, a alteração mais significativa feita no último minuto pelos Bobs deve ter sido transformar

DE VOLTA PARA O FUTURO - BASTIDORES

a câmara de viagem no tempo em um carro. No primeiro rascunho do roteiro de *De Volta para o Futuro*, a câmara era conduzida dentro da traseira de uma caminhonete. Antes de se decidir que o raio que atingia o relógio da torre seria a fonte de energia para enviar Marty de volta a 1985, o clímax original do filme seria com Doc e Marty levando a câmara a um local de testes nucleares onde uma explosão aconteceria. Era uma ideia interessante, mas eles achavam que poderiam chegar a algo mais atraente para o final de seu filme do que mostrar um caminhão andando pelo deserto para aguardar uma explosão. Quando estavam escrevendo *De Volta para o Futuro*, os Bobs seguiram uma série de regras simples: deixar seu ego do lado de fora, escrever um filme que gostariam de ver e se alguém achasse que poderiam melhorar uma ideia isso deveria significar que havia uma melhor em algum lugar. Durante o verão de 1984, as suas regras os levaram a um conceito inspirado: e se o dispositivo de viagem no tempo de Doc Brown não fosse apenas sobre rodas, mas também um pouco perigoso? Eles tinham o carro perfeito em mente: o DeLorean DMC-12.

Desde a sua fundação, em 1975, a DeLorean Motor Company, liderada pelo ex-vice-presidente da General Motors John DeLorean, foi marcada por controvérsia e azar. A DMC teve dificuldades financeiras para produzir veículos que atendessem os padrões de controle de qualidade e era incapaz de vender unidades suficientes para se manter à tona. No início de 1982, o mercado norte-americano de automóveis estava arruinado – o pior cenário que o país tinha visto desde a época da Grande Depressão. As vendas de todos os veículos diminuíram dramaticamente e os carros de luxo tiveram a maior queda. Milhares de DMC-12, o único modelo que a empresa produzia, apodreciam na fábrica irlandesa onde foram construídos, sem atrair compradores. A empresa foi à falência naquele mês de maio. Embora tenha sido um duro golpe para seu fundador, isso foi pouco diante das alegações de que o milionário, enquanto viajava pelo mundo para tentar atrair investidores para seu império incipiente em seus derradeiros dias, concordou em participar de uma quadrilha de tráfico de cocaína. Agentes do FBI à paisana haviam filmado suas interações com John DeLorean e em 12 de outubro de 1982 ele foi preso. Apenas dois anos depois, enquanto os Bobs estavam trabalhando na quarta versão do roteiro de *De Volta para o Futuro*, ele foi inocentado de todas as oito acusações. A defesa argumentou com sucesso que seu cliente foi vítima de uma armadilha. Apesar de sua reputação controversa, os Bobs pensaram que o veículo de aço inoxidável seria o recipiente perfeito para a invenção de Doc Brown. Não parecia ser diferente de qualquer outra coisa na estrada e seu notório criador acrescentava um ar de mistério e perigo ao veículo. Spielberg não tinha nada contra o conceito original da câmara, mas como os Bobs estavam entusiasmados com a nova ideia ele apoiou sua decisão de fazer a mudança.

Era facilmente possível afirmar que o personagem mais importante, e a maior diva no set, era o DeLorean. O veículo foi saudado como um golpe de gênio criativo ao ser integrado ao roteiro, ainda que fosse necessária uma quantidade enorme de atenção, em parte devido às exigências do roteiro, em parte como resultado das limitações inerentes ao modelo DMC-12. "Era apertado e desconfortável", diz Christopher Lloyd. "Normalmente, tínhamos de filmar com as janelas fechadas. Certa vez, estávamos lá com Einstein, o cão do Doutor. Ele não cheirava muito bem. Ficamos muito perto e o ar ficou bastante estagnado lá dentro." Apesar do espaço restrito, Lloyd reconhecia o valor do DeLorean. "O visual dele era incrível. Era aerodinâmico, futurista – era o carro do Doc, pura e simplesmente. Ele era o veículo ideal para sua missão."

Quando o DeLorean foi incluído no filme, o valor estético do veículo era primordial. No quarto rascunho do roteiro, os Bobs escreveram que a máquina do tempo tinha sido modificada com "módulos que pareciam malignos", fazendo com que parecesse "perigosa". Havia uma menção de que havia espirais na parte da frente e de trás do carro, mas, fora isso, os Bobs não especificaram qual deveria ser seu visual. Eles talvez estivessem igualmente perplexos sobre como um DMC-12 lidaria com os rigores do seu cronograma de produção. Eles ouviram falar, na ocasião, dos muitos problemas que assolaram a DeLorean Motor Company e dos relatos sobre a péssima fabricação dos automóveis, mas nenhum dos Bobs tivera uma experiência pessoal com o carro. Quando as câmeras começaram a filmar, descobriram que o desempenho do veículo era tão horrível quanto o seu design era original. "Era um carro muito bonito, mas simplesmente não era de fato um bom carro", diz Neil Canton. "Há uma razão para ele nunca ter vendido muito."

A aparência final do carro do filme, com sua abundância de engenhocas, é o resultado do trabalho dos departamentos de arte e efeitos especiais que extraíram o melhor dos talentos disponíveis. Quando foi feita a alteração de uma câmara para um DeLorean, o ilustrador Ron Cobb ficou com a tarefa de liderar a criação do conceito do design da nova e melhorada máquina do tempo. O artista chamou atenção de Spielberg por meio do diretor John Milius, fã das pinturas e charges políticas de Cobb. Na época em que Spielberg queria contratar um artista de produção para *Os Caçadores da Arca Perdida*, o crítico social tinha feito a transição para trabalhar em longas-metragens como o *Star Wars* original e *Alien: O Oitavo Passageiro*, auxiliando as equipes de designers de produção e efeitos especiais com a arte conceitual. Milius mediou uma reunião entre Spielberg e Cobb, que se saiu bem e foi contratado.

No verão de 1984, Cobb estava regularmente nos escritórios da Amblin, o pitoresco complexo na Universal que Sid Sheinberg começou a chamar de "Taco Bell", por causa de seu projeto arquitetônico tex-mex[1] que o próprio Spielberg havia projetado. Os escritórios dos Bobs ficavam em frente de onde Cobb estava regularmente desenhando com outros animadores, colocando *De Volta para o Futuro* em seu radar. Cobb achava o conceito do filme interessante, um sentimento que foi confirmado quando Spielberg falou diretamente com ele perto da data de início da fotografia principal do filme, dali a poucos meses.

[1]   Termo para tudo que reúne a cultura mexicana e do estado do Texas, nos EUA. [NE]

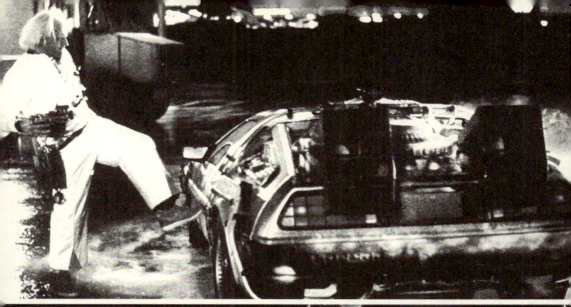

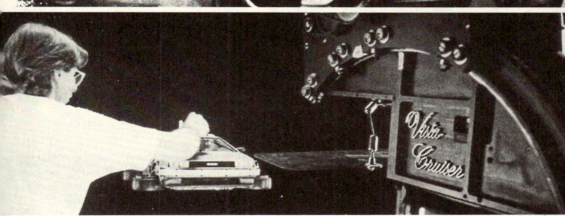

"O visual dele era incrível. Era aerodinâmico, futurista – era o carro do Doc, pura e simplesmente. Ele era o veículo ideal para sua missão", diz LLOYD.

¹ "Só de olhar para um carro de filme você deve imediatamente entender como ele funciona", diz RON COBB, que adaptou o DeLorean

² INTERIOR DE UM DELOREAN, transformado para a máquina do tempo em *De Volta para o Futuro* (1985)

DE VOLTA PARA O FUTURO - BASTIDORES

"Você poderia fazer parte de um filme sobre viagem no tempo e bolar um design para uma máquina do tempo feita em um DeLorean?"

"Um DeLorean?" Cobb não sabia de muitos detalhes do filme e ficou impressionado com a estranheza e a ingenuidade do conceito. "Isso é muito bom, gostei. Mas por que um DeLorean?" Spielberg não estava inteiramente certo. Até onde ele sabia, os Bobs podiam ter só pensado que ficaria interessante. De qualquer maneira, a resposta de Spielberg, ou a falta dela, era irrelevante. O ilustrador queria participar, independentemente do motivo pelo qual o DeLorean fora escolhido.

Enquanto Cobb se preparava para começar seu primeiro desenho, foram colocados pouquíssimos parâmetros para o artista. Em primeiro lugar, e acima de tudo, era importante que o carro não só realmente parecesse poder viajar através do tempo, mas também que um inventor o tivesse construído em sua garagem. Cobb sempre tinha se interessado pela ciência e sua obra cinematográfica anterior incluía elementos de ficção científica, mas agora sentia que tinha uma oportunidade real de ir a fundo. Ele analisou a lista de requisitos: o carro precisava ter um reator nuclear na parte de trás; poder rodar, pelo menos aparentemente, de forma "legal" pelas ruas; e, por fim, incluir um capacitor de fluxo, o mecanismo que tornava possível, na mitologia do filme, a viagem no tempo. Entre os outros projetos em que ele estava trabalhando, Cobb inventou uma " falsa física" para explicar como muitas partes suplementares do veículo, que Doc poderia ter encontrado em ferros-velhos e lojas de ferragens, poderiam realmente fazer a máquina viajar pelo tempo.

"Só de olhar para um carro de filme você deve imediatamente entender como ele funciona", diz ele. "Quando alguém inventou o clipe de papel, você podia imediatamente entender como ele era usado. Não tinha de ser explicado. Eu queria essa sensação para o DeLorean. Como a grade ao redor do carro – eu soube na hora que todo mundo iria acreditar porque *parece* algo que você precisa para perfurar o hiperespaço e chegar aos anos 1950."

Cobb completou três esboços detalhados do projeto e os apresentou ao diretor de arte, Todd Hallowell. Quando Larry Paull, o designer de produção do filme, foi contratado, ele recebeu os esboços para que pudesse descobrir como concretizá-los melhor na tela. Havia apenas seis ou sete semanas no cronograma antes que o DeLorean fosse necessário na produção, por isso não havia oportunidades para mudanças significativas no design. "Eu não tinha tempo, nem energia, sendo bem sincero, para colocar pingos em todos os 'is' e cortar todos os 'tês', para executá-lo exatamente do jeito que fora projetado", diz Paull. Andrew Probert, um dos ilustradores de produção do filme, foi chamado para fazer revisões adicionais no conceito do design, pois Cobb tinha sido escalado para outros projetos da Amblin. O artista já havia trabalhado em *Galactica: Astronave de Combate* e *Indiana Jones e o Templo da Perdição*, mas talvez fosse mais conhecido na indústria por suas contribuições significativas em *Jornada nas Estrelas: O Filme*. Probert fez uma segunda versão para o design, se apoiando bastante no que Cobb criara. O design 2.0 do DeLorean ficou pronto poucos dias depois.

Michael Scheffe, outro artista independente, foi contratado com a tarefa de sintetizar a arte de Cobb e Probert no conceito final do veículo viajante do tempo, no qual ele trabalhou por volta da época em que Kevin Pike foi contratado como supervisor de efeitos especiais. Os modelos do projeto de Scheffe eram, em grande parte, muito próximos ao que se materializou no filme porque, antes de ser contratado para o departamento de arte do filme, ele havia passado um dia inventariando as peças que poderiam funcionar para a máquina do tempo com o supervisor de efeitos visuais Mike Fink. Fink foi trazido para *De Volta para o Futuro* como uma ligação entre o departamento de arte, com base na Amblin, e a oficina de Kevin Pike, a Filmtrix, localizada a poucos quilômetros de distância no Chandler Boulevard, em North Hollywood, onde o DeLorean seria construído e outros efeitos seriam desenvolvidos. Em uma de suas muitas excursões para encontrar componentes adicionais, Fink comprou as peças que seriam utilizadas no capacitor de fluxo, mas ele achou o processo de fazer excursões regulares a lojas e ferros-velhos árduo demais para ir sozinho. Ele convidou Scheffe para acompanhá-lo em uma dessas aventuras e os dois passaram uma tarde visitando fornecedores, com Scheffe fazendo obedientemente uma lista de peças apropriadas que poderiam ser usadas para transformar os desenhos em realidade – onde estavam localizadas, quantas peças de cada havia em estoque e quais eram os preços. Como seriam utilizados três carros para a produção – o carro "A" (ou herói), com todos os equipamentos; o carro "B", que seria utilizado principalmente para acrobacias e filmagens a distância, o que não exigiria todos os elementos interiores; e o carro "C", que seria usado para filmagens de processos ou efeitos –, era essencial ter à disposição muitas peças de todas as bugigangas que seriam colocadas no carro. O objetivo era apresentar a lista para Pike, sua equipe decidir o que eles achavam que seria útil e depois fazer as compras, para não perder tempo e dinheiro com peças que não seriam utilizadas.

Fink queria oferecer a Scheffe um trabalho de assistente, mas não tinha como. O orçamento, mais apertado do que o esperado, não poderia contemplar a contratação de um número dois. Scheffe tinha se divertido e não se arrependeu de ter passado um ou dois dias procurando peças para o carro de um filme sem receber nada por isso. Afinal, o ilustrador havia projetado o k.i.t.t., o carro falante da série de televisão *Supermáquina*, por isso a oportunidade de voltar a trabalhar em um veículo futurista, ainda que brevemente, não foi um jeito ruim de fazer algumas horas de trabalho voluntário para um grande filme. Mas, como era comum em *De Volta para o Futuro*, Scheffe não ficou separado do projeto por muito tempo. Dias depois, ele recebeu um telefonema.

"Mike, eu acabei de receber uma proposta para trabalhar em outro filme." Era Mike Fink. "Você estaria interessado em assumir o meu trabalho?"

"Você está brincando? É claro."

DE VOLTA PARA O FUTURO - BASTIDORES

"Você vai ter de falar com o departamento de arte e mostrar seu portfólio. Eles precisam se certificar de que você é o cara certo, mas eu acho que você é O cara."

Antes do final da semana, Scheffe se reuniu na Amblin com Todd Hallowell e Larry Paull. Eles ficaram impressionados, não só por sua experiência e por seus projetos, mas também por sua experiência educacional surpreendentemente relevante. Antes de se tornar um artista, o ilustrador estudou para aprender a construir aviões, um histórico que fez com que o diretor de arte e o designer de produção o considerassem a pessoa ideal para pegar os esboços de Cobb e Probert e transformá-los em modelos funcionais que a equipe de Kevin Pike poderia usar para a construção.

"Eles queriam saber se eu era alguém que poderia assumir a responsabilidade de encontrar coisas e que respeitaria o sentimento desses esboços originais", diz Scheffe. "Além disso, havia algumas mudanças que gostariam de fazer nos desenhos. Eles achavam que estavam no caminho certo, mas havia algumas pequenas coisas que tinham de ser ajustadas. Como era possível realmente fazer uma filmagem dupla, onde dois atores estão no quadro ao mesmo tempo, ou tinham coisas que iriam ficar no caminho entre o motorista e o passageiro? Eu aceitei o emprego e comecei a correr por todos os lados, tirando fotos de coisas e esboçando como ficariam se usássemos esta ou aquela peça."

O design da máquina do tempo do DeLorean pode servir como um dos exemplos mais claros de como o processo de se fazer um filme é colaborativo. Os Bobs colocaram um DeLorean no roteiro e o departamento de arte e o designer de produção encomendaram esboços originais para ilustradores independentes. Em seguida, antes que a construção de verdade pudesse começar, os projetos foram refinados ainda mais, com base tanto no orçamento como na disponibilidade das peças, considerando a funcionalidade geral do veículo durante o processo de filmagem. Enquanto isso, o tempo continuava passando e o dinheiro continuava fluindo. Para complicar ainda mais, a direção do desenho final do veículo podia ser alterada a qualquer momento, dependendo de um número incontável de fatores. "Se você trabalha com arte comercial ou design, há um equilíbrio delicado de verdade", diz Scheffe. "Se você não se preocupa com a coisa em que está trabalhando, não vai ficar bom. Se colocar seu coração e alma nela, vai ficar melhor; mas, se colocar todos os pedacinhos da sua identidade e autoestima, você se torna muito vulnerável. Há um equilíbrio no qual você quer se inspirar, ao qual se dedicar, mas você também não quer tomar um tombo muito grande se as coisas não derem muito certo, então você se protege. Portanto, é preciso fazer esboços. É por isso que você vai refinando as coisas conforme vão acontecendo. Normalmente, você não tem um grande choque do tipo 'Vamos jogar isso fora e começar tudo de novo', porque as pessoas sabem aonde você quer chegar e você é parte desse processo. Não é feito como as obras de arte devem ser feitas, exclusivamente pelo amor à expressão que você coloca na pintura. É feito porque o cliente tem uma necessidade e você tem a sorte de ser contratado para preencher tal necessidade e fazer as alterações necessárias. É preciso ser flexível o suficiente para que, caso alguém mude de ideia ou de direção, você seja capaz de dizer 'Ok, isso é uma mudança e eu vou fazê-la'."

CASEEN GAINES

Quando os esboços de Scheffe estavam prontos, eles se tornaram a versão de trabalho para Pike e sua equipe. Foram comprados três carros de um colecionador local e peças selecionadas de vários fornecedores. As compras foram divididas e membros da equipe apareciam para trabalhar a cada dia com peças encontradas que correspondiam aos desenhos que tinham em mãos. O resultado, eles esperavam, seria um veículo que parecia ter sido montado ao mesmo tempo ao acaso e meticulosamente. "Nós tínhamos uma equipe de cerca de dez, quinze pessoas, na minha oficina, que construiu os carros e fez com que ficassem bons", diz Pike. "Precisava parecer caseiro, aparentar ter sido montado pelo Doutor em uma garagem. Além disso, tínhamos de garantir que o carro ainda funcionasse depois de tanto tirar e colocar coisas nele – e que todas as bugigangas funcionassem e que nós não destruíssemos o carro. Ele tinha de se mover e ter funcionalidade para todos os efeitos e ajudar a contar a história. O carro era único no sentido de que um monte de gente olhava para ele e pensava em coisas que poderiam funcionar. Você não pode simplesmente colocar um pedaço de metal na parte de trás e dizer 'Isso vai ser a câmara de plutônio'. Tem de funcionar. O 'plutônio' tem de ser capaz de entrar no motor de alguma forma. Há um monte de logística em cada decisão, seja na função, seja no design."

Larry Paull visitava a oficina uma ou duas vezes por semana para garantir que a equipe cumpriria seu prazo e dar feedback sobre a estética. Como intermediário, Scheffe fazia visitas diárias. "Kevin tinha uma equipe ótima e, é claro, todo mundo sofreu com os meus desenhos", diz ele. "Mas fizeram um grande trabalho e todos tiveram uma atitude superpositiva. Ainda me lembro de todas aquelas pessoas na oficina dele. Lembro do cara da eletrônica, dos soldadores. Havia um espírito de 'vamos fazer isso dar certo'. As pessoas deram o melhor de si e dá pra perceber. Você consegue ver isso em tudo."

O trabalho da equipe Filmtrix com a máquina do tempo não se limitou à construção do veículo. A equipe foi responsável pela gestão de todos os aspectos da mecânica do veículo, desde limpar impressões digitais do corpo de aço inoxidável até substituir para-lamas amassados por novos, retirados de outros carros. O carro "A" foi o que recebeu mais atenção, é claro, pois seria mais visto em tomadas mais próximas, em que os rostos dos atores eram visíveis. Ao longo das filmagens, o carro "C" foi consistentemente cortado em pedaços para acomodar as gravações. Considere a tomada em perspectiva quando Marty chega a 1955 e bate no espantalho do Twin Pines Ranch, do velho Peabody, em que a câmera funciona como os olhos de Marty olhando para fora do para-brisa dianteiro do DeLorean. Como a câmera é grande e requer múltiplos operadores, teria sido impossível fazer caber o equipamento e o pessoal necessários no apertado banco traseiro do DeLorean. A única solução possível para captar a cena do jeito que Zemeckis pretendia era remover a parte traseira do carro e filmar por trás da cabeça de Fox.

Apesar de todo o espetáculo visual do DeLorean, sua maior conquista deve ser a sua apresentação vibrante quando ele se prepara para viajar e voltar no tempo. Isso foi conseguido por meio de uma perfeita sinergia entre os departamentos de efeitos

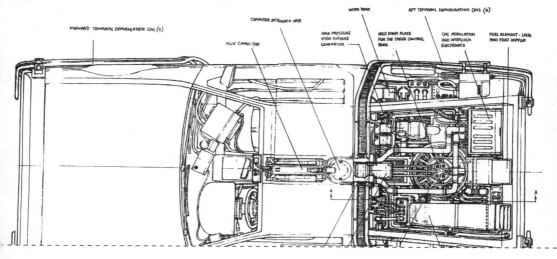

DETALHE DO STORYBOARD
do primeiro filme

100 UNIVERSAL PLAZA, BUNGALOW 477
UNIVERSAL CITY, CALIFORNIA 91608

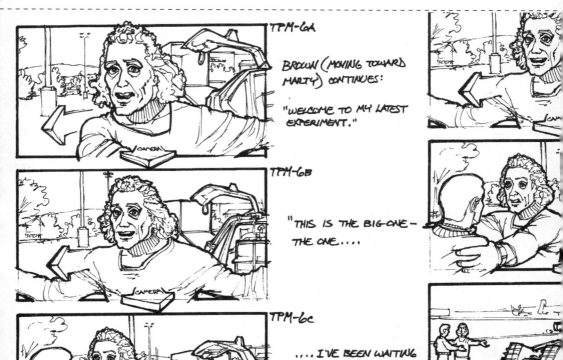

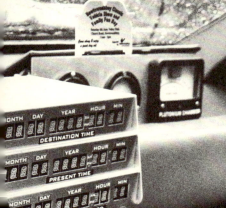

especiais e visuais. Por exemplo, não é preciso ir mais longe do que a cena no Twin Pines Mall, quando o DeLorean é revelado pela primeira vez.

Fazer a máquina do tempo chegar até 88 milhas por hora não foi o único desafio da equipe de efeitos, ao contrário do que a sabedoria convencional possa sugerir, mas até mesmo esse feito cinematográfico precisou de um truque. Embora os fãs de *De Volta para o Futuro* tenham tentado descobrir o significado de Marty ter de viajar a essa velocidade para se transportar através do tempo, os Bobs dizem que o número foi escolhido por uma única razão: seria fácil para o público lembrar. Essa decisão, um tanto arbitrária, gerou, sem querer, um problema para a equipe de efeitos. Graças a uma lei de 1979, criada pela National Highway Traffic Safety Administration, departamento responsável pela segurança no trânsito nas estradas dos Estados Unidos no governo do presidente Jimmy Carter, todos os carros lançados após setembro daquele ano deveriam ter um velocímetro que chegava no máximo a 85 mph (141 km/h), em um esforço para estimular os motoristas a viajarem em velocidades mais seguras. A legislação foi revogada menos de dois anos depois, mas seu legado permaneceu em todos os modelos do DMC-12, já que a produção tinha sido encerrada no momento da revogação. Como o número mágico que a máquina do tempo precisava alcançar estava além do limite, Pike não só substituiu o velocímetro original por um que ultrapassava a velocidade regulamentada, mas acrescentou um display digital para uma mensuração adicional.

Enquanto trabalhava em sua rodada de esboços do projeto, Ron Cobb mencionou que acreditava que a máquina do tempo sairia pelo portal do tempo a uma temperatura extremamente alta, mas o veículo deveria voltar gelado. Por isso, a equipe de efeitos especiais iluminava trilhas de fogo sempre que o DeLorean estava começando uma jornada. Para as cenas de seu retorno, o carro teria de suportar um processo um pouco complicado para parecer envolto em uma fina camada de gelo. "Quando o carro esfriava, uma das falhas óbvias no projeto foi que o gás se condensava nos cilindros das barras que seguravam as portas para cima, fazendo com que cedessem", diz Pike. "Quando nós o carregávamos com gelo e o deixávamos mais pesado e ainda mais frio, Michael abria a porta e ficava de pé. Quando ia voltar, a porta cedia e ele precisava ter muito cuidado para não bater a cabeça. Tínhamos uma equipe com secadores de cabelo que constantemente reaquecia pistões cheios de hidrogênio para evitar que isso acontecesse. Lembro que quando se mexia no carro com muito entusiasmo, Michael batia o cotovelo no dispositivo do console. Era um lugar muito apertado, mas, afinal, era uma máquina do tempo, não um Cadillac de luxo ou algo assim."

Por causa da diferença de altura entre Eric Stoltz e Michael J. Fox, algumas das peças feitas sob encomenda acrescentadas ao carro eram mais difíceis de utilizar do que deveria ter sido. Por exemplo, quando Marty prende o gancho condutor elétrico na parte de trás do DeLorean antes da cena em que o raio atinge o relógio da torre, Fox não conseguia alcançar a extremidade fêmea do conector devido às saídas de escape salientes na parte de trás do veículo. Para acomodar o novo protagonista, construíram um degrau de madeira para deixar Fox um pouco mais alto.

DE VOLTA PARA O FUTURO - BASTIDORES

Depois de filmar cada sequência de viagem no tempo, o filme era entregue a Arthur Schmidt e Harry Keramidas, que continuavam editando com a supervisão e aprovação regular de Zemeckis. Quando Keramidas foi trazido a bordo, os dois editores olharam o roteiro e decidiram que cada um faria uma das sequências de ação do filme – as cenas no Twin Pines e na torre do relógio – e trabalharia nelas individualmente. Artie escolheu a cena do estacionamento do shopping e Harry pegou a outra. Enquanto o Editor A estava trabalhando em sua sequência principal, o Editor B cuidava das outras cenas com bastante diálogo conforme elas chegavam e vice-versa.

Como ambas as cenas dependiam muito de efeitos visuais que tinham de ser incluídos pela ILM na pós-produção, as sequências exigiam que os editores pensassem além do que eles estavam vendo na ilha de edição diante de si, assim como precisavam antecipar como os efeitos sonoros e a trilha orquestral complementariam as imagens em movimento. "Você tem de usar muita imaginação para visualizar como esses efeitos vão ser e quanto tempo uma cena precisa ter para que tais efeitos possam ser incorporados a ela. Como efeitos visuais e animações são muito caros, sempre pedem para que você entregue uma cena no seu – esperamos – comprimento exato, sem frames extras. A razão disso é fazer com que a equipe de efeitos visuais ou os animadores não tenham qualquer trabalho extra que, obviamente, gasta tempo e também dinheiro. Isso meio que exige que você faça suposições."

Depois que cada editor finalizou a cena em que estava trabalhando, Zemeckis e o supervisor de efeitos visuais Ken Ralston, da ILM, que se aperfeiçoou nos dois primeiros filmes da série *Star Wars* e nas duas primeiras sequências da série *Jornada nas Estrelas*, assistiram às cenas juntos. O objetivo principal era que os dois determinassem onde os toques finais seriam acrescentados em cada frame pela empresa de efeitos

O supervisor de efeitos visuais
KEN RALSTON

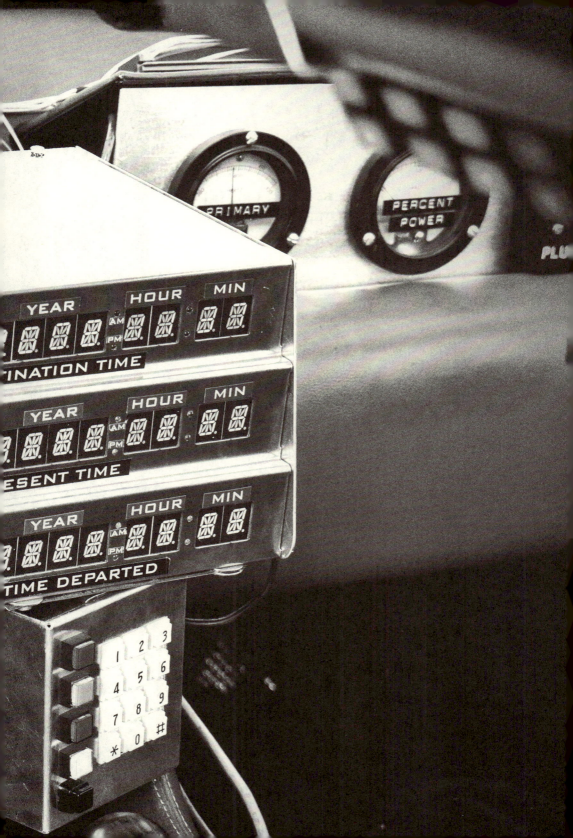

DE VOLTA PARA O FUTURO - BASTIDORES

especiais. No entanto, no melhor estilo Zemeckis, às vezes os conselhos vinham de um terceiro. O diretor notoriamente colaborativo acredita que ninguém tem o monopólio das boas ideias, permitindo que todos em seu set deem sugestões para aprimorar o projeto. Assim, quando Schmidt concluiu o trabalho na sequência do Twin Pines, o editor teve a oportunidade de dar sua contribuição ao processo dos efeitos. Zemeckis perguntou ao seu editor o que ele achava que deveria acontecer visualmente quando o DeLorean viajasse no tempo até 1955. Schmidt nem sequer pensara no assunto – afinal, efeitos visuais estavam fora de sua jurisdição e ele presumira que Ken Ralston e sua equipe já tinham a resposta para essa pergunta. Mais uma vez, Artie pensou rápido. "Faíscas?" Ele estava tentando imaginar. "Não haveria faíscas?" Zemeckis e Ralston concordaram e enviaram a sequência editada para Wes Takahaski, um dos animadores da ILM, com as instruções de que faíscas fossem integradas ao visual da viagem no tempo.

No entanto, quando o material finalizado chegou à estação do animador, o diretor ainda não tinha certeza de como exatamente queria que a viagem no tempo parecesse. Antes que Takahaski recebesse a missão de conceber o intervalo de tempo – os efeitos visuais que aparecem quando o DeLorean se prepara para ir do futuro para o passado e vice-versa –, o diretor de arte Phil Norwood tinha desenvolvido um aspecto visual no qual o DeLorean começaria a reagir como milho de pipoca em um saco no micro-ondas. Cubos tridimensionais iriam se projetar para fora do corpo de aço inoxidável até o veículo explodir pelo tempo. No entanto, Zemeckis não gostava muito da ideia. Ele ainda não sabia exatamente o que queria, mas tinha um conselho para Takahaski: "Eu só quero que pareça como se houvesse um neandertal sentado no capô do DeLorean, desbastando o tecido do tempo com um picador de gelo".

"Bem, isso é algo que nunca vimos antes."

"Eu preciso ter alguma coisa – algum grande evento que depois fosse seguido por uma explosão e uma implosão!"

Com uma direção um pouco mais clara, o animador estudou o DeLorean para conseguir pistas sobre onde poderia começar. Ele olhou para tudo que tinha sido acrescentado ao veículo e pensou que o molde ornamental em torno do carro poderia ser melhor se, durante a viagem no tempo, ele brilhasse em uma tonalidade azul mais fria. A partir daí, o animador se empolgou. Havia cometas que disparavam e pulavam de um avião invisível na frente do carro, emitindo mais néon. Ele acrescentou explosões de luz e faíscas que abriam o intervalo de tempo até que o DeLorean finalmente o perfurasse. A eletricidade voava e rastros de fumaça escoavam para fora. Faixas de fogo iriam emergir das rodas e, quando a velocidade de 88 mph fosse atingida, a explosão e a implosão de Zemeckis iriam acontecer. Ao longo do processo, Takahaski ficou em cima do muro, esperando não colocar tantos efeitos que fariam a sequência parecer um desenho animado, mas, ao mesmo tempo, não economizando tanto a ponto de faltar a emoção necessária para uma viagem no tempo. "Com alguns diretores é muito mais desafiador", diz ele. "Você mostra a eles cinquenta ou sessenta iterações diferentes e, quando chega na de número sessenta e um eles dizem 'Ok, mas na verdade eu gostei mais da segunda. Por que não voltamos?'. É tudo com o diretor. Com alguns você tem mais sintonia e eles são muito mais fáceis de agradar. Eu tive sorte com Zemeckis. Nas cenas de viagem no tempo, estávamos na mesma sintonia."

John Ellis trabalhou como supervisor no departamento de óptica, o braço da ILM responsável por combinar os efeitos ao foco da câmera e acrescentar coloração em cada cena. Takahaski fazia o seu trabalho em papel preto ou branco e depois o entregava para a equipe de Ellis para os toques finais. "Eu diria, e espero que ninguém esteja verificando os registros dos meus cartões de ponto, que provavelmente levava uma semana para fazer uma cena", diz Takahaski. "E nós estamos apenas falando dos dez diferentes elementos animados que geravam o efeito do intervalo de tempo." Embora ele estivesse gastando uma quantidade significativa de trabalho criando o visual da passagem do DeLorean pelo tempo, era igualmente importante para o animador concentrar seus esforços na criação do raio para a cena do relógio da torre. O roteiro dos Bobs pedia "o mais espectacular relâmpago da história do cinema", uma tarefa verdadeiramente monumental para um animador. Apesar de todo o impacto que aquele momento tem na tela no filme finalizado, Takahaski ainda vê um grande potencial não realizado no seu trabalho.

"Eu nunca gostei da animação que foi aprovada do gigantesco relâmpago que atinge o relógio da torre", diz ele. "Essa cena passou por várias iterações. 'O maior raio da história do cinema'? Bem, isso poderia ser interpretado de muitas maneiras. Se você deixa a eletricidade muito ampla, fica apenas um grande espaço branco e você perde toda a dimensão, o que, para mim, nunca funcionou de verdade. Eu comecei tentando ter um início de eletricidade no fundo que vinha rapidamente para o primeiro plano e atingia a torre do relógio. Pintei um monte de desenhos conceituais de relâmpago sobre fotos coloridas da torre do relógio e Bob Zemeckis escolheu um com o formato de 's'. Isso foi o que eu animei, mas não foi muito convincente para mim como animação. Eu queria ter apresentado outros desenhos ou talvez apenas ter passado mais tempo naquela cena, mas, como eu era a pessoa que estava fazendo toda a eletricidade do filme, eu tinha muito pouco tempo."

A atenção dada à sequência da torre do relógio foi adequada, já que a cena é, sem dúvida, a mais importante do filme. A estrutura narrativa de *De Volta para o Futuro* estabelece dois objetivos para o personagem principal: um, Marty tem de juntar seus pais; e, dois, voltar para 1985. Como resultado, existem duas resoluções separadas para cada um desses problemas. Quando George beija Lorraine no baile "Encanto Submarino", acontece o clímax emocional do filme. Os pais de Marty vão se apaixonar e, desde que o nosso herói complete o seu segundo objetivo, tudo vai ficar bem. Do ponto de vista da narrativa, isso faz com que a sequência que descreve o maior temporal da história de Hill Valley seja a cena com mais significado no filme. Se Marty perder o relâmpago, sua existência ainda estará ameaçada e todo

¹ A ICÔNICA CENA DO RELÓGIO

² MARTY e DOC na inaguração do relógio, em 1895, na parte final da trilogia

DE VOLTA PARA O FUTURO - BASTIDORES

o tempo gasto conectando seus pais será desfeito. A sequência foi meticulosamente colocada num storyboard com antecedência, por causa dos efeitos que seriam acrescentados na pós-produção. Eles foram, então, filmados em película e editados, para que os editores tivessem um guia prático de como a cena final deveria ficar. Foi uma longa sequência para se montar, mas que Zemeckis e companhia não estavam dispostos a comprometer. O resultado final é uma das cenas mais emblemáticas da história do cinema. É o único trecho da filmagem que aparece nas três partes da trilogia, prova do significado do raio atingindo o relógio da torre para a franquia. "Foi bom para mim", diz Bob Yerkes, o artista de circo que atuou como dublê de Christopher Lloyd nessa cena. "Eu fui pago pelos outros filmes e não tive de fazer nenhum trabalho extra."

Mas, assim como essa sequência é tão fascinante de assistir, ela foi difícil de filmar. Quando Marty está gritando para avisar Doc sobre os terroristas líbios, Michael J. Fox foi obrigado a gritar tomada após tomada com uma máquina de vento industrial soprando em seu rosto, o que tornava impossível para ele ouvir a sua própria voz. Enquanto isso, Christopher Lloyd lidava com suas próprias dificuldades. Embora Bob Yerkes tivesse baixado o cabo da torre até o chão, no restante das cenas era Lloyd quem teria de manuseá-lo. "Nós penduramos Chris com um cinto de segurança na torre do relógio para uma cena", diz Bob Gale. "Hoje nós teríamos usado uma tela verde." Os closes do ator foram feitos em um estúdio na Universal; mas, para as cenas de longa distância, o ator teve mesmo de se aventurar no topo do alto prédio com vista para o complexo da Universal.

"Eu estava descansando antes de filmarmos a sequência da torre do relógio e, sozinho, subi as escadas até o topo", diz Christopher Lloyd. "Foi quando percebi que onde eu deveria filmar era apenas uma borda." O ator, que tem medo de altura, deu uma olhada para o chão e chegou a uma conclusão: não ficaria de jeito nenhum de pé naquela borda para filmar. Ele pensou em uma solução e levou-a para Bob Z.

"Eu estive pensando..." O ator fez uma pausa. O diretor olhou para ele com curiosidade. Zemeckis estava preocupado com outras coisas no momento e Lloyd sabia disso, mas precisava dizer o que estava sentindo o quanto antes para que a equipe pudesse começar a elaborar uma solução. "Eu estive pensando que poderia fazer a cena de joelhos."

"Nem fodendo." Zemeckis não ficou bravo, por assim dizer, mas deixou claro que Doc Brown não iria rastejar pela borda da torre do relógio durante a cena mais importante do filme. Quando chegou a hora de começar a filmagem, a equipe de dublês prendeu a ponta de um cabo em Christopher Lloyd e a outra em um guindaste. Se o ator perdesse o equilíbrio em cima da borda, ele teria caído não mais do que alguns centímetros antes que fosse pego. Com um sistema de segurança preparado, o ator se sentiu relativamente confiante. Seu medo de altura ainda permaneceria, mas pelo menos ele teria provas de que uma vez o tinha superado.

103

DE VOLTA PARA O FUTURO - BASTIDORES

Com a cena pronta, Harry Keramidas começou a trabalhar. Ele usou os storyboards que foram filmados e editados em conjunto como base para cortar a sequência. Conforme as cenas chegaram à sua área de trabalho, ele trocou a filmagem do storyboard. A qualquer momento, Zemeckis poderia ver como a cena ficaria quando estivesse finalizada, pois os storyboards filmados eram colocados como marcação até que toda a sequência fosse montada. Devido ao tempo necessário para esse projeto ser concluído, a sequência da torre do relógio não foi feita toda de uma vez. Em vez disso, Keramidas pulava para a frente e para trás entre uma e outra – o que significava cenas mais curtas e mais fáceis para editar conforme chegavam ao seu trailer de trabalho. No geral, o processo levou semanas, com Zemeckis ainda fazendo suas visitas regulares durante seu intervalo de almoço e depois de terminar as filmagens para fazer observações.

Em termos de cronograma de produção, fazia sentido antecipar essas cenas. Elas não só eram difíceis de filmar, mas também exigiam uma quantidade significativa de atenção antes que o filme chegasse aos cinemas. Se a prática conduz à perfeição, talvez tenha sido melhor que partes de cada uma delas tivessem sido trabalhadas pela primeira vez durante a época de Stoltz, depois revisitadas semanas mais tarde, quando todos os envolvidos conheciam melhor a visão e as expectativas do diretor. Claro, também era importante que cada cena funcionasse para o público se interessar pela história. Apresentado nos primeiros minutos do filme, o relógio da torre era um personagem importante, por si só, em grande parte devido à cena com Marty, Jennifer e uma representante excessivamente apaixonada da Sociedade de Preservação de Hill Valley, interpretada por Elsa Raven.

"Quando fui chamada, fiz o teste para o sr. Zemeckis em uma salinha minúscula", diz ela. "Era um pouco maior que um armário e estávamos apenas nós dois. Lembro que quando comecei a ler eu o assustei porque gritei 'Salvem o relógio da torre!' e o sr. Zemeckis estava a uma distância de pouco mais de meio metro de mim. Ele meio que recuou e eu disse: 'Bem, ela tem de chegar nas pessoas. Ela precisa falar alto!'" Os dois começaram a conversar e perceberam que tinham algo em comum: ambos haviam trabalhado com Steven Spielberg antes – ela em *No Limite da Realidade*. "Isso fez a diferença", diz Raven. Embora só tivesse recebido as páginas do roteiro em que sua personagem aparecia, e só tivesse uma mínima ideia no que *De Volta para o Futuro* se tratava, ela estava ciente da gravidade da cena para mostrar a importância do folheto azul que seu personagem entrega a Marty. Quando o Doc da década de 1950 menciona a Marty que apenas um raio poderia gerar os 1,21 gigawatts necessários para enviar o DeLorean de volta para o futuro, é provável que os observadores mais cuidadosos na plateia pudessem se lembrar da personagem de Raven e do pedaço de papel contendo os detalhes da infame tempestade de Hill Valley.

"Talvez seja subconsciente, mas às vezes acho que a graça e o charme da série *De Volta para o Futuro* é o fato de que há uma ironia dramática, uma grande ferramenta, na minha opinião", diz Dean Cundey, "o fato de que o público sabe algo que os personagens não sabem. Esse é um dos melhores aspectos desta série – comentar sobre vários aspectos da nossa vida contemporânea, olhando para o passado. É como fazer o público sempre se sentir mais esperto do que os personagens."

No período de preparação para o lançamento do filme, Michael J. Fox começou a descrevê-lo como aquele em que o público deveria planejar gastar US$ 20 para ver, quatro vezes a média de um ingresso de cinema na época. Seu raciocínio era que seria preciso assistir várias vezes para sacar todos os tesouros escondidos que os Bobs incorporaram ao seu roteiro, tais como os títulos de filmes na marquise do cinema de Hill Valley e a borda da torre do relógio aparecendo completamente intacta ou quebrada, dependendo se os personagens estavam na linha do tempo em que Doc tinha lascado a borda ou não. "Bob Zemeckis ainda é meu herói como diretor", diz Lea Thompson. "Ele era tão inteligente e tão incrível de se ver trabalhando. Lembro muito de ele ser superdetalhista, estar imerso na história e na ideia de que cada cena devia fazer valer o dinheiro que o público gastou no ingresso. Eu não sinto nada menos que um respeito incrível por ele."

Às vezes, o olhar detalhista de Zemeckis acarretava ainda mais trabalho para o elenco e a equipe. "Os efeitos especiais são interessantes", diz Harry Keramidas. "De vez em quando, eles se parecem com efeitos visuais, mas são feitos de verdade, como quando estávamos rodando a perseguição de skate em 1955. Bob voltava e refilmava algumas coisas. Enquanto estávamos editando essa cena, ele disse: 'Não seria ótimo se saíssem faíscas na parte de trás do skate quando Marty tenta fazê-lo parar?' Ele voltou e filmou aquela cena novamente e esse foi um efeito físico. Colocamos faíscas na parte de trás do skate. Kevin Pike foi o cara que fez vários desses efeitos no primeiro filme, um excelente trabalho."

DE VOLTA PARA O FUTURO - BASTIDORES

"Naquela época, eu era muito mais um capataz. Eu fazia os meus atores ficarem em suas marcas e na sua iluminação, e agora eu meio que... não me importo tanto", diz Zemeckis. "Eu não permitia que houvesse uma imagem tremida em qualquer um desses filmes. Se a câmera balançava em um quadro, eu refazia o take. Mas hoje em dia o público é muito diferente. Acho que eles não reconhecem a atenção aos detalhes. Talvez percebam inconscientemente, talvez não. Ter uma cena perfeitamente composta não importa se você a está assistindo em um iPhone, né? Você não perceberia."

Com a maior parte do trabalho pesado encerrado para a cena do relógio da torre, Zemeckis e companhia continuaram logo em seguida, voltando para o set de Hill Valley, que permanecera relativamente intocado desde os tempos de Stoltz. Quando Michael J. Fox pisou na praça de Hill Valley, com um colete vermelho brilhante, a torre do relógio no alto e os carros de época passando na rua, alguém da equipe de produção chamou atenção do diretor para cima. Zemeckis olhou para o céu azul brilhante. As mais belas nuvens que ele já capturara em película estavam sobre a cidade cenográfica, como se encomendadas em um catálogo e penduradas pelo departamento de arte. O clima em si teria sido suficiente para agradar o diretor, mas havia uma satisfação a mais nesse momento. Fox, em seu traje brilhante, e a paisagem igualmente brilhante atrás dele fizeram a despedida final das filmagens a que Zemeckis e seus editores assistiram alguns meses antes. Os Bobs tinham escrito o que esperavam que fosse recebido como uma história alegre e, pelo menos por enquanto, eles pareciam estar na direção certa para transportar essa visão para a tela.

ROCK' N' ROLL

QUINTA-FEIRA, 14 DE MARÇO DE 1985

Lea Thompson estava em seu camarim – uma pequena mas confortável parte de um trailer enganchado na traseira de um caminhão no estacionamento da Igreja Metodista United, na Franklin Avenue, em Hollywood. Para uma filmagem em locação, era um local muito conveniente, a menos de dez minutos da base na Universal. O dia tinha o potencial de ser árduo e cansativo, com vários atores principais convocados, dezenas de extras e um auditório desprovido de ar-condicionado. Com um cronograma de filmagem aparentemente interminável a apenas pouco mais de um mês da sua conclusão, aquela semana – quando o "Encanto Submarino" estava sendo filmado – era muito aguardada por Thompson.

Ela se sentou, à espera do aviso de que era necessária no set, cantando em voz alta para ninguém em particular. Havia revistas espalhadas à sua volta, que ela folheava regularmente quando não estava revendo suas falas. Ocasionalmente, tropeçava em um anúncio de arregalar os olhos, porque ela achava ofensivo ou misógino, ultrapassado ou obsoleto. Mas essas eram armadilhas de uma época diferente, não revistas da década de 1980. Cada ator tem um processo diferente para se preparar e criar a mágica na frente das câmeras. Alguns preferem ser chamados de "Marty" a toda hora, enquanto Thompson preferia se afastar do resto do mundo por apenas alguns momentos e mergulhar na realidade de Lorraine Baines. Ela achava a personagem muito diferente, uma grande mudança em relação ao papel que tinha acabado de fazer em *Amanhecer Violento*: uma feminista com jeito de moleque que também era bailarina. Interpretar a personagem aparentemente ingênua ainda que docemente sedutora e de fala mansa não vinha naturalmente; então, para se sair bem, era preciso uma lição de casa extra. Enquanto outros podiam estar se atualizando com a última edição da *People* ou da *Time*, ela estava lendo a *Look* e a *Life* do início e meados da década de 1950, que Thompson se esforçara um bocado para encontrar e levar consigo todo dia para o estúdio. Sempre tinha uma bolsinha com moedas vintage por perto, que tirava regularmente, olhava e passava entre os dedos, como se as estivesse estudando em busca de pistas a respeito de quem tinham sido seus proprietários anteriores e como melhor canalizar seus espíritos. Ela pegava o batom que tinha comprado especialmente para o filme, um tom clássico de rosa, e quando estava se sentindo particularmente fora do personagem, como naquele momento de espera no trailer, Thompson tocava músicas da época bem alto e cantava junto: "Please turn on your magic beam/ Mr. Sandman, bring me a dream..." ("Por favor, ligue o seu raio mágico/ Mr. Sandman, traga-me um sonho...").

"Eles acabaram colocando a música no filme, graças a Deus", diz ela. "Era tão boba, mas me colocava no clima para ser Lorraine. Por alguma razão, a Lorraine velha estava no meu corpo. Acho que estava interpretando a mãe de uma das minhas amigas ou algo assim. Isso foi muito fácil para mim, mas a jovem Lorraine foi de fato muito difícil. Me comprometer de verdade com aquela bobagem e sem piscar? Interpretar essa inocência era realmente muito difícil, por isso cantar 'Mr. Sandman' e ler aquelas revistas ajudaram de verdade."

Enquanto a atriz focava em seu próprio método improvisado de viajar no tempo para transportar-se para o meio do século, Robert Zemeckis tinha uma tarefa muito maior pela frente. A sequência no baile envolvia muitos elementos, como juntar dezenas de figurantes e filmar músicas coreografadas com movimentos de câmera complicados. Ao longo da semana, a equipe de produção filmou várias sequências musicais, incluindo um elaborado número de tirar o fôlego com Michael J. Fox. Houve cenas filmadas usando um *jib*, um mecanismo pelo qual uma câmera é ligada a um tipo de uma lança com um peso, um dispositivo parecido com o de uma gangorra. Isso permite que um operador, que vê o que a câmera está capturando através de um monitor, possa capturar imagens panorâmicas que têm de percorrer determinado trajeto. O *jib* foi útil para filmar a cena de Marty tocando "Johnny B. Goode", que começa na parte de trás do ginásio, através das pernas de um dançarino, para um close-up dos dedos de Fox dedilhando sua guitarra Gibson ES-345 vermelho-cereja, um instrumento que só estaria disponível comercialmente três anos após o dia do baile. Apesar da dificuldade com a câmera – Dean Cundey não tinha muita experiência com esse tipo específico de equipamento e no início não acreditava que a filmagem pudesse ser usada –, a inclusão dessas tomadas desafiadoras na sequência do baile acrescenta a quantidade certa de diversão e emoção a um momento já cheio de energia. Zemeckis ainda estava se provando todos os dias no set, mas sua sensibilidade visionária como diretor

Elenco de Amanhecer Violento (1984), com LEA THOMPSON (esquerda) ao lado de PATRICK SWEYZE

e a formação pela USC – que tanto irritou Kathleen Turner durante as filmagens de *Tudo por uma Esmeralda* – estavam convergindo.

"Quando cheguei ao *De Volta para o Futuro*, eu tinha praticamente passado por todo tipo de batismo de fogo pelo qual um diretor pode passar", diz ele. "Desde ficar imerso em um elenco de jovens atores a ter de fazer filmes com um orçamento muito, muito pequeno, além de todos os rigores de acrobacias gigantescas e filmar nas selvas do México – estava pronto para qualquer coisa que pudessem me dar. Eu diria que certamente já sabia o que fazer com a câmera naquela época. Você aprende com cada filme. Com certeza, *De Volta para o Futuro* não teria nem chegado perto de ser tão bom quanto é se tivesse sido meu primeiro filme."

Havia desafios e mais concessões a fazer, é claro, mas parte do que fez dessa cena algo divertido na qual se trabalhar foi que não tinha sido testada durante a época de Stoltz. "Quando fui escalado, eles tinham filmado a maior parte do filme até o baile "Encanto Submarino" com Eric Stoltz antes que o substituíssem", diz Harry Waters Jr., que interpreta o músico Marvin Berry. "Quando cheguei ao set, todo mundo estava animado com o novo material. Era tipo 'Ok, agora estamos chegando a algo novo'."

Waters ficou sabendo do filme em novembro do ano anterior, enquanto estava fazendo trabalhos malpagos no teatro entre os ocasionais comerciais e as participações em séries de televisão. Enquanto fazia *The Me Nobody Knows*, um musical da Broadway de 1970 que estava sendo encenado em Los Angeles, seu agente conseguiu um teste para o papel do vocalista da Starlighters, a banda composta somente por negros que toca durante o primeiro beijo de George McFly e Lorraine Baines. Embora estivesse um pouco nervoso por fazer um teste para um grande filme, especialmente um com o envolvimento de Steven Spielberg, ele sentia que poderia conseguir. Quando foi pela primeira vez para a Amblin, as cerca de quinze outras pessoas esperando não o intimidaram. Ele entrou, cantou à capela e saiu se sentindo confiante.

Mas, depois de um tempo, essa sensação de confiança começou a se dissipar. Semanas se passaram e Waters e seu agente não receberam notícias dos produtores do filme. O ator foi chamado para fazer um segundo teste para *He's the Mayor*, uma série da ABC, e manteve os dedos cruzados para que conseguisse o papel enquanto continuava com seu trabalho nos palcos. Em dezembro, veio um telefonema. Waters estava sendo requisitado outra vez na Amblin. O ator aqueceu a voz e se preparou para cantar novamente. Mas sua volta não saiu como planejado, pois, em vez de uma audição, o ator foi chamado para uma entrevista com Bob Z. "Éramos apenas nós dois conversando", diz Waters. "Nossa conversa foi sobre o que eu estava fazendo. Eu disse que estava com um musical e trabalhando com um amigo em uma peça sobre narrativa negra. Eu não tinha nenhuma expectativa de que fosse conseguir o papel. Imaginei que eles fossem escolher atores reconhecidos, porque era isso o que eu tinha experimentado antes mesmo de me mudar para Los Angeles. A indústria cinematográfica geralmente escolhe pessoas que têm um histórico conhecido." A reunião durou cerca de vinte minutos. O diretor agradeceu,

JAMES TOLKAN, MICHAEL J. FOX & CLAUDIA WELLS,
em *De Volta para o Futuro* (1985)

DE VOLTA PARA O FUTURO - BASTIDORES

o ator mencionou a honra ter a oportunidade de fazer o teste e os dois seguiram seus caminhos. Antes de ir para casa, Waters aproveitou a oportunidade para dar uma olhada nos estúdios da Universal – afinal, quem sabia se ele voltaria?

Menos de meia hora depois de voltar para casa, seu telefone tocou. Era seu agente. Waters era um dos dois finalistas para o papel principal de *He's the Mayor* e seu agente lhe disse que ele não podia mais ficar em cima do muro. As datas de início eram na mesma época para cada projeto e o ator não seria capaz de fazer as duas coisas. Na remota possibilidade de que fosse escolhido para os dois papéis, com qual ele iria seguir? A resposta veio rapidamente. Ele queria trabalhar com Zemeckis.

Na véspera do Ano Novo, o ator recebeu o convite para aparecer em *De Volta para o Futuro*. Para Waters, que viria a se tornar um professor associado de teatro na Macalester College, em Minnesota, o caminho para seu primeiro papel em um grande longa-metragem carrega uma lição que vale a pena lembrar. "Eu sempre lembro aos meus alunos que não fiquei de bobeira esperando a próxima audição antes de *De Volta para o Futuro*", diz Waters. "Eu estava sempre trabalhando no meu ofício, para que quando fosse nas audições tivesse algo para contar. Não foi 'Ah, meu Deus, eu tenho de conseguir este trabalho agora, porque não estou fazendo mais nada'."

O papel de Marvin Berry é pequeno, mas por causa da atuação de Waters e do roteiro de Robert Zemeckis e Bob Gale é uma das várias partes inesquecíveis do filme. Durante o processo de escrita, os Bobs prestaram uma atenção especial aos personagens, acreditando sinceramente que o público perdoaria uma falha no filme se estivessem envolvidos com as pessoas que aparecem na tela. Os Bobs estavam bastante cientes do potencial dos papéis menores como catalisadores significativos dentro da história e determinados a criar cada um com um estilo e ponto de vista únicos. "Muitas vezes, imaginamos um determinado ator em um papel", diz Gale. "Não necessariamente um ator que pensamos em convidar – às vezes, imaginamos um astro do cinema do passado no papel, apenas para que exista uma voz na nossa cabeça. James Cagney falava de certa maneira, que era diferente de James Stewart, que era diferente de Bogart ou John Wayne ou Burt Lancaster ou Brando ou Al Pacino. Isso é um truque que nos ajuda a dar certa voz a um personagem. E, quando mesmo um pequeno papel tem o suficiente para um ator se refestelar, ele atrai melhores atores e lhes oferece mais com o que trabalhar. Nós sempre incentivamos os atores a desempenhar um papel do seu jeito e é aí que você consegue fazer a mágica acontecer. Além disso, Bob Z tem uma capacidade natural para tirar o melhor de seu elenco e saber o tipo de coisa que os atores precisam fazer para que o público se lembre deles. É algo que aprendemos ao ver os filmes de Billy Wilder, Frank Capra e John Ford."

James Tolkan foi selecionado por Bob Z especificamente para fazer o papel do diretor Strickland. O personagem não tem falas na cena do "Encanto Submarino", mas faz um ótimo trecho de comédia física logo após o número de "Johnny B. Goode", onde ele é visto tirando as mãos dos ouvidos por causa da música que Marty acertadamente especula que seu público ainda não está pronto para ouvir. Devido a um erro de continuidade, Tolkan na verdade pode ser visto fazendo esse movimento duas vezes dentro de um curto período de tempo, sem dúvida uma das concessões que Zemeckis teve de fazer com seus editores no esforço fútil de fazer um filme perfeito. Curiosamente, o primeiro nome do personagem tem sido uma fonte de debate entre os fãs do filme desde o seu lançamento. Quando George Gipe romanceou o filme, ele batizou Strickland com o nome "Gerald", um epônimo não aprovado pelos Bobs. Ambos o odiavam, mas como seu roteiro não dava um nome para o personagem, a decisão de Gipe prevaleceu. Quando os cineastas resolveram escrever as sequências de *De Volta para o Futuro*, Zemeckis sugeriu colocar uma placa na porta de Strickland identificando suas iniciais como S.S., para evocar os nazistas. Décadas mais tarde, quando a Telltale Games lançou seu jogo de videogame inspirado na franquia do filme, em 2010, Bob Gale teve a oportunidade de finalmente determinar o primeiro nome do diretor de uma vez por todas: ele se chama "Stanford".

Antes de fazer *De Volta para o Futuro*, Tolkan apareceu em uma série de filmes, incluindo *Serpico* (1973), de Sidney Lumet, *A Última Noite de Bóris Grushenko* (1975), de Woody Allen, e *Horror em Amityville* (1979), de Stuart Rosenberg, mas tinha resistido a se mudar para Los Angeles para tentar invadir seriamente a indústria do cinema. Em 1984, ele estava atuando em *Glengarry Glen Ross*, de David Mamet, na Broadway, quando recebeu um telefonema de Zemeckis, que tinha visto o ator no filme de 1981 *O Príncipe da Cidade*, convidando-o para se juntar a seu elenco. Não houve teste e, conforme o que lhe foi dito durante a conversa, eles não estavam considerando mais ninguém para o papel do administrador escolar resoluto que odiava os preguiçosos e amava a disciplina. "Eu sempre dizia 'Nunca vou para Hollywood até que Hollywood me chame' porque eu havia sido um ator de Nova York por todos aqueles anos", explica Tolkan. "Eu só disse 'Ok, esta é uma oportunidade para eu ir a Los Angeles e ver como é aquilo lá'."

O ator passou vários dias filmando na Whittier High School ao lado de Eric Stoltz nos primeiros dias de produção, em cenas que foram refilmadas meses depois. Revisitar o material antigo não o incomodava muito. Na verdade, o ator teve inicialmente uma atitude muito tranquila em relação ao filme em geral. Não parecia ser nada de especial durante as filmagens e, ao mesmo tempo que era agradável para se trabalhar, certamente não parecia um projeto predeterminado ao sucesso. A história era maravilhosa, mas o ator achava a produção relativamente modesta. Os trailers eram pequenos; o ator principal era um pouco desconectado e depois foi trocado no meio do caminho. Apesar de todo o ti-ti-ti na indústria sobre aquele ser um filme de Spielberg, a impressão de Tolkan era que o envolvimento do produtor-executivo era mínimo. "Steven Spielberg estava mais interessado no filme em que estava trabalhando na época, chamado *Os Goonies*,[1] do que em *De Volta para o Futuro*", diz ele.

---

1   Publicado pela DarkSide® Books em 2012. [NE]

Os Goonies (1985) também estava sendo produzido por SPIELBERG na mesma época

Enchantment under the Sea Dance

O baile "ENCANTO SUBMARINO"

DE VOLTA PARA O FUTURO - BASTIDORES

Os dois filmes estavam de fato sendo produzidos ao mesmo tempo, entre o outono de 1984 e a primavera de 1985, apesar de relatos sobre o envolvimento de Spielberg nos dois projetos variarem. Embora Bob Gale recorde que Spielberg essencialmente deixou tanto Zemeckis quanto o diretor de *Os Goonies*, Richard Donner, sozinhos durante as filmagens – "Steven não duvidava da capacidade de Bob Z e Donner de fazer filmes e ele tinha muito respeito profissional para se envolver" –, já foi amplamente divulgado que Spielberg pôs realmente a mão na massa em *Os Goonies*, chegando às vezes a parecer menos um produtor e mais um codiretor. Quando a poeira baixou após o chacoalhão de Stoltz no set de *De Volta para o Futuro*, e com a base dos *Goonies* na Warner Bros. Pictures em Burbank, Spielberg começou a passar menos tempo com os Bobs e mais tempo com Donner e seu jovem elenco. Conforme as filmagens continuavam, Frank Marshall, que também era o diretor da segunda unidade de *De Volta para o Futuro*, tornou-se o principal representante da Amblin para verificar como a produção estava indo.

Embora a presença de James Tolkan no baile "Encanto Submarino" engrandeça a cena, é fácil argumentar que os artistas mais importantes para a sequência foram Mark Campbell, Paul Hanson, Brad Jeffries e Tim May, que não aparecem fisicamente na cena, mas ainda assim roubam o show com suas contribuições para o número musical de "Johnny B. Goode". Mark Campbell tinha se mudado recentemente para a Califórnia, vindo de New Orleans, quando foi contratado para cantar "Johnny B. Goode" para o filme. Seu nome tinha sido comentado na cena musical como um talentoso cantor de estúdio e com apenas poucas semanas após ter se mudado para a região ele recebeu um telefonema do supervisor musical de *De Volta para o Futuro*, Bones Howe, convidando-o para fazer um teste.

"Nós estamos considerando duas ou três pessoas", disse o produtor quando o cantor chegou ao estúdio de gravação. "Mas vários amigos meus começaram a falar o seu nome." Durante a audição, os cantores se apresentaram um após o outro. Campbell entrou na cabine e fez o que sabia. Ele tinha certeza de que fora o melhor de todos na sala, mas Bones queria que o cantor tentasse novamente. "Ok, preste atenção", disse ele. "Você está cantando como sempre cantou, provavelmente, e você é de New Orleans. Mas lembre-se que nosso cara, Michael, provavelmente é de Ohio, acho." Nem o ator nem o personagem são do Meio-Oeste dos Estados Unidos, mas isso não importava. A dica foi perfeita para o cantor. Ele diminuiu seu sotaque e cantou de um jeito um pouco menos funk. Campbell foi embora e recebeu uma ligação mais tarde, naquela noite. Ele foi contratado e gravaria a faixa no dia seguinte.

Depois de gravar a música, ele recebeu uma ligação de Bob Gale. O produtor lhe disse que, em um esforço para manter a mística e a ilusão de que Michael J. Fox estava realmente cantando, Campbell não receberia nenhum crédito na tela. "Eu disse a ele que compreendia. Eu entendi", diz Campbell. "Eu só queria fazer um bom trabalho e enganar o público, tanto quanto qualquer outro. Não pensei em mais nada. O que foi realmente incrível para mim é que Bones Howe meio que levou para o lado

CASEEN GAINES

pessoal. Ele dizia: 'Você não está recebendo crédito? Não, não, não, não. Isso não está certo. Eu vou te dizer o que vamos fazer. Vou pensar em alguma coisa e depois falo de novo com você'. Cerca de dois dias depois, ele me ligou e disse que eu receberia uma porcentagem muito, muito pequena, mas muito legal, da trilha sonora." Além disso, quando o filme foi lançado, os nomes de Mark Campbell e Tim May apareceram no início da pequena lista de "agradecimentos especiais", uma ação que o cantor acredita ter sido resultado da defesa de Bones.

Michael J. Fox sabia tocar guitarra, pois tinha tocado em bandas na época da escola. Como um monte de músicos adolescentes, ele considerou brevemente, mas a sério, seguir carreira musical e ir atrás de discos de platina, antes de ser picado pelo bichinho da atuação. No entanto, mesmo com suas habilidades, ele não foi convidado para tocar o número musical de alta octanagem. Em vez disso, o músico de estúdio Tim May tocou na faixa uma guitarra customizada Stratocaster Valley Arts de 1979, com o corpo de pau-rosa, pescoço de bordo e braço de ébano. Como os outros três quartos da equipe ilusionista, Paul Hanson foi contratado durante a época de Stoltz. Bones Howe havia ligado para o Musicians Institute, em Hollywood, em busca de talentos e perguntou à secretária se ela conhecia alguém que soubesse tocar guitarra com os dentes e pudesse estar interessado em ensinar um ator a dedilhar enquanto a faixa pré-gravada era tocada.

"Ah, você precisa conhecer o Paul." Sua resposta foi imediata, pois, por acaso, Hanson tinha parado na mesa da recepcionista apenas algumas horas antes para socializar e se exibir, imitando Jimi Hendrix enquanto esfregava seus dentes superiores contra as cordas da guitarra. Ela passou o telefone dele a Bones e Paul foi contratado. Os ensaios com Stoltz correram bem e os dois desenvolveram uma forte relação de trabalho. Stoltz trabalhava duro e era um cara legal, mas não era tão confiante ou tão competente musicalmente como Hanson gostaria. Houve uma diferença marcante nos ensaios de guitarra quando Fox foi trazido a bordo. Se as coisas estavam começando a ferver antes, chegaram à plena ebulição com o novo protagonista.

"Ele vinha até minha casa, principalmente à noite", diz ele. "O que eu achava mais legal nele é que sua memória era muito boa. Eu atribuía isso ao fato de que ele tinha de memorizar falas o tempo todo por ser ator, mas Michael poderia mesmo ter seguido uma carreira como guitarrista. As aulas duravam cerca de uma hora e nós bebíamos cerveja canadense. Moosehead, acho."

Para Fox, a oportunidade de fazer o papel de estrela do rock por algumas horas a cada semana entre as filmagens de *Caras & Caretas* e *De Volta para o Futuro* era um alívio. Não que ele precisasse de uma desculpa para colocar os pés para cima e se soltar, mas agora ele podia fumar alguns cigarros, tomar algumas cervejas e falar sobre seus ídolos musicais preferidos, tudo para fazer seu trabalho da melhor maneira possível. Os dois passaram algum tempo ensaiando com a gravação de May e Hanson gravou uma fita cassete com "Johnny B. Goode" na metade da velocidade, para que o ator

DE VOLTA PARA O FUTURO - BASTIDORES

pudesse treinar em casa, durante o seu tempo de folga no estúdio de televisão ou em seu trailer no set de cinema. A exatidão de Fox e a velocidade com que ele aprendia as notas impressionaram seu professor. E, sobretudo, Hanson gostava de sua companhia. Embora ele mesmo não fosse um astro, curtia ser parte do estilo de vida, mesmo que fosse apenas por algumas horas na semana. "Em algum momento, lembro que ele comprou uma Ferrari vermelha", diz Hanson. "Michael a levou para minha casa, em North Hollywood, e a estacionou no gramado da frente quando eu dei uma festa. Foi muito legal ter isso em nosso gramado."

Quando chegou a hora de filmar o número de dança, o ator se sentiu preparado ao subir ao palco. As cenas foram planejadas e Fox tinha alguma ideia do que iria fazer, mas Zemeckis lhe deu liberdade para tocar e se sentir inspirado. A parte no final da música em que Marty imita artistas contemporâneos das três décadas entre o passado e o presente do filme se materializou na tela de forma diferente do que estava no roteiro original, em que o personagem deveria mexer o quadril como Elvis, se exibir como Mick Jagger e fazer o *moonwalk* como Michael Jackson – uma piada visual que acabaria por aparecer em *De Volta para o Futuro – Parte III*. Embora artistas específicos tivessem sido mencionados no roteiro, eles foram listados simplesmente como um guia do que os Bobs estavam buscando. No momento de ensaiar o número, Fox e o coreógrafo Brad Jeffries trabalharam juntos para homenagear guitarristas que pudessem ter mais a ver com a cena. Como Hanson, o instrutor de dança se encontrou com Fox para vários ensaios antes das filmagens e esteve presente no set. Ao elaborar o clímax final da música, ele colocou grandes expectativas dentro da zona de conforto de Fox, descobrindo movimentos que ele pudesse executar naturalmente e que também seriam imediatamente reconhecíveis para o público. *De Volta para o Futuro* foi o primeiro filme de Jeffries como coreógrafo – ele havia trabalhado como coreógrafo-assistente na adaptação cinematográfica de *Chorus Line: Em Busca da Fama* – e foi levado pela capacidade de Zemeckis de contratar as melhores pessoas para o filme e, em seguida, sair do caminho enquanto elas trabalhavam. Dentro do caos controlado da Igreja Metodista United, o diretor parecia ao mesmo tempo responsável e a uma distância longe o suficiente para dar a todos espaço para respirar.

Filmar a cena do baile foi um ponto alto para Fox e muitos dos outros presentes naqueles dias. Harry Waters Jr. e a banda Starlighters (David Harold Brown, Tommy Thomas, Lloyd L. Tolbert e Granville "Danny" Young) faziam *jams* entre as tomadas, às vezes tocando o hit funk de 1984 de Whodini, "Freaks Come Out at Night", para sua plateia, em sua maioria brancos. Era verdade que a música era o grande unificador, pois todo mundo dançava, apesar de estarem incongruentemente vestidos com roupas de festa dos anos 1950. "Foi o primeiro filme em que trabalhei e era muito descontraído e legal", diz Hanson. "Fiquei surpreso. O elenco era incrível. Bob era um diretor bastante charmoso. A Amblin tinha acabado de contratar uma nova empresa de alimentação, então esses caras estavam realmente tentando mostrar como eles eram bons. Tinha bolo, cachorro-quente... comida o tempo todo."

LEA THOMPSON

Talvez o único ator a enfrentar uma dose significativa de desconforto tenha sido Lea Thompson, tudo por culpa de seu figurino, com o qual tinha uma relação de amor e ódio. Apesar do volumoso vestido rosa de Lorraine parecer ótimo na tela, e de como a atriz se sentia bonita quando se via nele, ele era desconfortável de usar e ainda mais difícil para dançar. Pior ainda eram os longos períodos de pausa entre as tomadas em que ela não podia se trocar. "Eu o tirava e ficava andando com um sutiã espartilho e uma anágua crinolina", diz ela. "Minha mãe foi me visitar e surtou porque havia, tipo, duzentos extras por ali e eu estava só de sutiã. Minha mãe ficou superescandalizada, mas o vestido era muito apertado." Apesar de ter sido um aborrecimento, a atriz guardou o vestido durante as últimas três décadas, orgulhosamente pendurado em um saco de roupa em seu armário. "Minhas filhas costumavam querer usá-lo no Halloween, mas elas não cabiam nele", diz ela, enquanto deixa escapar uma risada genuinamente incrédula. "Eu era minúscula!"

Mesmo com toda a diversão envolvida na filmagem do baile "Encanto Submarino", houve um pouco de estresse causado por um buraco que apareceu na última hora, colocando em risco a piada no meio de "Johnny B. Goode", quando Marvin liga para seu primo famoso nos bastidores. Embora os Bobs sempre quisessem que Marty tocasse a música, desde o primeiro rascunho de seu roteiro escrito quase meia década antes das filmagens, eles tiveram dificuldade de conseguir que Chuck Berry participasse. Talvez fosse uma disputa sobre dinheiro ou talvez o pioneiro do rock tivesse um problema com a história revisionista do filme – um adolescente branco inventava o rock e os músicos negros apenas copiavam seu exemplo. Com o cenário arrumado, a equipe no lugar e o ator esperando a ordem, o Berry real vacilou antes de conceder a aprovação para que seu nome fosse usado na cena, enquanto a equipe esperava impacientemente ao longo do dia. "Suas dúvidas foram embora quando o pagamos para usar a música", diz Bob Gale. "Acho que foram US$ 50 mil – um bocado de dinheiro para uma música naquela época."

A filmagem foi ligeiramente atrasada por causa da incerteza, por isso, quando eles receberam o OK, todos tiveram de se mexer rapidamente. "Eu era o único ator no set", diz Waters. "Estamos todos naquele cantinho fora do palco no auditório da igreja. Eles disseram 'Tudo certo, ação!' e eu digo a minha fala, que já foi documentada em pelo menos vinte diferentes *sitcoms*, desenhos animados, vídeos do YouTube, tudo. Só *Uma Família da Pesada* tem quatro versões. Eu fiz em uma tomada e ele disse: 'Ótimo, corta, imprime'. Tínhamos acabado e a equipe aplaudiu. Quando finalmente apareceu no filme, fiquei espantado. Eu falei a frase somente aquela vez, o que é raro em qualquer tipo de gravação. Isso sempre foi um motivo de orgulho para mim. Eu pude recitar uma frase famosa em um filme histórico – e eu fiz isso em uma única tomada."

No entanto, esse não seria o único motivo de orgulho para Waters. Alan Silvestri, compositor do filme, perguntou ao ator se ele estaria interessado em fazer os vocais na faixa "Earth Angel", que seria usada durante as filmagens. Na época, o pedido pareceu estranho para o ator. Afinal, Michael J. Fox tinha passado meses ensaiando ao

CASEEN GAINES

lado de uma gravação de músicos de estúdio tocando "Johnny B. Goode". Por que eles não tinham contratado alguém para cantar durante o momento em que George e Lorraine dão seu primeiro beijo? Apesar de achar a situação curiosa, o ator concordou. No que lhe dizia respeito, se Zemeckis ou qualquer outro membro da equipe criativa lhe pedisse para saltar, ele colocaria as pernas para trabalhar antes de perguntar: "Qual altura?"

Waters e seu irmão, que morava em Denver e estava fazendo uma visita, foram para o estúdio de gravação em Hollywood. O ator entrou na cabine, colocou os fones de ouvido e ouviu a reprodução. Para um artista do teatro musical, isso despertou emoções contraditórias. Era divertido cantar em um estúdio, mas ele estava fora de seu elemento. Houve algumas notas fora de tom e depois de catorze tomadas com diferentes níveis de aceitação, a gravação foi encerrada. Os dois foram convidados a ficar por ali e assistir a Bones mixar a música, pegando partes das tomadas ruins e fundindo-as com momentos de excelência vocal. Quando Waters ouviu a faixa durante as filmagens, ele achou que parecia bastante decente, mas ainda assim esperava que os vocais fossem ser substituídos por um "músico de verdade" quando o filme chegasse aos cinemas, com sua gravação sendo utilizada apenas como uma referência para que ele dublasse no set.

Só em 26 de junho, três meses depois, durante a exibição do filme para o elenco e a equipe no Avco Center Cinemas na Wilshire Boulevard, ele percebeu que não tinha sido regravado na pós-produção. Nos primeiros minutos em que viu a si mesmo cantar, Waters ficou tão envolvido com a história que não reconheceu o som de sua própria voz, mas, quando os pais de Marty se beijaram e os violinos entraram – uma decisão tomada para aumentar o impacto emocional da cena, apesar da ausência de violinistas no palco –, o ator percebeu que esteve ouvindo a si mesmo o tempo todo.

Mark Campbell assistiu à exibição com sua mãe, que saiu de New Orleans para compartilhar o momento com o filho. Quando a cena de "Johnny B. Goode" começou, o público ficou encantado. Sua mãe não poderia ter ficado mais feliz. A mulher no assento à sua frente falou para alguém ao lado "Eu não sabia que Michael J. Fox sabia cantar" e acabou sendo corrigida rapidamente pela mãe orgulhosa. Campbell ficou um pouco envergonhado, mas principalmente orgulhoso de o truque ter dado certo. É, ele pensou. *Nós os enganamos direitinho.*

Uma semana e meia depois da exibição, a trilha sonora de *De Volta para o Futuro* foi lançada. No início, ela não pegou, mal chegando às paradas dos discos mais vendidos. Mas em 7 de setembro, depois de vários meses ensaiando, fez uma entrada triunfal no top 20 da Billboard 200. No mês seguinte, foi para a sua melhor posição, número doze, movida não só pelo sucesso do filme, mas também por "The Power of Love", de Huey Lewis and the News, inevitável no rádio e na televisão durante o verão de 1985. A música alcançou o primeiro lugar na parada Billboard Hot 100 Singles e ficou lá por duas semanas – o primeiro lançamento da banda a chegar ao número um – e ganhou um Disco de Ouro da associação norte-americana de gravadoras, a Recording

Huey Lewis

AND THE NEWS

The Power of Love

CASEEN GAINES

Industry Association of America (RIAA). Como "Ghostbusters", de Ray Parker Jr., um ano antes, é difícil dizer qual era o ovo e qual era a galinha ao avaliar o sucesso em conjunto da música e do filme. Será que as pessoas pediam a canção na rádio porque tinham gostado do filme ou corriam aos cinemas por causa da música? "Naquela época fazia parte do marketing", diz Robert Zemeckis. "Era feito sob encomenda, poder ter uma música muito legal – uma boa música – tocando em alta rotação nas rádios. Toda vez que o locutor aparecia, falava 'Isso foi 'The Power of Love', de Huey Lewis, do filme *De Volta para o Futuro*!' Isso é publicidade. Essa era toda a razão. A única coisa melhor do que isso seria se o nome da música fosse "Back to the Future" ("De Volta para o Futuro"). Então você tinha conseguido. Nos anos 1980, era o que se fazia. Nós só tínhamos alguns meios de comunicação naquele tempo."

Logo após o filme ter recebido o sinal verde da Universal, Zemeckis e companhia ligaram para Bob Brown, gerente de Huey Lewis and the News, para marcar uma reunião. A equipe de produção queria uma música para complementar o filme, como os Bobs haviam feito em suas colaborações anteriores. Em *Febre de Juventude*, o catálogo dos Beatles forneceu não só a trilha sonora, mas também inspirou o nome do filme (no original, em inglês, *I Wanna Hold Your Hand*). Em *Carros Usados*, o cantor country Bobby Bare cantou a faixa-título ("Used Cars"). Mas desta vez os cineastas parceiros queriam fazer melhor. Eles não só queriam uma canção original, mas que fosse feita por um artista que pudesse dar uma chancela ao grupo demográfico que eles esperavam atingir. Huey Lewis and the News estavam em ascensão e *Sports*, seu terceiro disco, havia alcançado o primeiro lugar na Billboard 200 no verão de 1984. O disco conseguiu colocar quatro músicas nas top 10, incluindo "I Want a New Drug" e "The Heart of Rock & Roll". Ter Lewis em seu time não poderia ser ruim e os Bobs ficaram gratos quando o vocalista e seu empresário concordaram em se encontrar com eles para discutir a colaboração.

Lewis e Brown foram até o local determinado no complexo da Universal e se sentaram pacientemente em um edifício na Amblin com uma placa pendurada em seu exterior que dizia "MOVIES WHILE U WAIT. AND WAIT. AND WAIT" ("FILMES ENQUANTO VC ESPERA. E ESPERA. E ESPERA"). Antes que a espera se tornasse intolerável demais, eles foram levados a um escritório. "Nós acabamos de escrever um filme", disse Zemeckis. "O personagem principal é um cara chamado Marty McFly e sua banda favorita seria Huey Lewis and the News."

"Uau, legal." Lewis se sentiu honrado. Ele não conhecia o trabalho do diretor, mas estar nos estúdios da Universal, a alguns metros de distância do escritório de Steven Spielberg, e ouvir alguém dizer que criou um personagem que seria um fã dele era música para seus ouvidos.

"Então pensamos que..."

"Que talvez vocês pudessem compor uma música?" Zemeckis estava ansioso para fazer o pedido.

128

DE VOLTA PARA O FUTURO - BASTIDORES

"Uau, isso é ótimo. Isso é um grande elogio", disse Lewis. Ele olhou para seu empresário, depois novamente para os cineastas. "Mas nós não sabemos compor para filmes." Antes que os Bobs pudessem responder, ele rapidamente avaliou a oferta: Amblin, Universal, Steven Spielberg, *De Volta para o Futuro*. Tudo parecia intrigante o suficiente e talvez não tão difícil de se fazer. Mas havia uma questão incômoda: que tipo de música eles poderiam querer para um filme com esse título? "Mesmo se eu escrevesse uma música, ela não se chamaria 'Back to the Future'."

Os Bobs pareciam satisfeitos com a resposta. As rejeições vêm rapidamente na indústria do cinema e a resposta do cantor estava longe disso. Assim como Gale sabia que Frank Price estava interessado em dar a ele e Bob Z um contrato de desenvolvimento para escrever *De Volta para o Futuro* na Columbia Pictures, ele também sabia que Lewis estava a fim. Desta vez, seu parceiro sentiu isso também. A dupla foi com tudo. "Não, não, não, não, nós não nos importamos com o nome", disse Zemeckis. "Só queremos uma música."

O cantor pensou por um momento e, em seguida, confirmou a intuição dos Bobs. "ok, legal. Vou mandar pra vocês as próximas coisas que a gente compuser." O empresário de Lewis enviou uma fita para o escritório de Zemeckis algumas semanas depois. Na versão contada por Lewis, essa música era "The Power of Love", que o diretor adorou na primeira vez que ouviu e quis colocar no filme. Zemeckis, no entanto, afirmou, ao longo dos anos, que uma música diferente fora enviada e que ele pediu a Lewis para enviar outra faixa, algo em tom maior. "The Power of Love" foi a segunda proposta, não a primeira.

"Mas eu não me lembro disso", diz Lewis. "'The Power of Love' é em tom menor no verso." De qualquer forma, foi acordado que a canção seria oferecida à Universal para o filme. Poucos meses depois, quando a Columbia Pictures procurou a banda para escrever a faixa-título para *Os Caça-Fantasmas*, que estava se aproximando de seu lançamento, Lewis e sua equipe se recusaram. Eles já haviam prometido sua lealdade a Zemeckis e companhia.

Os vocais da música foram gravados no Record Plant, em Sausalito, Califórnia, a cerca de 650 quilômetros a noroeste de Los Angeles, perto de São Francisco; a faixa instrumental foi feita previamente em outro lugar. A banda Journey estava do lado, trabalhando no disco *Raised on the Radio*. Lewis fez vários takes em duas horas e, como de costume, ele e sua banda imediatamente começaram a mixar a gravação. Zemeckis, seus produtores, Michael J. Fox e Christopher Lloyd fizeram uma excursão para ouvir a primeira versão da música. "Tenho de admitir, eu realmente não conhecia a música dele na época", diz Lloyd. "Também não sei exatamente por que os atores estavam lá, porque nós não cantamos."

"Nós fizemos os caras sentarem e tocamos a música", diz Lewis. "Era um trabalho em andamento; a mixagem não estava boa. Eu me lembro de estar supernervoso com tudo aquilo. Mas eles gostaram, acho. Nós sobrevivemos, de algum jeito."

Lloyd lembra que Lewis ainda não estava muito familiarizado com a trama do filme e que em certo momento perguntou ao ator: "*De Volta para o Futuro?* Que porra é essa?" Antes que os visitantes voltassem para Los Angeles, o vocalista da banda viu uma abertura, enquanto Zemeckis e seus produtores estavam longe, para se aproximar dos dois atores. Com curiosidade genuína, e talvez uma pitada de ceticismo, ele fez a eles uma pergunta que estava em sua mente havia algum tempo: "Esse filme vai virar alguma coisa?"

Teria sido impossível dizer no momento, mas no final do verão de 1985 a resposta tornou-se óbvia. Quando o filme foi lançado, a música ajudou a elevar o perfil da banda, validando a decisão de Lewis de começar a compor para o cinema. "É o nosso maior sucesso", diz ele. "A coisa maravilhosa sobre 'The Power of Love' é que *Sports* fez um sucesso enorme nos Estados Unidos, mas na Europa nem tanto. Por sermos uma banda americana, fizemos algum barulho lá, mas 'The Power of Love' foi o nosso primeiro sucesso internacional. Isso nos permitiu fazer uma turnê pela Europa e a Ásia."

"As pessoas simplesmente se conectavam a ela", diz Neil Canton. "Eles foram a escolha certa. A música fazia as pessoas se sentirem bem e, tenho certeza, levou gente para o cinema. É difícil imaginar esses filmes sem a música. Quando estou dirigindo e ouço essa música, ela me leva de volta para o filme."

"Era uma espécie de casamento perfeito", diz Frank Marshall. "As pessoas sempre querem uma música de uma estrela pop no final do filme, porque ajuda com o marketing, mas em geral ela não se encaixa organicamente. Não foi o caso aqui. Nós pensamos que seria ótimo se pudéssemos voltar para a época em que era possível ter músicas compostas para o filme e costurá-las às cenas."

DE VOLTA PARA O FUTURO - BASTIDORES

Com "The Power of Love" pronta, a banda foi convidada a escrever outra música para os créditos finais. Desta vez, Zemeckis queria algo que se referisse um pouco mais à história. Lewis e seu colega de banda Sean Hopper começaram a compor uma música sob a perspectiva de Marty e o resultado foi "Back in Time". Embora nunca tenha sido lançada como um single comercial, a música chegou ao número três na parada Billboard Album Rock Tracks e manteve-se no repertório dos shows da banda desde o lançamento do filme. Ao longo dos anos, os fãs discutiram sobre qual das duas contribuições da banda para *De Volta para o Futuro* é superior, uma discussão a que as pessoas envolvidas com o filme fazem questão de assistir de longe. "Por que precisa haver um debate?", argumenta Bob Gale. "As duas são ótimas canções e eu ainda adoro ouvi-las."

"Como eu escrevi as duas, não estou autorizado a fazer essas escolhas", desconversa Lewis. "É como perguntar se eu gosto mais do meu filho ou da minha filha. Isso não é justo. Sabe, você compõe músicas por diferentes razões. Você nunca sabe quando elas vão se conectar. Às vezes se conectam, às vezes não, mas essas duas realmente se conectaram com as pessoas. Nós as usamos bem."

Com duas vitórias com Huey Lewis no placar, Zemeckis e companhia decidiram tentar o tri. Em 29 de março, a equipe filmaria uma cena em que Marty e os Pinheads, sua banda, fazem um teste para a Batalha das Bandas do colégio de Hill Valley. Mais uma vez, Zemeckis fez uma ligação para o empresário do cantor, agora para ver se Lewis estaria interessado em fazer uma ponta. No entanto, ao contrário dos dois primeiros chutes, o diretor parecia prestes a errar o gol. "Eles vieram com a ideia de que seria legal eu aparecer, de alguma forma", diz Lewis. "Eu pensei, *Não*. A banda ia muito bem. Eu estava virando um astro do rock. Eu estava interpretando o papel da minha vida, sabe, e me sentia bem com isso. Eu meio que resisti por um tempo."

Depois de pensar mais um pouco, Lewis concordou, mas com algumas condições. Ele não queria que seu personagem fosse listado nos créditos ou utilizado em qualquer material promocional antes do lançamento do filme, sob pena de prejudicar a sua imagem de rock star. Na verdade, seria ainda melhor se ele pudesse usar algum tipo de disfarce. Zemeckis concordou e o negócio foi fechado. Quando chegou o dia, o cantor chegou ao McCambridge Park Recreation Center, em Burbank, local das filmagens, às 8h. Ele recebeu uma cópia de suas páginas do roteiro e, em seguida, foi enviado para o figurino, onde o fizeram vestir uma jaqueta marrom e sapatos – uma grande mudança em relação à camiseta branca e à calça jeans que ele estava acostumado a usar no palco. Quando colocou as roupas e se olhou no espelho, ele riu e balançou a cabeça para o rosto familiar olhando para ele. Não era o seu, mas sim o de Jack Craigo, o presidente da Chrysalis Records, a gravadora de Huey Lewis and the News – um verdadeiro burocrata. O cantor canalizou o espírito do executivo de gravadora para entrar no personagem. Na primeira oportunidade em que os dois se viram, após o lançamento do filme, houve um reconhecimento sutil da homenagem de Lewis.

"Oi, Jack, tudo bem?"

CASEEN GAINES

"Tudo ótimo. Eu vi sua pequena ponta em *De Volta para o Futuro*. E gostei. Acho que você deveria ganhar um Oscar." O executivo fez uma pausa por um momento e, sem sequer um pouquinho de humor, acrescentou: "Ou talvez eu devesse".

Embora estivesse orgulhoso de suas contribuições para o filme e, sem dúvida, satisfeito quando viu um pôster da sua banda para o disco *Sports* em destaque no quarto de Marty, Lewis não ficou surpreso quando a trilha sonora de *De Volta para o Futuro* não chegou ao topo das paradas, mesmo com o filme indo bem nos cinemas. Com apenas dez faixas, o disco era estranho: duas de Huey Lewis and the News, três da (fictícia) banda dos Starlighters e três músicas separadas de Lindsey Buckingham, Eric Clapton e Etta James. Alan Silvestri contribuiu com duas seleções de sua trilha, mas mais de vinte trechos de música instrumental do compositor e de sua orquestra de noventa e oito peças foram omitidas. "Fiquei muito decepcionado, assim como os incontáveis fãs", diz Bob Gale. "A mentalidade corporativa na época era que partituras orquestrais não vendiam e a Universal queria que a gente arrumasse outras músicas dos anos 1980 no filme para que eles pudessem colocá-las no disco. Também tinham de pagar royalties a todos na orquestra com base na quantidade de músicas usadas, então decidiram colocar um limite por essa razão também."

"Essa trilha sonora foi lançada um pouco antes de *Dirty Dancing: Ritmo Quente* – mais ou menos um ano antes dos discos de trilha sonora fazerem sucesso", diz Huey Lewis. "Aquele disco não vendeu nada porque tinha só 'Back in Time', 'The Power of Love' e talvez uma música do Phil Collins ou algo assim. Era um disco meio tosco. Nem sequer ganhou um Disco de Ouro na época, enquanto nós estávamos ganhando Discos de Platina com nossos outros álbuns."

Embora tenha levado três meses, o álbum chegou ao nível de Ouro. Apesar de que se possa suspeitar que Lewis tenha se surpreendido, ninguém ficou mais surpreso do que Harry Waters Jr., que, aliás, nem esperava aparecer no álbum. "Somos convidados para ir até a Amblin, eu, Huey Lewis e Mark Campbell, do Jack Mack and the Heart Attacks, e eles nos dão um Disco de Ouro por *De Volta para o Futuro*", diz ele. "Huey, é claro, foi o motivo do álbum ter ganhado o Ouro – obrigado, Huey! Está pendurado aqui na minha parede. Eu ganhei um doze avos de centavo pelo meio milhão de álbuns que foram vendidos, então não foi muito dinheiro, mas é meio lendário no sentido de que há um monte de versões diferentes de 'Earth Angel' que aparecem quando você procura no Google – e a minha é uma delas."

Assim como George e Lorraine se lembram de "Earth Angel" como sendo importante para seu relacionamento, o público de *De Volta para o Futuro* igualmente olha para trás com carinho para aquele momento do filme. Embora muitas vezes ofuscada pela exuberância de "Johnny B. Goode", a música é o complemento perfeito para o clímax emocional do filme. "A música traz muita emoção a nossas vidas", diz Neil Canton. "Você ouve uma música e sabe onde estava quando a ouviu pela primeira vez. É uma conexão muito emocional."

DE VOLTA PARA O FUTURO - BASTIDORES

"A música em *De Volta para o Futuro* transcende raças, transcende status sociais e até mesmo atravessa o mundo", diz Waters. "Quando fizemos o reencontro de *De Volta para Futuro,* em 2010, havia pessoas de pelo menos seis países diferentes. Eu lembro que tinha um casal do Canadá e o cara fez o pedido de casamento na frente do palco depois que eu cantei 'Earth Angel'. Adorei ser parte daquilo."

Mas apesar de todas as experiências memoráveis que sua performance no filme lhe trouxe, Waters ainda tem algumas contas a acertar com *De Volta para o Futuro*. Embora faça mais de três décadas desde que a sua cena foi filmada, o ator ainda espera ter a chance de conhecer seu primo fictício, Chuck Berry. "Eu teria de dizer 'Com licença, sr. Berry, deixe eu me apresentar a você'", diz ele. "'Meu nome é Harry Waters Jr. e eu fiz aquele filme, *De Volta para o Futuro*. Fiz o papel do seu primo Marvin. Lamento que nunca pudemos nos conhecer.' Eu teria de esperar e ver qual seria a reação dele, porque não posso dizer 'Sinto muito por termos nos apropriado de sua música. Eu era apenas um participante voluntário'."

CONTINUA

SEXTA-FEIRA, 26 DE ABRIL DE 1985

Michael J. Fox foi até o Estúdio 12, o galpão de 2.800 metros quadrados na Universal, o maior do complexo e o oitavo maior do mundo. O grande edifício era o lugar ideal para a equipe construir os diversos cenários amplos necessários para as filmagens, incluindo a garagem de Doc de 1985 e o interior do Packard de Doc de 1955, onde Lorraine beija Marty no lado de fora do baile "Encanto Submarino". O dia foi marcado pela conclusão de uma semana relativamente fácil e sem complicações para as gravações de *De Volta para o Futuro*, ao contrário do que acontecia normalmente. Na segunda-feira daquela semana, a produção foi até Chino, a cerca de uma hora ao leste pela Interestadual 210, para filmar a cena em que Marty assusta o casal de idosos do lado de fora dos portões das Residências Lyon pouco depois de sua chegada a 1955, mas, depois disso, os dias da semana restantes foram gastos no estúdio e na cidade cenográfica.

Mesmo aqueles que não tinham lido a folha de chamada da produção do dia podiam sentir que as filmagens de *De Volta para o Futuro* estavam diminuindo o ritmo. O trabalho pesado havia acabado e, como resultado, cada vez menos membros do elenco principal eram chamados para trabalhar. No 107º dia em que as câmeras rodavam o filme, apenas Michael J. Fox e Tiger, o cão que interpretava Einstein, foram chamados para que a equipe pudesse fazer algumas cenas deles dentro do DeLorean.

CASEEN GAINES

Como *Caras & Caretas* já tinha encerrado a temporada, o ator conseguiu ter uma boa noite de sono e chegar no set no agradável e conveniente horário das 10h. Depois de apenas algumas horas de trabalho, Fox fez seus agradecimentos, despediu-se e voltou para casa. Enquanto a equipe desmontava a iluminação, Bob Gale deu uma última olhada na folha de chamada. No final, o gerente de produção Jack Grossberg, que assumiu o trabalho de Dennis Jones nas semanas finais da produção, escreveu à mão: "Por hoje é só, pessoal! Fotografia principal concluída!"

Agora o verdadeiro trabalho começava. Arthur Schmidt e Harry Keramidas, junto com o resto da equipe de pós-produção, entraram em um ritmo acelerado para finalizar o filme para que ele estivesse pronto até a data de lançamento, em meados de agosto. "Artie e eu costumamos brincar que nós inventamos o cronograma acelerado e que todos os editores de Hollywood provavelmente nos odeiam agora", diz Keramidas. "Foi a primeira vez que entregamos uma grande produção tão rapidamente após as filmagens." A dupla correu para finalizar o que é conhecido na área como um "work-print", uma edição bruta do filme que incluía alguns espaços reservados para a trilha sonora, efeitos sonoros e cenas incompletas da ILM. Os editores fizeram horas extras à noite e nos fins de semana para entregar a tempo a primeira versão, que foi exibida para uma plateia no cinema Century 22, na Olsen Drive, em San Jose, em meados de maio, apenas três semanas após desligarem as câmeras. Para Zemeckis e companhia, o estado de espírito antes da exibição-teste era uma mistura familiar de nervosismo e entusiasmo. O público não fazia a menor ideia do que esperar, eles só tinham sido informados que iriam assistir a um filme estrelado por Michael J. Fox e Christopher Lloyd.

"Foi um público muito inquieto desde o início", diz Arthur Schmidt. "Eles não prestaram atenção no filme durante os primeiros dez, quinze, vinte minutos – talvez até mesmo na primeira meia hora. Lembro que alguns dos moleques que estavam sentados na nossa frente ficaram cutucando uns aos outros e conversando. Isso incomodou muito mais o Harry do que a mim, até o ponto em que acabei pedindo para ele ir para outro lugar no cinema."

Como o público acabou descobrindo, *De Volta para o Futuro* é um filme que premia a paciência. Logo no início, há duas sequências que apresentam uma quantidade significativa de informações, que exigem um maior nível de atenção do público do que o típico *blockbuster* do verão. A cena de abertura, com todos os relógios de Doc Brown, foi uma adição tardia ao roteiro, desenvolvida na transição da época de Stoltz. O público não só é apresentado ao tema e às imagens sobre a importância do tempo, mas observadores cuidadosos também podem notar algumas antecipações inteligentes – um relógio com Harold Lloyd pendurado, remetendo à cena icônica do filme mudo de 1923 *O Homem Mosca*, que reflete a situação em que Doc Brown vai se encontrar no filme cerca de uma hora e meia mais tarde. A cena foi concebida para economizar dinheiro, já que o cenário da garagem de Doc já estava construído e a cena de abertura detalhada no roteiro teria exigido a construção de outra locação, mas isso não tornou a vida da equipe de efeitos especiais mais fácil.

136

[1] A HILL VALLEY HIGH STREET, em *De Volta para o Futuro* (1985)

[2] HAROLD LLOYD na cena icônica do filme mudo *O Homem Mosca* (1923)

DE VOLTA PARA O FUTURO - BASTIDORES

"Os relógios tiveram de ser ajustados para o mesmo horário", diz Kevin Pike. "Alguns funcionavam, outros não. Era preciso impedi-los de disparar até que começássemos a filmar, para que os relógios não passassem do horário em que deviam estar. Havia vinte pessoas por trás da parede com cordas, fios, botões e interruptores elétricos, apenas para os relógios. Depois, tomada dois, era preciso reajustá-los novamente. A câmera faz uma panorâmica muito fluida, começando em uma máquina que pinga café quente e terminando onde a ração de cachorro meio que despenca na tigela. A ração que usamos no início caía delicadamente dentro da tigela, mas no último minuto eles mudaram de marca e acabamos com um tipo diferente de ração que tinha de ser agitado, mas não dava para fazer isso na cena. Na verdade, acabamos colocando alguém debaixo da câmera com um maçarico para aquecer a ração, porque tinha de ser uma lata fechada e nova para cada take."

No total, a abertura foi filmada três vezes, porque Zemeckis queria ver todos os elementos da tela em uma longa tomada sem qualquer edição. O efeito sobre o público é forte, especialmente para quem já viu o filme antes, mas na pré-estreia, em San Jose, os espectadores ficaram rapidamente ansiosos. Embora a crescente troca de assentos durante a exibição-teste tenha preocupado os editores e alguns outros da equipe, os Bobs nunca perderam a fé em seu conceito original de encher o filme com informações prévias que seriam valiosas para o público quando a aventura de Marty começasse em alta velocidade no Twin Pines Mall. "Ninguém nunca vê um filme no vácuo", diz Bob Gale. "Eles sabem pelo menos alguma coisa quando compram o ingresso. Esse é o motivo pelo qual nós nunca nos preocupamos com a longa explicação no início. Nós sempre optamos por demorar um pouco mais para apresentar uma explicação se há uma recompensa mais tarde. Acreditamos no que eu chamo de 'regra de vinte e cinco minutos'. O público vai ficar quieto por vinte e cinco minutos antes de desviar a atenção – mas você ainda deve dar a eles a sensação de que algo está acontecendo, que os cineastas têm um plano e sabem o que estão fazendo, mesmo se o público não tiver certeza do que é. Mostre a eles coisas interessantes, faça com que se interessem pelos personagens. É diferente de escrever um programa de TV, em que você tem de ter certeza que o espectador não vai mudar de canal. Em um cinema, é raro que as pessoas saiam, e mais raro ainda que saiam nos primeiros trinta minutos."

"Lembro que fiquei preocupado por haver muita exposição, muita expectativa, e que podia não dar certo", diz Clyde E. Bryan. "Mas é claro que deu, então você fica alegre quando funciona." A fé dos Bobs no público estava certa. Quando o DeLorean foi revelado, Zemeckis e companhia sabiam que seus espectadores estavam recuperando o foco. Quando Doc colocou Einstein no carro e começou seu experimento, eles foram cativados. Quando o DeLorean desapareceu, eles ficaram apreensivos e confusos – talvez acreditando que o cão tinha sido morto e, certamente, inseguros em relação ao caráter e à invenção de Christopher Lloyd. No entanto, assim que a máquina do tempo voltou e Doc explicou o que tinha acontecido, eles apertaram os cintos e se prepararam para chegar a 88 milhas por hora com os personagens. "Ainda era um trabalho em andamento no momento daquela exibição", diz Neil Canton. "Os efeitos

CASEEN GAINES

visuais da ILM não estavam prontos nem a música finalizada, mas o público havia embarcado na história. Você fica pensando 'Santo Deus, lembre-se deste momento, porque pode ser que nunca aconteça novamente. Não vamos ter uma máquina do tempo para voltar quando acordarmos uma manhã nos sentindo deprimidos. Não vamos poder voltar para San Jose e presenciar este momento novamente'."

"Aquilo excedeu totalmente as nossas expectativas", diz Bob Gale. "Houve vários momentos ao longo do filme em que o público explodiu em aplausos. Foi incrível. A última cena, com o carro voando, estava em preto e branco, mas o público não se importou – eles adoraram. Eu, o Bob e os editores estávamos particularmente preocupados com a cena de 'Johnny B. Goode', porque nós realmente paramos o filme para fazer um número musical. É a única cena que não desenvolve a história ou um personagem e não sabíamos como isso ia funcionar. Nós sempre soubemos que poderíamos cortá--la, mas as nossas preocupações eram totalmente infundadas."

A reação impressionante do público não ficou restrita apenas às comemorações durante a exibição. Depois que o filme terminou, os cartões de resposta devolvidos para a equipe de produção indicaram que cerca de 90% das pessoas que tinham visto o filme achavam que ele era "excelente" ou "muito bom". Embora os cineastas estivessem animados com os números, eles permaneceram cautelosos, considerando cuidadosamente o ritmo do filme. Eles continuaram a trabalhar na edição. No total, cerca de sete minutos foram extirpados do filme depois de San Jose: a cena de Darth Vader foi substancialmente cortada, criando um erro de continuidade acidental (em que o secador de cabelo que Marty está segurando pula de seu cinto para sua mão depois de um corte para George McFly); uma cena antes do problemático jantar dos McFly, em que um vizinho vende a George uma quantidade enorme de amendoins, foi eliminada; foi retirada uma cena em que Dixon, o garoto ruivo de aparelho que atrapalha a dança de George e Lorraine durante "Earth Angel", tranca George em uma cabine telefônica no baile "Encanto Submarino"; e alguns segundos foram suprimidos da sequência em que Marty anda pela primeira vez pela praça de Hill Valley, em 1955. "Fizemos vários cortes menores em outras cenas para manter um ritmo", diz Bob Gale. "Nenhum dos cortes foi feito por causa de uma crítica ou comentário específico. Nós simplesmente conseguimos perceber no público quando as cenas duravam muito tempo."

Após as edições, houve outra exibição-teste no Hitchcock Theatre, no complexo da Universal, com todos os executivos do estúdio na lista de convidados. Havia uma lenda em Hollywood de que o local era amaldiçoado, porque a maioria dos filmes testados lá desde a sua inauguração, em 1980, não tinha sido bem recebida pelo público. Até certo ponto, Zemeckis acreditava na superstição sobre o local. Ele não achava que era mal-assombrado, mas pensava ser impossível conseguir uma boa avaliação de um público que veria um filme dentro da Universal com um monte de executivos nas fileiras de trás. Quando o filme começou, o diretor não poderia ter ficado mais feliz por estar errado, pois *De Volta para o Futuro* continuava a reescrever a história. Foi outro grande sucesso e desta vez seria feita apenas uma alteração. Sid Sheinberg

DE VOLTA PARA O FUTURO - BASTIDORES

ficou satisfeito com o que viu na tela e exultante com o que leu nos cartões de resposta. Agora, ele via tudo verde, não só dinheiro, mas também um sinal para ir em frente – e rápido. Seu comentário: Não mexam em nada e façam o que for preciso para
que o filme chegue aos cinemas antes da data de lançamento, em meados de agosto,
a tempo do feriado prolongado de Quatro de Julho.[1] Quanto mais semanas um filme
fica em cartaz durante o verão, maiores são suas chances de sucesso fiscal e Sheinberg estava disposto a não economizar para garantir que o filme fosse lançado o mais
cedo possível. A equipe da ilm, os editores, técnicos de som e Alan Silvestri fizeram
seu trabalho em tempo recorde, entregando uma cópia finalizada em 23 de junho.
Como reconhecimento pelas exigências em seus cronogramas, a Universal publicou
um anúncio na revista *Variety* listando o nome de todos os membros da equipe de
pós-produção e agradecendo a eles pelo trabalho bem-feito.

A corrida para finalizar o filme com um novo e truncado cronograma não foi a primeira vez que um comentário de Sid Sheinberg criou um alvoroço entre a equipe de produção. O executivo adorava a história de *De Volta para o Futuro*, mas odiava o seu título
paradoxal. Diz a lenda que, enquanto as filmagens estavam em andamento, ele escreveu
um memorando afirmando que queria que o filme fosse renomeado para algo um pouco
menos sutil e mais direto: *Spaceman from Pluto* [*Astronauta de Plutão*, em tradução li-
vre], um título que o executivo esperava que o público identificasse como uma referência
a um objeto que aparece rapidamente no filme. Assim que Marty chega em 1955, ele bate
no celeiro do velho Peabody e a família sai de sua casa para verificar o que aconteceu.
Sherman, o menino com um nome inspirado pelos personagens populares do desenho
As Aventuras de Rocky e Bullwinkle, está segurando um gibi com uma impressionante
imagem na capa, desenhada pelo ilustrador Andrew Probert com um estilo que lembra
as antigas histórias em quadrinhos da época da ec Comics.[2] Ao lado de uma nave espa-
cial e de um alienígena vestindo um macacão, há uma caixa vermelha bem visível com
o texto "Zumbis Espaciais de Plutão". Como Marty é confundido com um extraterrestre
e passa algum tempo em uma roupa contra a radiação, o executivo pensou que o título
que estava sugerindo seria mais adequado ao filme. Além disso, Sheinberg não conseguia
entender o que o título queria dizer. Como exatamente alguém poderia *voltar* ao *futuro?*

Algum tempo depois, os Bobs achariam engraçado o memorando que foi enviado do
gabinete do chefe do estúdio, mas na época foi algo extremamente sério. Eles não
queriam correr o risco de ofender Sheinberg, alguém que eles consideravam incrivelmente complacente, apesar dos obstáculos na produção, mas consideravam ainda
mais o título, que Zemeckis e companhia sabiam ser um de seus trunfos mais fortes.
"Um bom título é crucial", diz Leonard Maltin. "E *De Volta para o Futuro* é um grande
título. Ele entrou no vernáculo. É inteligente sem ser desmotivador e evoca o filme.

---

1   Data em que se comemora a independência dos Estados Unidos. [NT]
2   Editora de quadrinhos especializada em títulos de terror e suspense,
     com mocinhas seminuas implorando o socorro de rapagões musculosos
     e armados, além de ter sido o berço da revista *Mad*. [NT]

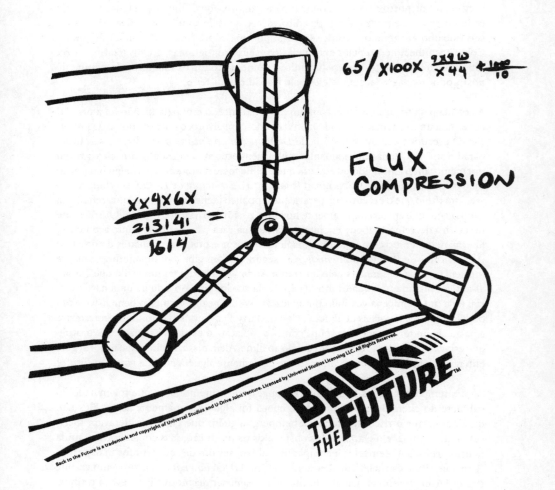

Esboço para o CAPACITOR DE FLUXO

DE VOLTA PARA O FUTURO - BASTIDORES

Não é apenas um bom jogo de palavras; essencialmente diz sobre o que é o filme – viagem no tempo em ambas as direções."

Segundo a história mais conhecida, Zemeckis pediu ajuda a Spielberg, que, mais uma vez, rapidamente surgiu com a ideia perfeita. Ele elaborou uma resposta redigida. Ele sabia que o executivo teria muita vergonha de explicar que estava falando sério. Crise crucial evitada. Embora essa história tenha sido compartilhada várias vezes ao longo das últimas três décadas, nem todos concordam com tal versão dos acontecimentos.

"Isso é uma besteira", diz Sheinberg. "Eu não sei por que eles dizem isso. É verdade que eu era... talvez não 'avesso', mas eu não achava que *De Volta para o Futuro* fazia sentido como título. Claro que, com a sabedoria da retrospectiva, era o título perfeito exatamente porque não fazia sentido. Mas não, nunca, em meu juízo perfeito, defendi *Spaceman from Pluto* como título."

Embora a exibição de San Jose tenha sido um evento especial, foi pouco em comparação ao impacto de passar o filme para o elenco e equipe depois que a versão final foi concluída. O falso início com Eric Stoltz criou uma montanha-russa emocional para muitos dos envolvidos e depois de uma filmagem aparentemente sem fim, o que fez com que Zemeckis chamasse sua obra de "o filme que não acabava", a experiência de assistir ao filme finalizado foi uma catarse coletiva fascinante. "Eu fui a um monte de estreias e às vezes você apenas recebe aplausos educados", diz Marc McClure, que interpreta Dave McFly, o irmão de Marty. "Aqueles foram aplausos reais, porque eu duvido que alguém que tenha trabalhado nesse filme tivesse percebido como ele terminaria. Ninguém entendia como eles iam montar essa história. Todo mundo ficou de pé, aplaudindo e gritando. Foi uma reação muito honesta. Não foi uma salva de palmas hollywoodiana."

"Eu estava animada porque Dennis Quaid estava lá e eu sempre tive uma queda por ele", diz Claudia Wells. "Acho que estava mais nervosa do que qualquer outra coisa, porque eu estaria em uma tela grande e aquele era o meu primeiro filme. Fui com o meu melhor amigo, Patrick Labyorteaux, que era o ator mirim de *Os Pioneiros*. Eu apertava ele com força, de tão nervosa que estava. A maior surpresa para mim foi quando eles mostram o panfleto do relógio da torre escrito com a minha letra. Eu pensei, *Ai, meu Deus, minha letra está na tela toda*. Para mim, por algum motivo, isso foi mais emocionante do que o meu rosto. A diretora-assistente ou supervisora de roteiro tinha vindo até mim com um pedaço de papel enquanto estávamos filmando e disse 'Escreve isto', então eu escrevi 'eu te amo. 555-4823'. Não perguntei o motivo. E não percebi que o que eu rabisquei ia ser o que eles iriam mostrar na tela."

"Fiquei bastante impressionado", diz Christopher Lloyd. "Era uma grande história, muito bem escrita. Bob Zemeckis fez um trabalho excelente de direção. Ver tudo se juntar, e a vida e a emoção daquilo – eu ainda fico fascinado. Se estou mudando de canal e aparece *De Volta para o Futuro*, é muito provável que eu assista ao filme inteiro. Continuo achando divertido de assistir."

No entanto, apesar de toda a festa que tinha de ser feita, o filme não era perfeito. Fazer cinema é fazer concessões. Devido ao curto tempo entre o final das filmagens e a conclusão do filme, houve alguns efeitos visuais que a equipe da ILM não teve tempo para fazer direito. "Quando o DeLorean volta para a época contemporânea depois de ser atingido pelo raio, tivemos de fazer aquilo muito rapidamente", diz Wes Takahashi. "Eu sempre senti que nós não tivemos tempo suficiente no processo óptico para combinar o visual das chamas animadas à mão com as chamas reais. Se você olhar de perto, tem muita difusão nas chamas animadas. Hoje em dia existem vários tipos de programação digital dinâmica que podem criar fogo com uma aparência real, mas levou um longo tempo para se chegar lá."

"Houve um tipo de problema, porque o tempo para alguns dos efeitos visuais foi muito curto e Bob nunca ficou feliz com alguns deles", diz Harry Keramidas. "Um em particular é quando Marty olha através de sua mão quando está tocando guitarra. Bob nunca gostou daquele efeito. Não é muito bom. Nós ainda estávamos tentando fazer aquilo direito e no fim usamos a última versão que tínhamos no último momento. Não dava mais tempo para trabalhar naquilo. Nunca pareceu realmente bom para mim. Ninguém se importou muito, exceto eu e Bob, que sabíamos de fato como deveria ficar."

Antes que o filme chegasse às pressas aos cinemas, Zemeckis e companhia estavam se sentindo confiantes sobre suas chances de não só ter um bom lucro – algo que seus dois primeiros filmes não conseguiram fazer –, mas até ver o filme se tornar um sucesso. Talvez tenha sido por causa da resposta vulcânica na exibição de San Jose e o fim da maldição do Hitchcock Theatre. Talvez fosse um sentimento subconsciente de que, ao contrário de *Febre de Juventude* e *Carros Usados*, o último filme deles era mais viável comercialmente. Ou possivelmente havia outro motivo: "Eu me lembro vividamente de filmar com Michael J. Fox na Whittier High School o material exterior da noite do baile", diz Bob Gale. "Espalharam que ele estava no filme e um monte de jovens locais apareceu para assistir às filmagens. Havia provavelmente uma proporção de meninas para meninos de pelo menos duas para um. Sete fileiras de gente tentavam ver o Michael. Isso nunca aconteceu quando estávamos filmando com Eric. Eu e Bob Z ficamos espantados. Nós não fazíamos ideia de que Michael J. Fox era tão famoso – por causa de *Caras & Caretas*, é claro – e foi quando começamos a achar que talvez desta vez as pessoas fossem aparecer para ver o nosso filme."

Mas, enquanto a data de estreia se aproximava, o ás na manga dos Bobs tinha desaparecido. Gary David Goldberg teve a ideia de mandar a família de sua *sitcom*, *Caras & Caretas*, para Londres, para visitar a Universidade de Oxford, o que resultou em *Family Ties Vacation*, um filme feito para a TV que estava programado para ser exibido no final de setembro, pouco antes do início da quarta temporada da série. Para a frustração dos executivos da Universal, Michael J. Fox estava em outro continente quando *De Volta para o Futuro* estreou e, portanto, incapaz de aparecer nos programas de entrevistas de Johnny Carson ou David Letterman. Como tinham concordado, *Caras & Caretas* vinha em primeiro lugar e os stakeholders financeiros do filme tinham

Outra ilustração de DREW STRUZAN

CASEEN GAINES

a esperança de que não iriam se arrepender de fazer essa concessão quando os números do fim de semana fossem divulgados.

Durante seus primeiros meses de trabalho no filme, Fox continuou a provar o seu valor físico como um jovem de vinte e poucos anos – *Caras & Caretas* durante o dia, *De Volta para o Futuro* à noite – tentando não perder o equilíbrio enquanto sua roda para hamsters mantinha seu ritmo esgotante. Durante as filmagens de sua série de televisão, uma vez ele foi procurar sua filmadora JVC, que pensava ter perdido, só para se lembrar que era um objeto que usava no filme, não no seriado. Como um ator que trabalhava principalmente na televisão, ele não se preocupava em memorizar suas falas do filme com antecedência, o que ocasionalmente levava a improvisações espontâneas – como "Rock and roll",[3] uma das primeiras falas de Marty no filme – mas também o levou a um sentimento de delírio. Ele quase nunca sabia se estava indo ou vindo e certamente não fazia ideia se o que ele estava fazendo na frente da câmera funcionava ou não. Quando o filme estreou e o agente de Fox assistiu a uma exibição em Los Angeles, ele telefonou para seu cliente imediatamente. O ator pediu desculpas, reconhecendo que não tinha trabalhado duro o suficiente e prometeu fazer um trabalho melhor na próxima vez. Então ele parou de falar por tempo suficiente para ouvir por que recebera aquela ligação. O filme, o agente disse, era fantástico e seria a sensação do verão.

É claro que o agente de Michael J. Fox estava apenas parcialmente correto; em 1985, o filme de Zemeckis não só teve a maior bilheteria do verão, mas foi o filme de maior bilheteria do ano no mundo todo. Em 29 de setembro, *De Volta para o Futuro* encerrou uma série de doze semanas não consecutivas no topo das paradas de bilheteria dos Estados Unidos e superou *Rambo II: A Missão* para se tornar o filme com a maior arrecadação do ano nos Estados Unidos. A esta altura, os críticos eram unânimes ao elogiar o filme, a trilha sonora tinha ganhado Disco de Ouro e havia até mesmo um burburinho em relação ao Oscar.

A Universal Pictures não esperava que *De Volta para o Futuro* fosse ser o rolo compressor incontrolável que foi nas salas de cinema durante o verão de 1985, mas, até aí, ninguém esperava. Quando sua temporada nos cinemas acabou, *De Volta para o Futuro* tinha arrecadado US\$ 210,6 milhões nos Estados Unidos. Internacionalmente, o filme foi quase tão bem. Antes do final do ano, chegou a mais de uma dezena de países, incluindo Itália, França, Alemanha Ocidental e Reino Unido. No Japão, *De Volta para o Futuro* se tornou a sexta maior bilheteria na história do país. Conforme divulgado, mais US\$ 170,5 milhões foram conquistados no exterior. Apenas dois outros filmes fizeram mais dinheiro internacionalmente naquele ano – *Entre Dois Amores* e *Rocky IV*, que arrecadaram US\$ 179,1 milhões e US\$ 172,6 milhões, respectivamente. Os críticos e o público aplaudiram o filme, sendo que Gene Siskel e Roger Ebert, do programa *Siskel & Ebert*

---

3   Na versão brasileira do filme, a fala é dublada como "Que ótimo". [NT]

DE VOLTA PARA O FUTURO - BASTIDORES

at the Movies, deram a nota máxima, enquanto jornalistas das principais publicações, como o *New York Times* e a *People,* elogiaram a história, a direção e as atuações. Havia os detratores ocasionais (como Sheila Benson, do *Los Angeles Times*, que achou o filme "longo, parecido com um desenho animado e vazio", com uma premissa "subdesenvolvida e superproduzida"), mas eles eram poucos e isolados. Catorze anos depois de se conhecerem, os Bobs finalmente tiveram um êxito genuíno juntos. "Toda semana nós tinhamos a mesma conversa 'Eu não consigo acreditar'", diz Bob Gale. "Fomos tirados do primeiro lugar por *Férias Frustradas ii* por um fim de semana, mas depois voltamos ao topo no fim de semana seguinte e tivemos essa conversa mais uma vez. Na verdade, ainda temos essa conversa quando ficamos maravilhados com a longevidade do filme e como ele continua a capturar a imaginação do público."

A sabedoria convencional dizia que filmes sobre viagem no tempo estavam destinados ao fracasso nas bilheterias, mas Zemeckis e companhia provaram que ainda havia histórias de ficção científica inovadoras para serem contadas. E essa foi apenas a primeira convenção que a equipe de *De Volta para o Futuro* abalou. Apesar de desde então ter se tornado comum para os atores alternar entre televisão e cinema, em 1985 não era assim que funcionava. *De Volta para o Futuro* inovou não só ao ilustrar a facilidade com que um ator de *sitcom* podia fazer essa travessia, mas como insanamente lucrativa essa transição poderia ser para todas as partes envolvidas. "Foi interessante como Zemeckis, Bob Gale e Spielberg conseguiram fazer isso", diz Courtney Gains, que interpretou Dixon. "A decisão de contratar Michael J. Fox era completamente fora da caixa. Mas, obviamente, aquilo funcionou e você pode perceber que Fox é realmente um excelente ator cômico."

"Aqueles de nós que fizeram faculdade de Direito lembram a frase '*res ipsa loquitur*', que significa 'a coisa fala por si'", diz Sid Sheinberg. "As pessoas que viram *De Volta para o Futuro* perceberam que era como se alguém tivesse inventado um relógio suíço de precisão e o tivesse montado com componentes maravilhosos. Michael J. Fox e Chris Lloyd foram realmente escalados perfeitamente. Bob fez um filme excelente."

Enquanto os dólares, marcos, libras e ienes chegavam de todas as partes do mundo, Zemeckis e companhia tiveram o prazer adicional de ver seu filme ser agraciado com honras por aqueles de dentro da comunidade cinematográfica internacional. Na Itália, o filme ganhou os prêmios de Melhor Produtor Estrangeiro (Steven Spielberg) e Melhor Roteiro Estrangeiro no David di Donatello Awards. Na Alemanha, *De Volta para o Futuro* foi homenageado com um Leinwand Goldene (Tela de Ouro) por ter vendido mais de 3 milhões de ingressos nos seus primeiros dezoito meses de lançamento. No Japão, o filme ganhou o prêmio de Melhor Filme Estrangeiro pela Academia Japonesa. No Reino Unido, o filme foi indicado para cinco prêmios BAFTA, a Academia Britânica de Cinema e Televisão.

Nos Estados Unidos, o apoio da indústria foi igualmente forte. Foram seis indicações e três vitórias na Academy of Science Fiction, Fantasy and Horror Films' Saturn Awards;

uma nomeação para Melhor Elenco em um Longa-Metragem – Categoria Comédia – pela Casting Society of America; uma indicação ao Grammy de Melhor Álbum de Trilha Sonora Original Escrita para um Filme ou Especial de Televisão; e uma nomeação para Melhor Roteiro pelo Writers Guild of America. O filme perdeu quatro vezes no Globo de Ouro e foi apenas um pouco melhor no Oscar, vencendo a categoria de Melhor Edição de Efeitos Sonoros, mas perdendo em três outras (Melhor Roteiro Original, Melhor Mixagem de Som e Melhor Canção Original – "The Power of Love").

"Fomos indicados a um Globo de Ouro, que não vencemos, e para um Oscar, que não vencemos, pela canção", diz Huey Lewis. "O que foi realmente uma espécie de crime. Acho que Lionel Richie ganhou o Oscar por 'Say You, Say Me' por ter feito o USA for Africa[4] naquele ano. Era basicamente uma coisa política. Quando fomos ao Oscar, eu me sentei e Marvin Hamlisch estava na minha frente. Ele se virou e disse: 'Oh-oh'. Eu disse: 'O que foi?' Ele respondeu: 'Lionel está no corredor'."

Seu histórico imperfeito em premiações foi decepcionante, claro, mas o melhor prêmio de todos veio quando, em 4 de fevereiro de 1986, o presidente Ronald Reagan citou diretamente o filme – *para onde vamos, não precisamos de estradas* – em seu discurso do Estado da União.[5] Com o tempo, uma sequência tornou-se inevitável. "Todos nós compramos ações da Universal, uma centena de ações cada. Pensávamos que ficaríamos ricos, porque o filme estava indo bem", diz Frank Marshall. "O estúdio apoiava a ideia de uma sequência, já que o filme tinha sido tão bem-sucedido, mas meio que quem decidiria eram o Bob e o Bob. Steven disse a eles: 'Se vocês acham que conseguem, ótimo, mas se preferem deixar como está, fantástico'."

"Faz parte da natureza deste negócio: assim que alguém tem o pressentimento de que algo vai dar certo, ele ou ela imediatamente começa a pensar em uma sequência ou em uma história anterior", diz Sid Sheinberg. "Isso não é uma ação brilhante ou original. Tenho certeza de que todos com alguma ligação com o filme começaram a pensar para onde mais poderíamos ir assim que viram o primeiro."

Zemeckis estava aberto a propostas, mas longe de estar ansioso para voltar a Hill Valley. Sua relutância não era por causa das dificuldades encontradas ao fazer o primeiro filme. Levar *De Volta para o Futuro* para a tela foi um trabalho árduo, mas ambos

---

4   *USA for Africa* foi o nome sob o qual 45 artistas norte-americanos – gente do calibre de Michael Jackson, Tina Turner, Stevie Wonder, Bruce Springsteen, Ray Charles e Bob Dylan, por exemplo – gravaram o compacto "We Are The World", em 1985. [NT]

5   Nos EUA, a fala do presidente à nação, chamada de "Estado da União", tão aguardada pela classe política e pela imprensa, tem um caráter mais profundo e solene comparado ao Brasil, onde a mensagem ao Congresso Nacional, embora importante, é um ato de rotina, protocolar. O Executivo dá um tratamento burocrático ao seu conteúdo e o Congresso não se dá ao trabalho de discuti-la por sua pouca relevância. [NT]

DE VOLTA PARA O FUTURO - BASTIDORES

os Bobs ficaram indescritivelmente orgulhosos de como o filme ficou e como foi recebido. Apesar de ter sido estipulado no acordo inicial que nenhuma sequência ou refilmagem poderia ser feita sem o estúdio discutir com os Bobs antes, essencialmente dando poder de veto aos dois criadores sobre quaisquer episódios futuros com seus personagens, Zemeckis, mais uma vez, sentiu a pressão vinda do escritório de Sid Sheinberg. Na cabeça de Bob Z, a posição da Universal era muito clara: "Vocês podem ou não fazer parte disso, mas vamos fazer uma sequência de qualquer maneira".

O diretor descreve sua relutância como estando "preso à Escolha de Sofia", a situação final em que não é possível sair vitorioso. Ou a Universal iria encontrar um jeito de avançar com o projeto sem os Bobs, potencialmente não fazendo justiça à sua visão original, ou a dupla aceitaria a proposta e correria o risco de alienar os seus maiores fãs. "O público tem uma relação de amor e ódio com sequências", diz Zemeckis. "O que você realmente quer? Você quer o mesmo filme, mas diferente. 'Mas espere um pouco, não muito diferente, porque senão ele vai me irritar.' Todo mundo que adora seu filme tem uma opinião e você não pode vencer, sendo um cineasta. Você não vai agradar a todos com uma sequência."

Além de temer que o público rejeitasse uma continuação de *De Volta para o Futuro*, Bob Z acreditava que sequências eram a antítese dos filmes. O interesse era lisonjeiro e empolgante, e eles compreendiam o desejo, do ponto de vista comercial, de outro *De Volta para o Futuro*, mas para Zemeckis isso era mais uma prova de que, para os estúdios de cinema, fazer uma sequência não tinha a ver com arte, mas com o resultado final. "A única razão pela qual nós fazemos sequências em Hollywood é porque é a única certeza que todo mundo tem sobre a indústria cinematográfica – a de que você pode fazer uma sequência de um filme de sucesso", diz ele. "Essa é a única razão." Para complicar ainda mais a decisão, os Bobs não tinham uma história em mente para outro episódio de *De Volta para o Futuro* e, na verdade, haviam se comprometido com outros projetos – Gale iria fazer uma adaptação cinematográfica do personagem Doutor Estranho, da Marvel Comics, que acabou parando na fase de desenvolvimento,[6] enquanto Zemeckis estava na pré-produção do superexigente *Uma Cilada para Roger Rabbit,* para a Touchstone Pictures, dos estúdios Walt Disney, um trabalho que ofereceram a ele assim que Steven Spielberg e o resto do Trio da Amblin assinaram como coprodutores desse projeto.

No entanto, mesmo com as dúvidas do diretor, havia realidades com as quais tanto ele quanto seu parceiro precisavam lidar. Mesmo que a Universal ganhasse metade do lucro do primeiro em uma sequência, ainda seria um enorme sucesso. Sheinberg lhes daria carta branca sobre as decisões criativas. Afinal, quem poderia saber mais sobre como fazer um filme da série *De Volta para o Futuro* ter sucesso do que as duas pessoas que, junto com Steven Spielberg e o resto da equipe de produção, tinham se dado

---

6   O filme está em pré-produção, com Benedict Cumberbatch no elenco. [NT]

CASEEN GAINES

tão bem da primeira vez? Talvez estivessem se vendendo, mas eles sabiam que se vender e fazer um filme ruim não eram coisas que se excluíam mutuamente. E se eles chocassem a todos não só por fazer uma sequência, mas uma que também fosse impressionante pra caramba por si só?

"No começo, tem sempre aquela pergunta: 'Será que vai ser tão bom?'", argumenta Dean Cundey. "Existe algum material no filme original que se preste a uma sequência que não seja apenas uma repetição? Eu acho que *De Volta para o Futuro* tinha uma história tão boa e completa que você deve dizer para si mesmo 'Bem, eu me pergunto se podemos fazer alguma coisa nova e diferente e levar a história para mais longe'. No final do filme, quando Marty é desafiado a se envolver novamente porque há algo pessoal em jogo – um problema com seus filhos –, a sequência passa a ser imediatamente uma extensão lógica da história. Nós certamente sentimos que havia potencial ali, com base no fato de que a história poderia ser continuada."

"Todos nós estávamos otimistas com a sequência, porque o primeiro filme nos deixou com muitos lugares para ir", diz Frank Marshall. "Com *E.T.* não foi assim. Nós nunca pensamos em uma sequência para *E.T.* Com *Os Caçadores da Arca Perdida*, nós nos comprometemos, na verdade, em fazer três filmes desde o início. *De Volta para o Futuro* meio que ficava no meio-termo. Estávamos abertos àquilo. Desde que não fosse o mesmo filme novamente, eu achava que tudo bem. Você não deve fazer uma sequência só porque você pode."

Os Bobs concordaram em encabeçar um segundo episódio se Michael J. Fox e Christopher Lloyd voltassem. Se os astros se recusassem, os criadores estavam dispostos a sair, deixando a Universal tocar adiante uma continuação sem o seu envolvimento. Sua decisão não era simplesmente uma questão de lealdade ou teimosia, mas algo que eles achavam necessário. O final de *De Volta para o Futuro*, com os dois protagonistas e Jennifer decolando na máquina do tempo de Doc, foi projetado para ser um momento irônico – aqui vamos nós mais uma vez – para o nosso herói, que depois de passar o filme todo tentando resolver um problema entre seus pais no passado agora tinha de ir para o futuro a fim de corrigir um problema com a próxima geração dos McFly. Os Bobs conceberam o final como uma homenagem a um clichê familiar. Filmes de aventura normalmente terminam com o herói indo em direção à sua próxima aventura – o caubói cavalga na direção do pôr do sol rumo a um destino desconhecido; o super-herói corre (ou voa) para sua próxima missão. Com *De Volta para o Futuro* não era diferente.

Quando começaram a flertar com a ideia de continuar a história de Marty e Doc, os Bobs sabiam que seria impossível satisfazer as expectativas dos fãs se os atores principais não estivessem a bordo. Durante o verão de 1985, era impossível não ver o rosto de Michael J. Fox nos televisores, nas salas de cinema e em capas de revistas do mundo todo. O ator teve sucessos cinematográficos simultâneos com *De Volta para o Futuro* e *O Garoto do Futuro*, que foi ajudado em grande parte por uma campanha

150

[1] CRISPIN GLOVER, LEA THOMPSON e MICHAEL J. FOX, em *De Volta para o Futuro* (1985)

[2] Clima de paquera entre MÃE e FILHO

promocional que lembrava ao público que ele era o mesmo cara daquele filme de viagem no tempo de que todo mundo estava falando. Fox continuava a fazer dinheiro para os anunciantes de *Caras & Caretas*, que assumiu o lugar de vice-campeão nos rankings da Nielsen na temporada 1985-1986, sendo superado apenas por *The Cosby Show*, e ele tinha assinado um contrato para estrelar *Luz da Fama*, um drama dirigido por Paul Schrader, e *O Segredo do Meu Sucesso*, comédia de Herbert Ross, que viria a ser outro triunfo da Universal. Se Fox não voltasse, era um pensamento unânime que os fãs iriam se juntar a ele e também ficariam de fora do próximo episódio. Felizmente, quando foi consultado sobre uma sequência para *De Volta para o Futuro*, o ator concordou prontamente em assinar o contrato. Christopher Lloyd, que tinha seguido em frente e começado a fazer papéis de destaque em uma série de filmes, incluindo *Os 7 Suspeitos* e *Uma Cilada para Roger Rabbit*, de Zemeckis, também aceitou. Os dois atores gostaram de trabalhar com Zemeckis e, de certa forma, sentiam que lhe deviam algo, pela dose de carga elétrica que o diretor dera em suas carreiras. Com Fox e Lloyd dispostos a continuar contando a história de Marty e Doc, Zemeckis e Gale estavam confiantes de que uma narrativa adequada poderia ser inventada e que seria satisfatória para os fãs, para o estúdio e, talvez, mais importante, para eles mesmos.

Sid Sheinberg pegou o telefone e fechou o negócio com os dois atores principais. Pensando no futuro, o chefe do estúdio incluiu uma cláusula em cada um dos contratos que dizia que os atores apareceriam em um terceiro episódio da série, só como garantia, apesar de não haver nada planejado naquele momento. Com os atores de acordo com os termos, a pré-produção não oficial da sequência começou. Quando a Universal lançou *De Volta para o Futuro* em vhs e Beta[7] em 22 de maio de 1986, um novo texto apareceu naquela conhecida fonte em itálico vermelha e amarela antes de os créditos finais começarem: "*CONTINUA...*"

"Não me lembro quem teve a ideia, mas estávamos absolutamente de acordo com aquilo", diz Bob Gale. "Eu sei que aprovamos o tipo de letra e onde ela deveria entrar. É possível que eu estivesse envolvido em como aquilo funcionaria criativamente. Ainda tem gente que jura pra mim que se lembra de ter visto no cinema em 1985."

O processo de escrita começou imediatamente para o *Número Dois*, o primeiro título de trabalho da sequência, e foi mais desafiador do que os Bobs tinham antecipado. As expectativas do público pesavam sobre o processo de criação do roteiro, muito antes de a primeira palavra do *Número Dois* tivesse sido escrita. Embora no início *De Volta para o Futuro* fosse considerado uma forte plataforma de lançamento para um segundo capítulo, o fim era muito fofo e, sem querer, ditou os parâmetros para o início da próxima aventura de Marty e Doc. Zemeckis e Gale achavam que as melhores sequências, do ponto de vista da narração de histórias, eram uma continuação

---

7   Betamax, um aparelho similar, surgido
     antes do videocassete, fabricado pela Sony. [NT]

DE VOLTA PARA O FUTURO - BASTIDORES

direta da narrativa e desenvolvimento de personagens do primeiro filme, mas sabiam que, em geral, elas corriam riscos financeiros maiores, pois o público estava mais acostumado com seriados.

"As sequências mais bem-sucedidas são aquelas em que o personagem principal nunca muda e nunca cresce, como James Bond ou Indiana Jones, ou todas aquelas coisas de histórias em quadrinhos", diz Zemeckis. "Eles sempre têm aventuras diferentes e a parte mais divertida nesses filmes é sempre o vilão. Batman luta contra um vilão diferente, mas Batman é sempre o mesmo cara. Isso funciona porque o personagem principal não fica diferente quando o filme termina, então o próximo filme só acontece porque existe um novo problema. Você não pode fazer uma sequência de *Forrest Gump*, por exemplo, porque ele está mudado no final do filme. Não dá pra desfazer isso."

Antes de escrever o roteiro, os Bobs queriam descobrir quem mais de *De Volta para o Futuro* estaria interessado em retornar. Bob Z tinha levado vários membros da equipe junto com ele para trabalhar em *Roger Rabbit*, então isso facilitou na hora de convidá-los a voltar para o complexo da Universal. Do elenco, o primeiro telefonema foi para Lea Thompson. Ela queria participar. Tom Wilson? Com certeza. Crispin Glover? Bem, todo Titanic atinge seu iceberg, mais cedo ou mais tarde.

O que aconteceu exatamente entre o ator e os produtores do filme durante as negociações permanece um mistério. Cada parte tem sua própria versão dos eventos, que cada um manteve com firmeza durante as últimas três décadas. De acordo com Glover, os Bobs não quiseram negociar de forma justa com seu agente porque estavam zangados com ele por conta de uma desavença durante as filmagens do primeiro filme. Quando lhe ofereceram o papel em *De Volta para o Futuro*, o ator não recebeu o roteiro completo, mas somente um título e uma cópia da cena do seu teste. Com base na força do texto, ele concordou. Glover afirma que o final do filme foi reescrito várias vezes durante a produção e que, quando as páginas finais chegaram, pouco antes de serem filmadas, leu o desfecho do filme, em que Marty retorna a 1985 e a vida de sua família melhorou financeiramente, e fez uma queixa.

A sequência em questão permanece uma fonte de discórdia entre os Bobs. Zemeckis acha que a cena tem muito a ver com sua época, uma resolução apropriada para o público da Geração x. Segundo o diretor, o público no exterior criticou a moral aparentemente materialista do filme durante a primeira temporada dele nos cinemas. Em geral, a plateia norte-americana não achou nada de errado com o final, embora alguns jornalistas dos Estados Unidos tenham criticado a conclusão como sendo excessivamente idealista. Zemeckis já deu a entender que, se o filme fosse feito hoje, o final provavelmente seria diferente. Bob Gale, no entanto, discorda. "Não tenho nenhum problema, nem desculpas, com o desfecho", diz ele. "A cena mostra a consequência de George McFly ser uma pessoa bem-sucedida e confiante. Isso se reflete na forma como os personagens se comportam e interagem uns com os outros, e no ambiente físico do lar, tudo contrastando com as cenas da família no início do filme.

Crispin Glover como GEORGE MCFLY

DE VOLTA PARA O FUTURO - BASTIDORES

Os móveis e a decoração da casa mostram que George está melhor financeiramente, porque quando as pessoas estão com uma boa vida financeira costumam tentar dar o melhor para sua família. Também percebemos isso pelo fato de que Dave não trabalha mais no Burger King, Linda é superpopular e Lorraine está feliz, em melhor forma, e não bebe nem fuma mais. Sim, George tem um BMW. É um contraste com o carro velho que ele tem no início e novamente mostra que está melhor financeiramente."

Glover abordou a sua preocupação com o final do filme de uma forma extremamente não ortodoxa. "Crispin tinha um grande problema com o seu figurino naquela cena", Gale continua. "Ele queria que George fosse boêmio e parecesse um professor universitário excêntrico. Na verdade, se você olhar no filme, a foto do autor na contracapa de seu romance mostra como Crispin queria que seu personagem aparentasse. Mas a imagem não contava a história. Isso poderia ter sido facilmente interpretado como se George ainda fosse um nerd e seria preciso um diálogo para explicar que não. Queríamos passar essa imagem de forma visual e a camisa polo, os óculos de sol e a raquete de tênis faziam isso. Ele chegou a andar pelo set usando o figurino que preferia e fez uma pesquisa com a equipe sobre isso, mas foi contrariado unanimemente. Lembro-me de Neil Canton ler para Crispin o ato de motim para que ele se comportasse e fizesse o que Bob Z queria. Foi um desafio fazê-lo se comportar como um cara normal, centrado."

Em outra ocasião, quando estavam refilmando uma cena no quintal de George McFly, originalmente planejada na época de Stoltz, Glover foi incapaz ou não quis ficar dentro dos parâmetros do quadro. Tomada após tomada, ele declamou suas falas enquanto fazia movimentos amplos com as pernas, entrando e saindo de quadro. Para conseguir filmar, foi pedida uma pausa e os técnicos construíram rapidamente uma barreira feita de madeira compensada para segurá-lo. "Tudo tinha relação com como lidar com ele, com a loucura do mundo de Crispin, e tentar conter isso em um dia de trabalho", acrescenta Neil Canton. "Ele era meio bronco. Não era um profissional perfeito. Pensávamos o tempo todo em como lidar com aquilo."

Segundo consta, Crispin Glover foi uma figura incrivelmente polarizadora no set. Os que trabalhavam nos bastidores o consideravam irritante e peculiar da pior maneira, enquanto seus partidários na frente das câmeras achavam que ele exalava um brilho criativo e uma excentricidade saudável. Na realidade, parece que o ator era uma mistura de ambos – um sujeito esquisito adequado exclusivamente à sensibilidade incomum do papel para o qual fora escalado para trazer à vida. "Eu sempre gostei de dizer que o personagem de George McFly é Crispin, mas que ele é a versão *controlada* de Crispin", diz Clyde E. Bryan. "Ele não é tão maluco como o verdadeiro Crispin. Crispin era fofo e engraçado com a gente, mas dava muito trabalho."

"Crispin era um trabalhador realmente interessante", diz Marc McClure. "Muito focado sobre o que fazer em uma cena, ele se fixava naquilo. Então, sempre que fazia uma tomada, ele não mudava muito em relação à primeira vez. Ele sempre entregava uma atuação muito boa, muito original."

CASEEN GAINES

"É claro que eu sei que Crispin dava um pouco de trabalho, mas ele valia a pena", diz Lea Thompson. "É um grande ator. Crispin fez uma coisa engraçada na cena em que nós estávamos assistindo *The Honeymooners* no início do filme, em que ele ria da TV. Nós não conseguíamos parar de rir. Estragamos umas vinte tomadas e ninguém ligou. Estávamos rindo de Crispin porque ele estava sendo muito ridículo. Mas eu tinha de tentar não rir; se eu risse muito as emendas da maquiagem dos lados do meu rosto se soltariam. Foi um momento muito feliz no set."

Como a maioria do resto do elenco, Courtney Gains, que interpretou Dixon, achou fácil trabalhar com Glover. Os dois já se conheciam por terem trabalhado com o diretor Trent Harris em *The Orkly Kid*, um curta de 1985 depois lançado como parte de *The Beaver Trilogy,* em 2000/2001. Na vinheta, Glover interpretava Gary, um homem obcecado com Olivia Newton-John que começou a atuar como ela em shows de talentos. "Eu comecei a minha fala e, em seguida, uma cabine do banheiro se abre e Crispin Glover está vestido com a roupa preta que ela usou em *Grease: Nos Tempos da Brilhantina*, com a peruca e tudo", diz Gains. "Eu fiquei vendo aquele cara e pensando *Isto é surreal*. Como artista, o cara é brilhante. Eu não uso muito essa palavra, mas Crispin é um ator interessante pra caralho. Se tem uma coisa que não se pode dizer sobre Crispin é que ele alguma vez não foi interessante. Tudo o que ele faz você tem de assistir. Como atores, isso é o que nós reconhecemos, o gênio artístico. Dito isso, ele é definitivamente um pouco excêntrico. Para a equipe, que não está tão interessada em seus talentos como ator, talvez ele pareça um pouco louco."

Apesar de não ser um nome conhecido na época das filmagens, Crispin Glover é o único filho de um casal de atores e teve participações significativas antes de *De Volta para o Futuro*, incluindo aparições como convidado nas séries *Happy Days* e *Vivendo e Aprendendo*. Embora alguns tenham destacado seu comportamento como peculiar,

DE VOLTA PARA O FUTURO – BASTIDORES

pelo menos um de seus pares acha que a infelicidade de Glover com o final do filme foi resultado de outra coisa – direito. "Crispin era privilegiado e, por causa disso, pôde manter sua posição política", diz Harry Waters Jr. "Essa era a sua escolha, mas alguns de nós, especialmente os artistas, não estavam sequer pensando em política – pensávamos em nossa sobrevivência."

Apesar de sua infelicidade com o roteiro, Glover afirma que continuou a se comportar bem durante a filmagem, principalmente porque tinha medo. A memória da demissão abrupta de Eric Stoltz e a falta de uma explicação clara aos atores sobre o motivo eram mais fortes do que sua indignação moral. Glover moderou sua teatralidade no restante das filmagens e apesar de suas diferenças ocasionais no set os Bobs estavam dispostos a deixar suas desavenças pessoais com o ator de lado, a fim de que ele reprisasse seu papel na sequência. "Crispin teve uma atuação fantástica na *Parte 1* e ainda é um prazer assisti-lo", diz Bob Gale. "E eu me dava muito bem com ele. É lamentável que tenha me escolhido como culpado pela decisão de recusar repetidamente as várias oportunidades que lhe demos para retornar nas sequências somente por causa de dinheiro."

Nas décadas seguintes ao lançamento do primeiro filme, Gale recebeu o peso da ira de Glover, com o ator frequentemente mencionando em entrevistas que o produtor dera informações incorretas sobre os detalhes das negociações da sequência. De seu lado, Gale não se abala com o que ele considera ser revisionismo do ator. "Eu não perco meu tempo com as versões de Crispin para os acontecimentos", diz ele. "Nós o convidamos para participar antes mesmo de concebermos a história da continuação, como fizemos com Lea e Tom. Isso deve ter sido em 1986 ou 1987. Crispin, por meio de sua agente, Elaine Goldsmith, pediu o mesmo valor que Michael J. Fox receberia, bem como a aprovação do roteiro e a aprovação do diretor." Documentos judiciais de um

GRAYS
SPORTS
ALMANAC

COMPLETE SPORTS STATISTICS

1950–2000

INCLUDING BASEBALL, FOOTBALL, BOXING, HORSERACING AND MORE!

DE VOLTA PARA O FUTURO - BASTIDORES

processo de 1990 afirmam que o montante solicitado foi de us$ 1 milhão, algo impossível, na visão de Gale e dos outros produtores – Crispin Glover havia recebido, por seu trabalho no primeiro filme, menos de us$ 60 mil e pedira um aumento de mais de dez vezes, além de benefícios. "Eu disse a Elaine que isso era tão absurdo que nem sequer faria uma contraproposta", continua ele. "Ela sabia também que era absurdo, mas tinha a obrigação legal de comunicar os termos de seu cliente. Disse-lhe para tentar conversar com Crispin e voltar com uma proposta razoável dentro de duas semanas ou nós o tiraríamos da sequência." Mas ameaçar fazer a sequência sem Glover não queria dizer escrever o filme sem o personagem de George. Pelo menos em parte, porque Gale estava irritado com o comportamento do ator no primeiro filme, bem como com o estado anêmico das negociações do contrato, o primeiro esboço do *Número Dois*, que Gale escreveu quase que inteiramente sozinho devido a outros compromissos de Zemeckis, trouxe o papel de George drasticamente reduzido em relação ao filme original.

A primeira versão do roteiro da continuação começou de forma muito semelhante ao que se materializou na tela: Marty e Doc vão para o futuro, Biff rouba o *Almanaque dos Esportes*, a linha do tempo presente é alterada e nossos heróis têm de consertá-la. A parte significativamente diferente é no terceiro ato. Em vez de voltar para 1955, Biff achou que seria legal ver os anos 1960 e deu a si mesmo o livro em 1967. A aventura acontece lá, com George McFly como um professor universitário, viajando para dar uma palestra na Universidade da Califórnia, em Berkeley, e, assim, ausente da maior parte do roteiro, e Lorraine como uma hippie. Para dar mais uma alfinetada em Glover, o aniversário de seu personagem é alterado de 18 de agosto, como aparece na romantização do primeiro filme, para 1º de abril. Embora estivesse indefinido se Crispin Glover retornaria ou não – os Bobs sabiam que era improvável, mas a porta estava aberta para que as negociações continuassem se o ator e seus representantes quisessem agir de boa-fé –, uma coisa agora estava garantida: se ele voltasse, seria como Primeiro de Abril.

"Eu e Bob decidimos criar a história em torno do elenco que tivéssemos", diz Gale. "Como Crispin escolheu não participar da sequência, mas Lea e Tom concordaram, isso nos motivou a criar a tétrica história alternativa em que Biff se dá bem na vida" de 1985 em que George era uma lápide. No *Número Dois*, George fez uma breve participação só porque eu pensei que Crispin pudesse mudar de ideia."

Zemeckis gostou do roteiro de Gale, mas, ao perceber que podiam estar perdendo uma oportunidade única, sugeriu que os dois continuassem a pensar em uma maneira melhor para continuar a história. Eles relembraram suas regras: deixar o ego na porta, escrever um filme que ambos gostariam de ver e se alguém achasse que eles poderiam melhorar uma ideia isso deveria significar que havia uma melhor em algum lugar. Os dois pensaram naquilo por um tempo e rapidamente decidiram fazer uma mudança drástica para uma direção paradoxalmente diferente, mas ao mesmo tempo conhecida.

"Eu e Bob olhamos um para o outro e dissemos 'Quer saber? Temos uma situação muito, muito original aqui'", diz Zemeckis. "'Nós temos o potencial de fazer a continuação de uma história em que o mecanismo inerente é viagem no tempo e nós poderíamos fazer o que o público realmente quer, que é voltar e revisitar o filme que eles acabaram de ver.' Essa é a coisa que mais me empolgou, essa ideia de ver o mesmo filme a partir de um ângulo diferente. Era uma situação muito especial que nunca vai acontecer de novo porque eu provavelmente nunca vou fazer outro filme sobre viagem no tempo em que o personagem pode realmente voltar para o primeiro filme."

"A ideia de revisitar o primeiro filme e criar uma história adicional dentro dele é a melhor ideia da *Parte II*," diz Gale. "É isso o que o torna único e Bob Zemeckis merece o crédito por ter pensado nisso. Quando você está trabalhando com uma grande ideia, isso torna o processo de escrita mais fácil, porque sabe que está trabalhando em direção a algo especial."

Um segundo esboço foi escrito sob o que se tornou o título de trabalho oficial para a sequência – *Paradoxo*. O roteiro de 165 páginas começava de forma semelhante à primeira versão, mas o segundo ato era um retorno em grande escala ao primeiro filme. A terceira seção, que começava um pouco depois da centésima página, apresentava uma série de personagens novos, pois Doc Brown era acidentalmente enviado de 1955 para o Velho Oeste, por um raio que atingia o DeLorean. Houve um novo interesse amoroso, desta vez para Doc, uma professora chamada Clara Clayton, bem como um novo antagonista, Buford Tannen, que na época tinha o apelido de "Black Biff" em vez do que aparece no filme finalizado, "Cachorro Louco", o parente um pouco distante do personagem de Tom Wilson do primeiro filme.

Bob Gale adorava o que ele havia escrito, conceitualmente, mas estava descontente com a forma como aquilo se fundia na página. Era muito corrido e, mais importante, ele sentiu que era chocante demais introduzir tantos personagens novos no mundo de Marty tão no final do filme.

DE VOLTA PARA O FUTURO - BASTIDORES

Enquanto procurava um lugar para começar a fazer cortes, Bob G tinha uma sensação incômoda de que, embora estivesse encarregado de escrever uma sequência, na verdade ele estava desenvolvendo um tratado abrangente e aprofundado o suficiente para duas.

Ele conversou com Zemeckis, cujo *Roger Rabbit* estava então em pós-produção, em Londres, e expressou sua preocupação. Gale estava sabotando seu próprio filme – e todo o trabalho dos dois – ao fazer edições que prejudicariam a história. Ele desejava escrever o roteiro da sequência do jeito que queria vê-lo na tela e precisava da bênção de seu parceiro. Bob Z concordou e a parte do roteiro que acontecia em 1885 ganhou corpo. O resultado foi um épico que ultrapassava 220 páginas, que Gale compartilhou com Zemeckis e seu coprodutor.

"Aquele roteiro", diz Neil Canton. "A primeira vez que li, quando acabei fiquei tipo 'Caramba! Este pode ser o maior filme já feito'. Havia tanta coisa no filme. Ninguém iria acreditar. Estamos no futuro, voltamos ao presente, estamos na linha do tempo alternativa, e agora o Doc desapareceu de alguma forma e Marty está no Velho Oeste. Eu só pensava – uau. Se você pegasse todas as cartas de fãs que escreveram dizendo 'Deveria ser assim' e as colocasse em um liquidificador, não teria sido tão incrível como esse filme poderia ter sido."

No entanto, *Paradoxo* nunca veria a luz do dia. A partir do momento em que Gale admitiu pela primeira vez seu desejo de libertar-se do formato padrão de cinema, ele sabia que poderia estar se sabotando de outra forma. E se a Universal se recusasse a aprovar o roteiro como ele seria apresentado? O filme teria mais de três horas de duração, muito mais que o primeiro. Por precaução, ele começou a fazer lobby com Zemeckis e o resto da sua equipe de produção para pressionar por não apenas uma sequência, mas duas. "Sheinberg foi resistente, embora ele negue agora", diz Gale. "Então eu pedi para nossa gerente de produção, Joan Bradshaw, orçar a nova versão como dois filmes separados." Os números chegaram dentro de pouco tempo: us$ 50 milhões para um filme, us$ 70 milhões para dois.

Hoje em dia, não é incomum para uma superprodução ter um orçamento muito maior que esse, mas, em meados dos anos 1980, gastar essa quantia em um filme – mesmo um que fosse quase garantido ser bem-sucedido no fim de semana de estreia – era um negócio arriscado. O primeiro *De Volta para o Futuro* custou, no fim das contas, algo próximo a us$ 19 milhões. Para comparar, se você somasse os custos das duas primeiras sequências do *Star Wars* elas teriam custado menos que *Paradoxo* e apenas um pouco mais se você acrescentar a inflação. A continuação teria empatado com *Superman: O Filme*, de 1978, como o terceiro filme mais caro feito até então, atrás de *Rocky III: O Desafio Supremo*, de 1988, e *Uma Cilada para Roger Rabbit*, do próprio Zemeckis. Claro, a sequência – ou sequências – do *De Volta para o Futuro* quase certamente teriam lucro, mas nada é garantido em Hollywood.

STILLS de De Volta para o Futuro (1985)

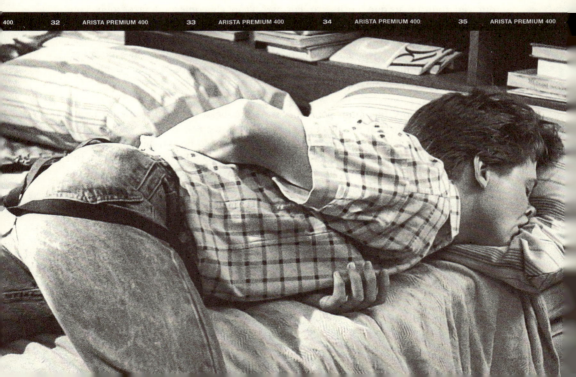

DE VOLTA PARA O FUTURO - BASTIDORES

Com os números mastigados, Steven Spielberg levou as planilhas ao escritório de Sheinberg e fez seu discurso. Michael J. Fox e Christopher Lloyd não tinham sido contratados para mais duas continuações? Lea Thompson e Tom Wilson estavam tão a fim de trabalhar com os Bobs de novo que provavelmente gostariam da oportunidade de estender seu tempo gasto como Lorraine e Biff, respectivamente. Se o segundo filme fosse um sucesso, não seria melhor já ter outro filme no horizonte em vez de ter de juntar todos os atores novamente dois ou três anos depois para um terceiro capítulo? Ninguém ainda sabia exatamente o que iria acontecer com Crispin Glover, mas a dificuldade de conseguir que ele voltasse para uma ou duas sequências seria a mesma. Os dois filmes poderiam ser rodados ao mesmo tempo e a terceira parte poderia terminar de ser editada enquanto a segunda estivesse nos cinemas. Sheinberg também viu o potencial.

Quando a decisão de dividir *Paradoxo* em dois foi tomada, era o fim de janeiro de 1989. A maioria do elenco e da equipe técnica estava esperando a data de início, sem saber que, como o trabalho no primeiro filme, seu contrato com Zemeckis e companhia logo seria estendido muito além do que se podia imaginar. E, mais uma vez, Michael J. Fox teria de fazer grandes sacrifícios. A temporada de 1988-1989 seria a última de *Caras & Caretas*, o que significava que, durante uma parcela significativa do trabalho em *Paradoxo*, Fox teria mais uma vez de usar seus velhos truques. Mas agora havia considerações adicionais. O ator tinha acabado de se casar e sua esposa estava grávida de seu primeiro filho. Concordar em voltar para o futuro, como ele descobriria em breve, era apenas o início do que viria a ser um ano muito exaustivo e de mudanças para todos os envolvidos.

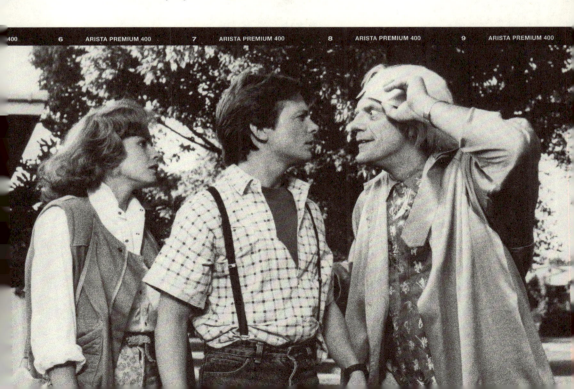

ESTAMOS DE VOLTA

QUARTA-FEIRA, 8 DE FEVEREIRO DE 1989

Bob Gale folheou os centímetros de páginas em branco, amarelo, rosa, azul, verde e dourado sobre sua mesa, unidos por três prendedores de latão. O tomo multicolorido era um atestado das várias refeições concluídas nos últimos três meses, em preparação para a iminente filmagem de *Paradoxo*, programada para começar em apenas algumas semanas. Após Sid Sheinberg ter dado o OK para duas continuações, a equipe foi avisada para ficar por ali um pouco mais do que o planejado inicialmente. O roteirista abriu uma página no meio de seu livro, onde havia inserido uma revisão importante em papel colorido – *Enquanto Marty se abaixa para tentar reviver o inconsciente Doc, nós ABRIMOS O PLANO*, com o seguinte texto sobreposto: *"TERMINA NO PRÓXIMO VERÃO EM DE VOLTA PARA O FUTURO 3!"* Ele não tinha certeza de que seria suficiente para resolver a questão, mas esperava que talvez fosse.

O roteiro de Gale era ambicioso, não só por causa das páginas que passaram por sua máquina de escrever. Em parte devido à forma como o filme original terminava, em parte por causa de cartas que os cineastas receberam do público dando ideias de qual a melhor forma de conciliar o gancho do final do filme original, *Paradoxo* começava apenas alguns instantes antes de Doc retornar de sua primeira viagem para o futuro, revisitando diretamente os últimos minutos do primeiro filme.

CASEEN GAINES

O baile "Encanto Submarino" e vários outros momentos também foram revisitados e vistos sob outra perspectiva. Para os atores principais, visitar mais períodos de tempo significava incorporar ainda mais iterações de seus personagens, tornando-se crucial que os artistas principais estivessem de acordo com as novas regras do jogo antes do início das filmagens. Quando a decisão de dividir e expandir *Paradoxo* em dois foi tomada no início do ano, Sheinberg fechou acordos com os agentes de Lea Thompson e Tom Wilson para uma terceira continuação. Isso foi muito fácil, como os produtores achavam que seria, já que os dois estavam felizes em renovar sua filiação ao clube Zemeckis. "Eu achava a história ótima", diz Thompson. "E adorei todas as coisas estranhas que tive de fazer, como a Lorraine de 80 anos."

Na volta para Hill Valley, quanto mais as coisas mudavam, mais elas permaneciam iguais. Com o intuito de manter uma consistência de visão, Zemeckis e companhia foram atrás do maior número possível de membros da equipe original para voltar a *Paradoxo*. Várias pessoas, como Dean Cundey, Clyde E. Bryan, Arthur Schmidt e Alan Silvestri, foram até a Inglaterra para ajudar o diretor em *Uma Cilada para Roger Rabbit* e estavam felizes de continuar sua relação de trabalho com Bob Z. E, como ocorrera com Thompson e Wilson, havia pouca ou nenhuma oposição às mudanças no cronograma da produção e filmagens adicionais entre o elenco e a equipe. A primeira metade do roteiro de *Paradoxo*, que se tornaria o *De Volta para o Futuro – Parte II*, seria filmada primeiro. Depois a equipe se separaria por algumas semanas e começaria a trabalhar no que viria a ser o terceiro filme. "A sensação era que seria uma situação de economia em escala, porque todos nós continuaríamos a construir cenários e a filmar", diz Dean Cundey. "E o estúdio não sabia se alguém se sentaria para assistir a três horas de Marty McFly. Acabou se tornando algo grande, que todo mundo amou. Além do fato de que era muito divertido trabalhar nos filmes, as pessoas estariam empregadas por um tempo bem mais longo. Eu estava trabalhando havia um ano e duas semanas fazendo os dois filmes, com muito pouco tempo de folga nesse período. Era ótimo, porque estava trabalhando em um grande projeto, com complexidades e pontos críticos das histórias que estavam relacionados. Objetos de cena de um filme poderiam funcionar no outro. Não houve um único momento em que alguém tenha dito 'Ah, não, isso vai ser chato'. Todos concordavam que seria uma grande aventura – e foi."

Para fazer jus à história que os Bobs haviam construído, e também para cumprir com as expectativas do público, foi decidido desde o início que o maior número possível de atores originais deveria ser convidado a voltar. Harry Waters Jr., que tinha conseguido várias participações especiais em programas de televisão como *What's Happening Now!!* e *227* desde o primeiro filme, era um dos atores ansiosos para voltar. "Era 1989, então estávamos todos mais velhos e mais evoluídos", diz ele. "Eu tinha mais experiência de trabalho na área. Quando recebemos o telefonema, pude realmente dizer ao meu agente 'Eis o que devemos pedir', não porque eu achava que eles precisavam de mim. Era como 'Uau, eu posso fazer a próxima versão disso, que legal'. Mas eu queria ser recompensado."

DE VOLTA PARA O FUTURO - BASTIDORES

Como para a maioria dos atores, o salário de Waters foi ajustado de acordo com a inflação. "Consegui um bom acordo porque também tinha feito outra série de TV. Eu tinha um pouco mais de força", diz Waters. "Sabe aquele monte de coisas que eles têm no faturamento? Eu consegui estar no topo. Foi incrível chegar ao set com os Starlighters, porque eles conseguiram encontrar os mesmos caras de novo. Eu nem acreditava que eles haviam conseguido juntá-los novamente."

Apesar dos esforços dos produtores, alguns dos personagens favoritos do público estariam ausentes da segunda parte. Embora o baile "Encanto Submarino" fosse ser fortemente revisitado na sequência e recriado usando os mesmos figurinos, objetos de decoração e até mesmo alguns dos mesmos dançarinos, o personagem Dixon foi omitido da continuação, uma decepção para Courtney Gains. Além disso, duas cenas foram filmadas e removidas do filme antes de seu lançamento, deixando mais dois personagens no chão da sala de edição. Durante a sequência Biffhorrific – a versão alternativa do presente, em que Biff dominou a cidade –, Marty deveria tropeçar em seu irmão, que era agora um alcoólatra fracassado. "Aquilo foi muito divertido", diz Marc McClure. "Foi uma noite muito louca. Spielberg estava no set durante essa sequência particular. Havia fogo e um monte de gente lá. Foi uma grande noite para os extras." No entanto, quando o filme foi exibido para testar o público, os espectadores se perguntaram o que tinha acontecido com Linda, a irmã de Marty, e por que ela não estava no filme. Wendie Jo Sperber, que fez o papel, estava grávida na época das filmagens e incapaz de reprisar seu personagem. Para haver mais clareza, foi mais fácil remover a cena por inteiro. Bob Gale ligou para McClure para contar a ele pouco antes da estreia nos cinemas. Também foi retirada uma cena com Will Hare, que fazia o velho Peabody, na parte do filme em que Marty e Doc voltam a 1955, porque os cineastas achavam que o personagem não tinha deixado uma impressão forte o suficiente no primeiro filme para ser lembrado.

Devido à batalha de sua mãe contra o câncer, Claudia Wells desistiu do papel de Jennifer. "Eu sabia que não poderia fazê-lo naquele momento", diz ela. "Havia muita coisa acontecendo em casa. É uma experiência muito estressante na dinâmica da família ver sua mãe morrer. Não havia escolha para mim." Em vez dela, Elisabeth Shue, que estrelou *Karatê Kid: A Hora da Verdade,* em 1984, ao lado de Ralph Macchio, e *Uma Noite de Aventuras,* em 1987, foi escalada para o papel. Embora não se parecesse muito com Wells, ela preenchia o requisito de altura para Jennifer. Com 1,58 m, ela estava bem para atuar ao lado de Michael J. Fox pelas regras que os Bobs haviam fixado no primeiro filme. A atriz usou o mesmo figurino e seu cabelo foi tratado para corresponder ao de Wells da melhor forma possível. Não era a solução perfeita, mas era a possível.

As primeiras páginas do roteiro de *Paradoxo* pediam que Zemeckis recriasse os últimos momentos de *De Volta para o Futuro*, com algumas novas falas para Biff, mais uma vez dando pistas para o público de que eles revisitariam algumas coisas da primeira parte sob uma nova perspectiva. Passados quatro anos do primeiro filme, a esperança era que a recriação da cena teria a vantagem adicional de ajudar a disfarçar

DE VOLTA PARA O FUTURO - BASTIDORES

que o papel de Jennifer havia sido reescalado. "Na verdade, achei muito inteligente a forma como eles fizeram aquilo", diz Claudia Wells. "Fiquei mais impressionada do que achando que era estranho. Sempre admirei a atuação de Elisabeth Shue, então o fato de ela ser escalada no meu lugar foi um elogio para mim. Foi assim que eu encarei. Quero dizer, *Despedida em Las Vegas* e todos os outros filmes que ela fez? Ela é uma atriz incrível, então fiquei feliz."

Para o resto do elenco, a notícia de que o papel de Wells seria reescalado foi recebido de maneiras diferentes. Lea Thompson e Claudia Wells não trabalharam muito juntas no primeiro filme, já que a única cena que compartilharam foi a final, em que Doc volta de 2015. Apesar de ter empatia pela situação familiar de Wells, Thompson ficou agradavelmente surpresa por ter outra oportunidade de dividir a tela com Elisabeth Shue. As duas já se conheciam bem, pois haviam aparecido juntas em uma série de comerciais do Burger King, muitos anos antes, e, embora também só tenham trabalhado juntas brevemente – na cena da casa de McFly, em Hilldale, em 2015 –, as duas atrizes ficaram felizes por se reconectar. Para Christopher Lloyd, a mudança exigia um ajuste maior. "Claudia Wells não voltar foi muito decepcionante", diz Lloyd. "Mas tinha de acontecer. Foi maravilhoso trabalhar com Elisabeth Shue, embora eu ficasse à vontade com Claudia."

Ao mesmo tempo que Wells estava lidando com questões familiares, Shue encarava problemas semelhantes. A experiência da atriz ao filmar as sequências de *De Volta para o Futuro* não foi feliz. Em agosto de 1988, a atriz se encontrou com seus irmãos na casa de verão de seus pais, no estado do Maine. Um de seus irmãos, William, estava brincando em um balanço de pneu e a corda acima dele arrebentou. Ele caiu sobre um galho quebrado de uma árvore, que o perfurou com o impacto. Foi um horrível acidente, e fatal. Nos últimos anos, ela descreveu a experiência de atuar nos dois filmes como algo de que mal se lembra. Shue não estava em um estado de espírito realmente adequado para apreciá-la como a maioria dos outros atores.

Houve também algumas mudanças significativas na equipe criativa. Enquanto estava em Londres, Zemeckis conheceu e trabalhou com várias pessoas que quis colocar em seu repertório regular de colaboradores, incluindo uma jovem figurinista inglesa chamada Joanna Johnston. Johnston, que havia trabalhado com Steven Spielberg em *Indiana Jones e o Templo da Perdição* e *A Cor Púrpura*, se lembra de ter recebido uma ligação de longa distância de Zemeckis, de Los Angeles. Ela estava a mais de 8 mil quilômetros de distância, em Londres, onde os dois se conheceram quando ela trabalhou como assistente de figurinista em *Roger Rabbit*. "Jo, eu gostaria que viesse pra cá para fazer o próximo *De Volta para o Futuro*. Tudo bem pra você vir para Los Angeles e fazer isso, né?"

"Eu era muito jovem e inexperiente", diz ela. "Mas eu tinha uma admiração enorme por ele como cineasta. Nós nos demos muito bem, então fui trabalhar em L.A. sem saber nada, em um projeto totalmente norte-americano. As únicas pessoas que eu conhecia eram Bob e Steve Starkey."

CASEEN GAINES

Steve Starkey fez a sua estreia na área como editor-assistente de efeitos especiais nas sequências originais de *Star Wars*, de George Lucas. Em 1985, ele estava trabalhando em *Amazing Stories: Histórias Maravilhosas*, uma série de televisão de meia hora produzida pela Amblin para a rede NBC Universal. Starkey ficou sabendo sobre o novo projeto da empresa com *Roger Rabbit* e manifestou interesse em participar. Robert Watts, o chefe de pós-produção da Amblin, estava procurando alguém para supervisionar os efeitos visuais e componentes adicionais de pós-produção para o filme e Starkey conseguiu o emprego. A filmagem de *Roger Rabbit* foi longa, quase tão longa quanto a do primeiro *De Volta para o Futuro*, e a pós-produção levou ainda mais tempo. Por pouco mais de um ano, todos os componentes de animação e atuação reais foram cuidadosamente mesclados, juntamente com o som e a trilha sonora, para criar um espetáculo revolucionário e visualmente realista. O filme ganhou uma série de prêmios, incluindo o Oscar em três categorias de pós-produção: Montagem (Arthur Schmidt), Edição de Efeitos Sonoros (Charles L. Campbell e Louis L. Edemann) e Efeitos Visuais (Ken Ralston, Richard Williams, Ed Jones e George Gibbs). Williams também levou para casa um prêmio especial por sua direção de animação e criação dos personagens de desenho animado para o filme. Embora os efeitos especiais e visuais de *De Volta para o Futuro* tivessem sido aplaudidos, Zemeckis sabia que *Paradoxo* exigiria ainda mais atenção. Para isso, ele queria contratar Steve Starkey para ajudar a garantir que tudo permanecesse nos trilhos, como tinha feito com sucesso na primeira vez em que trabalharam juntos.

Enquanto Zemeckis estava montando seu time dos sonhos, alguns veteranos de *De Volta para o Futuro* ficaram de fora. Embora a estética de Hill Valley, em suas versões do passado e do presente, fosse um componente integrante do primeiro filme, o designer de produção Larry Paull não foi recontratado para *Paradoxo*. Em sua representação do futuro, os Bobs sabiam que queriam evitar o que eles sentiam que tinha se tornado um lugar-comum cinematográfico – apresentar um mundo orwelliano, sombrio e desolado. Antes de trabalhar com Zemeckis, Paull tinha ajudado a criar o visual icônico do mundo futurista de Ridley Scott em *Blade Runner, o Caçador de Androides*, que lhe rendeu uma indicação ao Oscar. Provavelmente, Zemeckis e Paull teriam tido opiniões divergentes sobre a melhor forma de criar o futuro em *Paradoxo*, assim como eles tiveram opiniões diferentes ao fazer o filme original.

Em seu conceito para o primeiro filme, Paull procurou criar um visual romântico para o cenário de 1955, depois alterado para as cenas do presente. Alguma consistência se manteve, como o Cinema Essex, mas havia uma deterioração óbvia em termos de qualidade de vida para os residentes de Hill Valley de 1985. No lugar de *Montana, Terra do Ódio*, que Ronald Reagan estrelou décadas antes de ser presidente, o pornográfico *Orgy American Style* é o título em destaque na marquise. O design, na verdade, destacava uma crítica sutil e discreta que o roteiro dos Bobs fazia aos anos 1980. Talvez Marty e os outros adolescentes acreditassem que a década atual deles era ótima, mas a inocência e a ingenuidade se perderam entre os anos 1950 e 1980. "Os bons e velhos tempos" – esta talvez não fosse apenas uma expressão, mas um período específico no

POSTO TEXACO
em 1955 e em 2015,

tempo desconhecido para o público da idade de McFly, que iria aos cinemas no fim de semana de Quatro de Julho.

"Eu queria que a Hill Valley do presente na *Parte I* representasse a década de 1980 na caracterização", diz Paull. "Bastante deteriorada e estranha. Foi o que aconteceu com as cidades pequenas dez, vinte ou mesmo trinta anos atrás. As cidades estavam morrendo e as lojas, fechando. Vemos isso em documentários e no noticiário o tempo todo. Várias cidades estão caindo aos pedaços, porque ninguém compra mais lá. É por isso que a Hill Valley de 1985 era tão diferente da Hill Valley de 1955. O que a gente precisava fazer, por causa da história, era introduzir elementos em 1985 que não estavam lá em 1955. No início do primeiro filme, você pode ver que a garagem do Doutor Brown ficava ao lado de um Burger King, certo? Isso porque sua casa foi demolida. Tudo o que restou foi a garagem."

Para realizar essa visão, Paull foi inflexível ao exigir que as cenas dentro e ao redor da praça de Hill Valley não fossem filmadas em uma locação, que era o que Zemeckis e companhia tinham planejado fazer no início. "Nós estudamos transformar Petaluma, na Bay Area, em Hill Valley, mas o preço para retirar os postes modernos e o custo mínimo para comprar um monte de lojas que teriam sido afetadas fez com que isso ficasse fora de questão", diz Bob Gale. "Depois dessa experiência, Bob Z percebeu que Larry estava certo e que o nosso orçamento valeria mais na Praça da Universal."

"Nós íamos filmar entre novembro e dezembro, no auge da temporada de Natal, quando todas essas lojas de verdade estão tentando ganhar dinheiro", diz Paull. "Eu disse que deveríamos ser conscientes também financeiramente, mas que faríamos isso do jeito que estávamos acostumados, incorporando a área da cidade cenográfica. Eu tinha explorado o local e projetado tudo na minha cabeça – onde ficariam as lojas principais do filme. Depois foi olhar para o passado ou para as revistas *Look* e *Life*, e encontrar os lugares que realmente existiram nos anos 1950. Eu poderia colocá-los todos juntos e fazer a cidade cenográfica representar a Califórnia de 1955."

Apesar de ter vencido essa batalha, Paull não conseguiu resistir à invasão da publicidade, que os produtores exigiram que ele integrasse ao set. O designer de produção achava que era uma restrição lamentável deixar a decisão de quais empresas apareceriam ou não no filme dependendo de quantos dólares elas oferecessem aos produtores, mas, como era uma imposição, ele entrou no jogo. Quando possível, ele insistia em incluir determinadas marcas em detrimento de outras, a fim de manter Hill Valley um lugar com uma aparência familiar para o público. Por exemplo, uma empresa de combustível não revelada estava disposta a oferecer uma grande quantia para que seu logotipo aparecesse no posto de gasolina da cidade de Marty, mas Paull insistiu em usar a Texaco, principalmente porque ela o lembrava de uma piada do programa *The Milton Berle Show*. No final, os cineastas conseguiram fazer a publicidade trabalhar a seu favor, criando algumas sequências muito memoráveis no filme ao justapor as diferenças entre produtos que os americanos usavam nos anos 1950 e 1980.

Na versão alternativa do presente,
BIFF dominou a cidade

DE VOLTA PARA O FUTURO - BASTIDORES

Durante as filmagens, Deborah Lynn Scott vestiu um dos extras com um uniforme de frentista antigo na cena da Texaco. Quando Zemeckis viu, ele teve uma ideia. Scott recebeu as ordens, voltou com mais três extras com uniformes iguais e o diretor filmou uma cena rápida em que um motorista para no posto e é cercado por frentistas ansiosos para ajudar, verificando a pressão do pneu e o óleo, limpando o para-brisa e enchendo o tanque de gasolina, tudo em alguns segundos. Essas piadas visuais aparentemente inconsequentes criam uma mise-en-scène mais realista, um termo cinematográfico usado para descrever todos os elementos que aparecem diante da câmera, e também dão aos cineastas oportunidades de usar trechos para comparar as diferentes épocas no filme.

Essas foram algumas das gotas d'água que Paull acumulou durante a produção e, antes que as contratações para *Paradoxo* começassem, parece que elas fizeram o copo transbordar. "Eu queria voltar", diz ele. "Mas eu e Bob tínhamos uma... 'divergência criativa', como chamamos, sobre uma coisa que aconteceu no primeiro, e eu não fui chamado de volta." A vaga foi oferecida a Rick Carter, outro veterano de *Histórias Maravilhosas*. Os dois se conheceram quando Zemeckis foi contratado para dirigir um episódio de uma hora da série, "O Cabeça da Classe" ("Go to the Head of the Class"), que tinha Christopher Lloyd no papel principal e trilha sonora de Alan Silvestri. Os dois se deram bem e quando foi preciso alguém para preencher a vaga deixada por Paull o diretor enviou uma cópia do roteiro para seu ex-colega. "Aquela história fritou meu cérebro de um jeito muito bom", diz Carter. "E eu gostei da sensação. Tínhamos muito no que pensar e muito para visualizar. Era divertido me imaginar mergulhando nesse mundo, especialmente depois de ter visto o primeiro *De Volta para o Futuro*."

A primeira coisa a ser feita, é claro, foi projetar o visual de Hill Valley para os quatro períodos de tempo em que o filme se passa: 1955, 1985, 1985-A (a versão alternativa do presente, em que Biff dominou a cidade) e 2015. Rick Carter começou olhando para o primeiro filme em busca de pistas não só sobre como recriar o cenário original, mas também como estender e expandir esses temas visuais para bolar uma visão original, porém coerente, para a série. "Era diferente de qualquer outro filme, em que você podia filmar em um lugar que de fato existia", diz Carter. "Neste caso, ele certamente existia na cabeça de todo mundo, porque a primeira produção era muito boa, o filme fez muito sucesso e a praça da cidade era muito icônica. Eu sabia que Hill Valley era o coração e a alma do filme, visualmente falando."

"Recriar 1955 foi muito divertido, no sentido de que tivemos de reimaginar algo que sabíamos que todo mundo já tinha visto", continua ele. "O desafio, é claro, foi projetar isso não só no futuro, mas também na versão alternativa do presente, batizada de Biffhorrific por Bob e assim chamada na época. No primeiro *De Volta para o Futuro*, dava pra ver como eles demonstravam um tipo de carinho em relação à época que estavam apresentando, então eu também queria fazer isso. Nós criamos uma versão alternativa terrível de 1985, uma 'Las Vegas misturada com Bangkok misturada com uma Nova York abandonada', uma versão do início dos anos 1970 de uma cidade arruinada. Sexo e poluição eram predominantes nessas cenas e havia uma ênfase no valor do dinheiro. Dava pra brincar com diversos elementos e muitas coisas para expressar com toda a sinalização e iluminação. Foi muito divertido."

Joanna Johnston também achou um desafio saudável continuar o trabalho que outra pessoa começou. As contribuições de Deborah Lynn Scott para o primeiro filme foram tão memoráveis quanto o design de produção de Larry Paull e sua sucessora estava determinada a preservar a integridade do projeto original, além de acrescentar seus próprios toques pessoais. "O trabalho de Scott foi realmente bastante desafiador", ela diz. "Seu estilo era muito interessante para mim, porque não sou americana e até então nunca tinha vivido nos Estados Unidos. Eu estava chegando e conhecendo toda a bagagem cultural das roupas americanas. Era totalmente diferente do que estava acontecendo em Londres na época, mas eu tinha de fazer isso. Não havia nem mesmo a possibilidade de mudança, porque eu estava pegando o bastão de outra pessoa. É preciso honrar isso."

O desafio foi menor nos períodos de tempo mais fantásticos do filme, como 1985-A e 2015. "Biffhorrific, bem, foi bem isso", diz Johnston. "Era tudo o que podia existir de mais errado. Bob queria que Lea Thompson parecesse cafona e vulgar, então colocamos uns peitos falsos nela com um decote enorme. Todas as roupas dela são completamente revoltantes, assim com as de Biff. Isso é fácil, porque basta você ir para o lado errado. Acho que isso compensava o que o resto do filme estava fazendo com o futuro otimista de Hill Valley."

Ao projetar o futuro, a equipe pôde flexionar seus músculos criativos. É verdade que a ordem de "não ser um *Blade Runner*" só pôde ser seguida até certo ponto, mas o roteiro de Bob Gale dava pistas valiosas sobre como os Bobs queriam que o século XXI aparecesse na tela. A tecnologia seria mais onipresente, mas de uma forma eficiente e prestativa, não opressiva. Em vez de tentar prever os rumos da tecnologia no mundo real e projetar essas suposições na tela, Gale foi para o lado do humor, revisitando algumas das cenas do primeiro filme, como quando Marty inventa o primeiro skate, e incluindo algumas piadas para zombar da cultura popular dos anos 1980, como as aparentemente intermináveis sequências de *Tubarão* e até mesmo a rápida aparição do próprio *Roger Rabbit* de Zemeckis.

No entanto, mesmo sem tentar, os cineastas fizeram alguns prognósticos precisos. Por exemplo, os moradores de Hill Valley têm aparelhos digitais que lhes permitem fazer pagamentos rapidamente, como o velho Biff faz depois de sair do táxi. Na verdade, a tecnologia de impressão digital está completamente integrada no futuro de Zemeckis e Gale, sendo usada, entre outras coisas, para abrir portas, assim como se tornou uma forma comum de bater o ponto no local de trabalho e desbloquear telefones nos últimos anos. "O pior crime seria cortar os dedos das pessoas", disse o diretor para sua equipe antes das filmagens. "As pessoas vão cortar os dedos, levá-los

DE VOLTA PARA O FUTURO - BASTIDORES

ao banco, ao caixa eletrônico, e sacar seu dinheiro." Muitas coisas aconteceram desde a inclusão profética no filme da videoconferência, das televisões multicanais e das telas planas. No futuro de Hill Valley, a cirurgia plástica tornou-se fácil e comum. O rosto de Doc Brown ficou mais jovem após ele visitar uma "clínica de rejuvenescimento" e os observadores mais detalhistas vão notar a presença da Bottoms Up, uma empresa de aumento de seios, cujo anúncio pode ser visto na televisão de McFly e no plano de fundo de algumas cenas do futuro. Há correspondência escrita instantânea, embora o filme, de forma imprecisa, previsse uma expansão da tecnologia do fax, que, é claro, foi substituído no mundo real pelo e-mail e torpedos telefônicos. Tanto no 2015 fictício como no real, a publicidade é praticamente onisciente, como o comercial do aparelho de conversão para carros voadores de Goldie Wilson III, que é transmitido sobre a praça, e anúncios direcionados individualmente são de fato parte da vida cotidiana hoje em dia – só não é muito comum que apareçam na forma de um grande tubarão digital projetado da marquise de um cinema.

Talvez o melhor e mais subestimado exemplo de uma piada de Gale que se transformou em realidade pode ser encontrado na segunda versão do roteiro. Marty sem querer se depara com um show de Huey Lewis and the News, mas logo percebe que a banda não está realmente lá – trata-se de um holograma realista em um palco de teatro, preservando eternamente seus ídolos na sua melhor condição física. No mundo real, a tecnologia holográfica para shows já tem sido usada pelo menos desde 2012, com artistas já falecidos, como Michael Jackson, Tupac Shakur e Lisa "Left-Eye" Lopes se "apresentando" diante de milhares de pessoas.

O animador John Bell, que provou ser um acréscimo valioso à equipe criativa, desenhou muitos dos detalhes acessórios do cenário do futuro. Mesmo em sua primeira versão, elementos específicos, como carros voadores, tinham sido escritos para a parte de 2015 do filme. Anos antes de Gale apresentar o seu primeiro esboço para a Universal, durante aquele período de "pré-produção não oficial", a Amblin e a ILM deram pequenos passos para conseguir que a continuação recebesse luz verde, o que incluiu criar elementos da paisagem futurística de Hill Valley. "Eu trabalhava há menos de um ano na ILM na época", diz Bell. "Eu tinha acabado de fazer *Jornada nas Estrelas IV: A Volta para Casa* e estava esperando outro projeto. Naquela época, havia apenas duas outras pessoas no departamento de arte comigo. Uma das produtoras da ILM, Patty Blau, veio ao departamento de arte, sabendo que não havia muita coisa acontecendo, e me falou do projeto. Até ali, tudo o que sabíamos era que Bob estava indo trinta anos para o futuro e havia uma coisa chamada 'skate flutuante'. Eles me pediram para apresentar algumas ideias."

Ao longo das seis semanas seguintes, Bell criou dezenas de imagens detalhadas: uma praça vibrante, o interior do laboratório de Doc e o tribunal de Hill Valley, com grandes vidraças acima do relógio e um monotrilho nas proximidades. O trabalho foi enviado para o diretor, que o deixou esquecido enquanto as filmagens de *Roger Rabbit* começavam, em dezembro de 1986. Bell começou a trabalhar no filme de 1988 de Ron Howard, *Willow: Na Terra da Magia,* sem pensar mais em *De Volta para o Futuro*, até

DE VOLTA PARA O FUTURO - BASTIDORES

receber um telefonema de Rick Carter em agosto. "O filme recebeu o sinal verde e estamos nos preparando para começar", disse ele. "Nós temos um roteiro agora. Você pode vir para Los Angeles e criar alguns desenhos para alguns veículos e momentos específicos?" A viagem de três semanas a Los Angeles planejada por Bell acabou durando meses.

Bell e Johnston trabalharam juntos nos conceitos de alguns dos trajes futuristas, particularmente no visual de Griff, neto de Biff, e sua gangue. Remetendo novamente ao filme original, os Tannen antagônicos ganharam um bando de valentões para desfilar com eles em cada período de tempo. Os figurinos para a gangue de 2015 teriam de parecer não só intimidativos e diferentes, mas congruentes com a paleta criada pelo departamento de arte. Essa era uma tarefa que exigia muita atenção e o trabalho começou assim que o animador e a figurinista foram contratados. "Desenhar para o futuro foi fácil. É só usar certos tecidos, couros e acessórios. Eles eram praticamente todo monocromáticos, com apenas alguns detalhes", diz Johnston. "Para a garota, mantive a mesma linha, mas eu a deixei bem feminina. Ela era muito bonita, meio andrógina. Era moderna – sexy e durona ao mesmo tempo."

"A coisa mais característica de Bob é que ele não tem medo do caminho a seguir", continua Johnston. "É por isso que reúne pessoas que pensam igual a ele em torno de si. Embora eu estivesse muito apreensiva com o trabalho, porque era nova naquilo tudo, eu sabia que poderia fazer as coisas mais loucas e que ele ficaria feliz com isso, enquanto um monte de diretores prefere te amarrar mais."

A visão de Zemeckis do futuro e a necessidade de aumentar a funcionalidade da tecnologia também se estenderam para o vestuário. Ele não queria que os designs fossem só originais, eles deveriam ser práticos também. Uma de suas ideias foi que, no futuro, as lojas de roupas não teriam vários tamanhos do mesmo item. Se as pessoas crescessem e precisassem de um tamanho maior, por que deveriam ter de jogar fora suas roupas velhas? Em vez disso, todas as roupas teriam tamanho único e se ajustariam ao corpo de cada um. O resultado foi a jaqueta retrátil de Marty e os tênis Nike Mag, que se amarram sozinhos. Johnston fez a jaqueta de borracha por causa de outra ideia de Zemeckis: "Faça de um jeito que não seja preciso lavar na lavanderia. Você pode só usar um esguicho".

Quando Johnston foi contratada, Frank Marshall disse a ela que uma parte do seu trabalho envolveria trabalhar com a Nike em produtos para o filme. O produtor executivo se tornou próximo de Pamela McConnell, da empresa de calçados, quando Michael J. Fox foi contratado para o primeiro filme. Deborah Lynn Scott o vestiu no camarim e o apresentou a Zemeckis, seus produtores e o Trio da Amblin, mas não se preocupou em calçá-lo com sapatos específicos para Marty. O ator estava usando um par de tênis Nike Bruins brancos de cano baixo com o logo da empresa em vermelho quando foi provar o figurino e Zemeckis o instruiu a continuar com eles. Eram perfeitos. No dia seguinte, Scott ligou para Marshall, fora de si. Ela saíra naquela manhã para tentar comprar dez pares para usar nas filmagens, mas nenhuma das lojas locais tinha o tênis. O modelo que Fox havia usado era de uma coleção anterior e não estava mais à venda. Marshall ligou para alguns amigos que trabalhavam para a Nike, que o apresentaram a McConnell. Ele explicou a situação e ela se prontificou a ajudar. Pode ser porque a inserção de produtos não era tão comum em meados dos anos 1980, mas a Nike não cobrou um centavo da Universal. Eles enviaram dez pares de tênis e uma bela visão do futuro de Zemeckis, e a necessidade de um relacionamento mais próximo entre os produtores e a empresa começou, e mantém sua força até hoje.

No início, Joanna Johnston não estava nem aí para a atratividade dessa parceria. A figurinista achava que não podia expor sua opinião, mas não estava nem um pouco entusiasmada por ser forçada a trabalhar com uma marca. Ela achava falsa a inserção de produtos e, além disso, não conseguia entender a obsessão norte-americana pelo tênis. Em suas primeiras semanas nos Estados Unidos, Johnston foi surpreendida pela difusão da cultura dos tênis no país. No estúdio, Zemeckis usava tênis diariamente e, para sua surpresa, até mesmo o sr. Steven Spielberg usava tênis quando visitava a cidade cenográfica. Ela estava acostumada a trabalhar com diretores ingleses que usavam paletó e sapatos quando iam ao set, não com adultos que apareciam para trabalhar usando as mesmas roupas que adolescentes do shopping local. Ela achava tudo aquilo não só distintamente norte-americano, mas californiano – e achava isso da pior maneira. Sua opinião mudou quando Zemeckis apareceu com outra ideia conceitual. Ele disse a Johnston que os tênis não iriam sair de moda e, na verdade, se tornariam mais femininos com o tempo, para que pudessem ser mais atrativos para as mulheres, prevendo até mesmo uma tendência de tênis de salto alto no futuro. Isso desencadeou a inspiração – ela não precisava trabalhar dentro dos limites dos modelos existentes. Talvez houvesse coisas criativas que a empresa esportiva pudesse oferecer. Ela fez uma reunião com a Nike e juntos criaram os sapatos que se amarravam sozinhos, entre outros calçados futuristas.

Com alguns dos figurinos prontos, John Bell prosseguiu trabalhando nos elementos do cenário da Hill Valley futurista. Embora quisesse levar o visual do filme para décadas no futuro, o ilustrador foi cauteloso para não sair muito do que já era conhecido. Ele implementou uma "regra 15:85", uma razão de elementos irreconhecíveis para elementos reconhecíveis utilizada no processo de design. Por exemplo, considere o conceito de Bell para uma caixa de correio do Federal Express. Em seu esboço original, ela se parece muito com um recipiente padrão dos correios dos EUA, que pode ser encontrado em qualquer esquina do país, mas tem um monitor digital vermelho onde uma pessoa pode incluir seu endereço e outras informações de envio. Qualquer um que olhar para o desenho pode identificar facilmente o objeto e seu propósito, mas há elementos que o fazem parecer um pouco estranho.

Em *De Volta para o Futuro*, Steve Gawley, o supervisor de modelagem da ILM, supervisionou a construção da miniatura do DeLorean usada para o efeito visual do final do filme, quando Marty, Doc e Jennifer voam até o futuro. O modelo em pequena

91 32c   94A 94B   41Aa   36A 108

31A 31B   93A 34 32A   33 112   31c   109c 93B 41B   32B   98A 41Ab   43   98B

"SPIKE" 3A "GRIFF" 4 "WHITEY" 2 48A 48B 114 "HECK" 5 103 110 47 46 45

DE VOLTA PARA O FUTURO - BASTIDORES

escala foi filmado diante de uma tela azul, com os movimentos da miniatura controlados por um computador, que enviava as informações a um servomotor, um pequeno dispositivo que permite precisão na aceleração, posição angular e velocidade do objeto ao qual é atribuído. Como a máquina do tempo voadora teria uma maior importância na continuação, a equipe da ILM criou um novo modelo na escala 1:5, mas desta vez o dispositivo era muito mais complicado. Havia indicadores de direção, uma porta que abria e luzes que funcionavam completamente, incluindo um capacitor de fluxo que piscava. No total, havia mais de vinte componentes que funcionavam, o que permitia que Zemeckis intercalasse perfeitamente as filmagens do carro real e as do modelo. Para completar a ilusão, havia também dois fantoches de 38 centímetros acionados por servomotores que replicavam os personagens de Marty e Doc, a mesma tecnologia usada para fazer Elliott e o E.T. andarem de bicicleta diante da silhueta lunar.

O personalizador de carros Gene Winfield construiu um modelo em escala real do DeLorean em fibra de vidro que poderia ser usado para as filmagens por Michael Lantieri, o supervisor de efeitos especiais, vaga que pertencia a Kevin Pike no primeiro filme. O carro falso poderia, assim, ser baixado no quadro por meio de um guindaste para dar a aparência de uma aterrisagem suave. Em relação aos demais veículos futuristas, alguns eram modelos, enquanto outros, como as motos da polícia projetadas por Tim Flattery, foram construídos sobre máquinas anteriormente funcionais. Devido a questões orçamentais, as motos foram feitas a partir de duas Kawasaki Ninja 250. A distância entre os eixos das motocicletas utilizadas não batia com os desenhos de Flattery, então foi preciso fazer concessões na construção dos objetos de cena. Qualquer um que passasse pelas motos paradas no set poderia ver dois conjuntos extras de rodas saindo da parte inferior, pois não era possível deixá-las totalmente escondidas.

Com o roteiro pronto e o elenco e a equipe quase fechados, tornou-se cada vez mais importante lidar com a questão de George McFly. Bob Gale não tinha a menor indicação de que Crispin Glover iria reconsiderar e aceitar a oferta final para que aparecesse no filme, forçando a equipe de produção a começar a pensar em maneiras de substituí-lo. Por mais que não quisessem, substituir Claudia Wells por Elisabeth Shue foi uma troca relativamente indolor. É óbvio que as duas atrizes tinham uma aparência diferente, mas essa era uma preocupação nominal. Jennifer era um personagem menor no primeiro filme e mesmo que fosse aparecer mais tempo nas sequências ela estaria inconsciente durante a maior parte e seria basicamente um acessório no enredo. Por outro lado, com trechos de *Paradoxo* revisitando momentos do primeiro filme, a necessidade de escalar um ator que se parecesse muito com Glover era óbvia. Conforme a produção se aproximava, isso se tornou cada vez mais predominante na cabeça dos produtores, até que Sophie apareceu novamente para oferecer uma alternativa – desta vez sobre como resolver o problema com George McFly.

VOCÊ É GEORGE MCFLY

SEGUNDA-FEIRA, 20 DE FEVEREIRO DE 1989

Era uma cena muito familiar na cidade cenográfica da Universal, que tinha sido transformada novamente em Hill Valley, 1955. Robert Zemeckis revisava a cena seguinte com Dean Cundey; Bob Gale e Neil Canton verificavam se a equipe tinha chegado e, em outro lugar, em seu trailer, Christopher Lloyd se enchia de ansiedade. O primeiro dia de filmagem de qualquer filme carrega uma quantidade normal e saudável de nervosismo, mas o que o ator estava passando ia além do padrão médio de trepidação. Enquanto esperava ser chamado no set, Lloyd revisava suas páginas. A cena a ser filmada, a primeira de *Paradoxo*, revisitava uma cena crucial de *De Volta para o Futuro*, logo após um raio atingir a torre do relógio e Marty I, o Marty original do primeiro filme, ser enviado de volta a 1985. Marty II, aquele que retorna aos anos 1950 na tentativa de capturar o *Almanaque dos Esportes*, agarra Doc pelos ombros e faz com que ele desmaie. O ator agora tinha o fardo adicional de não só recriar seu personagem, mas também incrementar uma mesma cena do primeiro filme.

Embora o clima no set estivesse caracteristicamente leve, o ator sabia que havia muita coisa acontecendo na sequência. *De Volta para o Futuro* foi o filme com a nona maior bilheteria de todos os tempos nos Estados Unidos e, embora ninguém dissesse isso abertamente, o ator sentia não ser o único preocupado com o sucesso da continuação. Cópias em vhs do primeiro filme podiam ser encontradas facilmente no set e quando

CASEEN GAINES

Zemeckis viu que o ator estava nervoso os dois se sentaram e assistiram à cena da torre do relógio do primeiro filme. Lloyd ainda se sentia nervoso, mas um pouco mais confiante. Ele foi até o conhecido set, encontrou Michael J. Fox – que já havia trocado o traje clássico de Marty do primeiro filme por "algo discreto", uma jaqueta de couro preto sobre uma camiseta marrom – e filmou a cena. Quando as câmeras começaram a rodar, tudo voltou na mesma hora para ele. Para Christopher Lloyd, fazer o papel de Doc Brown, no fim, era muito como andar de bicicleta.

Foi decidido desde o início que o VHS do primeiro filme seria um dos participantes mais valiosos da equipe de produção durante a filmagem de *Paradoxo*. Algumas semanas antes do início da filmagem principal, o elenco e a equipe foram convidados para ir até a Amblin assistir a *De Volta para o Futuro*. O objetivo declarado era que os atores se lembrassem de suas atuações no primeiro filme, mas havia uma vantagem adicional. Rever o filme original lembrou muitos deles de como aquele filme era especial e da obrigação que eles tinham com o público de fazer o melhor trabalho possível. O roteiro de *Paradoxo* era instigante, desafiador e, certamente, não indicava ser um caça-níqueis por parte dos Bobs. Era óbvio que os dois criadores se preocupavam com seus personagens e enquanto a equipe que trabalharia em *Paradoxo* via Lorraine e George se beijarem na telona, eles se lembravam de que também se preocupavam com aqueles personagens. A filmagem da sequência certamente seria cansativa e, com as exigências técnicas extras, talvez até mais complicada do que o filme original, mas havia um entendimento silencioso de que todo mundo iria pegar um remo e ajudar a manter o barco à tona.

Mas embora a exibição na Amblin tivesse sido uma reunião agradável para os membros de *De Volta para o Futuro* que estavam voltando ao trabalho, um membro do elenco estava visivelmente ausente – Crispin Glover. O vaivém sobre se o ator voltaria ou não continuou até bem depois do resto do elenco principal ser contratado, até poucas semanas antes do início das filmagens. "Quando estávamos em pré-produção, Elaine Goldsmith nos ligou dizendo que Crispin agora achava ter cometido um erro ao decidir não voltar para a continuação", diz Bob Gale. "Eu disse a ela que consideraríamos trabalhar com Crispin, mas que o papel seria pequeno, pois nós não podíamos reescrever o roteiro para ele. Ele foi ao escritório, encontrou-se com Bob Z, Bob contou a história a ele e Crispin pareceu disposto participar. Quando Elaine me ligou, eu lhe disse que pagaria a ele o mesmo salário semanal que Tom Wilson estava recebendo, nem um centavo a mais. Frisei que não negociaria; era pegar ou largar."

"Crispin não gostou do valor", ele continua. "Então dispensou Elaine e contratou novos agentes, John Gaines e Gerry Harrington, ambos já falecidos. Eles me ligaram e eu lhes disse exatamente a mesma coisa: nosso orçamento estava congelado, já estávamos preparados para fazer o filme sem Crispin e não nos importávamos se ele dissesse sim ou não. Também disse que, se eles voltassem e tentassem negociar um salário maior, eu responderia com uma proposta do tipo pegar-ou-largar ainda menor. Bem, foi isso o que aconteceu. Eles pediram um valor maior, então eu fiz uma oferta de 5 mil a menos por semana e Crispin encerrou a negociação."

DE VOLTA PARA O FUTURO - BASTIDORES

Começava a busca por um novo George McFly. No entanto, substituir Glover se provou rapidamente ser mais fácil de falar do que de fazer. Assim como eles tinham feito quando finalizaram o primeiro filme com Jennifer no DeLorean com os dois protagonistas, os Bobs haviam criado um impasse com o enredo da continuação que haviam inventado. A ideia de Zemeckis de revisitar o primeiro filme era inovadora, mas mesmo a redução mais drástica do papel do patriarca McFly no filme ainda exigiria que ele aparecesse – e se parecesse pra caramba com sua figura na primeira parte da série. Embora Claudia Wells também não fosse voltar para a continuação, era menos importante para a narrativa que sua aparência física permanecesse constante. Elisabeth Shue em um figurino idêntico funcionaria, mas como o baile "Encanto Submarino" era tão crucial para o filme original, assim como o papel de George nele, os Bobs precisavam bolar um plano.

Coincidentemente, a resposta para o problema estava praticamente debaixo de seus narizes. Enquanto os Bobs estavam trabalhando na Amblin, o ator Jeffrey Weissman trabalhava nos estúdios da Universal, interagindo com os visitantes fazendo imitações de Groucho Marx, Stan Laurel e Charlie Chaplin – um trabalho que fazia havia anos. Depois de um dia de trabalho, ele recebeu um telefonema inesperado de um amigo seu que era agente.

"Você sabe quem é Crispin Glover?"
"Claro. Eu trabalhei com ele em um projeto no American Film Institute há alguns anos."
"E você é da altura dele?"
"Acho que sou um pouco mais baixo." Ele pensou por um segundo. "Espere, alguém está procurando um dublê para o Crispin Glover?"
"Sim."
"É para a continuação que estão fazendo de *De Volta para o Futuro*?"

Ele não conseguia conter a emoção. Como milhões de outros, Weissman tinha visto *De Volta para o Futuro* no cinema e estava ansioso pelo lançamento do novo filme. Embora gostasse de seu trabalho atual, seria obviamente mais benéfico trabalhar em um filme da Universal do que em um parque temático da Universal.

"Eu não estou autorizado a dizer", seu amigo respondeu. "Prometi manter segredo."

Alguns dias depois, o ator foi levado para uma entrevista e audição formal com a diretora de elenco Judy Taylor sob o pretexto de que poderia ser o dublê de fotografia de Glover. Ele leu uma cena do primeiro filme, em que George está pendurando roupas no varal e conversando com Marty. Quando ele saiu, viu outros atores que esperavam para fazer o teste. Nenhum deles se parecia muito com Glover, mas isso, o ator assumiu com precisão, não era um problema. Todos pareciam ser da mesma altura e ter a mesma cor de pele, então talvez estivessem concorrendo à vaga de dublê também. Depois de alguns dias, ele foi convidado para se reunir com o maquiador Ken Chase. Como o resto dos aspirantes, Weissman tem pouca semelhança com Glover, por isso

CASEEN GAINES

foram colocadas próteses de látex em seu rosto para ajudá-lo a se parecer menos consigo mesmo e mais com o tipo de George McFly que o público esperava ver na sequência. Mas não foram feitos moldes de seu rosto com antecedência, algo que o ator não achou estranho na hora. Em vez disso, as próteses faciais, utilizadas para a maquiagem de velhice de Crispin Glover no primeiro filme, estavam prontamente disponíveis, depois de terem sido retiradas do armazenamento, onde haviam sido mantidas até então.

Quando a transformação se completou, o ator foi levado para um teste de tela com Robert Zemeckis. "Aquela foi a primeira vez que encontrei Bob", diz Weissman. "Ele não me falou muita coisa. Ele só me dirigiu e a maior parte do material fez sucesso, aparentemente."

No que poderia ter sido um sinal vermelho para o ator se ele tivesse o benefício da retrospectiva, Zemeckis inclinou-se para Dean Cundey depois que o ator terminou sua cena. "O que você achou?"

"Acho que nós temos Crispin", disse o diretor de fotografia. "Crispin sem os problemas."

Na época, ninguém ali poderia ter previsto como aquela declaração poderia estar errada, especialmente Weissman. Em sua feliz ignorância, ele agradeceu, tirou a maquiagem e foi para casa. Acabou contratado e, um pouco antes do início das filmagens, ofereceram a ele o papel de George, mas não para ser um dublê ou substituto, como ele havia pensado no início. A Universal abriu as negociações com o agente do ator e ofereceu US$ 20 mil a Weissman. O representante do ator não podia acreditar na sua sorte.

Quando as gravações de *Paradoxo* começaram, o elenco que estava retornando trabalhou para encarnar seus agora icônicos papéis – e as diversas variações deles que apareciam ao longo do filme – para a sequência. Lea Thompson conseguiu retomar os maneirismos de Lorraine, mas achou que o maior desafio foi capturar a versão Biffhorrific da personagem, que ela descreve como a "diva bêbada, pobre e velha Lorraine alcoólatra". Além de Thompson ter de retratar essa versão extrema do personagem, a maquiagem, criada por Ken Chase – antes que ele deixasse a produção, após a segunda semana de filmagens, devido a uma disputa financeira sobre o seu salário –, a obrigava a se esforçar para atuar através do plástico.

"Foi horrível", diz ela. "Usar maquiagem de velhice é horrível, especialmente naquela época. Agora eles usam algo diferente, um pouco mais maleável, mas aquela maquiagem era muito dura. Era péssimo. Você está colando uma coisa no seu rosto – eu ficava com bolhas no pescoço. É difícil para um ator reclamar, porque nós temos muita, muita sorte, mas sempre que você vir perucas, maquiagem e roupas de época imagine usar essas coisas durante doze horas. É muito doloroso."

Por mais inibidora que a maquiagem fosse, as próteses físicas usadas para as cenas Biffhorrifics na verdade ajudaram a atriz a entrar no personagem. A prótese que

LEA THOMPSON em três momentos: nos anos 1950 com George (acima), em 2015 (esquerda) e na versão alternativa de 1985 (direita), como a diva bêbada e alcoólatra

BIFF na versão alternativa de 1985

DE VOLTA PARA O FUTURO - BASTIDORES

Thompson usou para fazer parecer que ela havia feito uma cirurgia de aumento de mama ofereceu uma saudável dose de entretenimento ao set. Em uma ocasião, Steven Spielberg fez uma visita, deixou cair as chaves dentro do decote falso dela e as pegou de volta, para sua diversão. Outras vezes, quando a atriz estava usando apenas parte de seu figurino e ficava sentada na cadeira de maquiagem, ela fazia algumas pessoas engasgarem antes que percebessem que ela não estava realmente nua na parte de cima. "Eu simplesmente adorava aquela personagem", diz ela. "Adorava aquela sequência. Adorava aquele set. Adorava a cena em que eu saio do quarto quando Biff entra. Tem aquela cena feita por uma grua enorme que entra naquele cenário incrível que eles construíram no estúdio da Universal. Acho a sequência genial. É uma das minhas favoritas entre as que já fiz. Ultrapassou todos os limites, mas acho que essa parte toda foi fantástica. O fato de poder interpretar todos aqueles diferentes aspectos de uma mesma pessoa em diferentes circunstâncias e ser uma personagem tão interessante foi uma grande sorte para mim. Agora, no meu portfólio, coloco esses papéis, especialmente o de Lorraine em *De Volta para o Futuro – Parte II*. Ninguém me dá um papel de diva e eu falo 'Cara, eu fiz isso quando tinha 23 anos! Eu posso fazer ainda melhor agora'."

Tom Wilson também achou o processo de maquiagem de *Paradoxo* desgastante, para dizer o mínimo. Durante a maior parte das filmagens, ele teve de suportar seis horas de aplicação de maquiagem, às vezes também uma prótese de gordura, para poder interpretar as várias versões da família Tannen no filme. Para conseguir estar no set às 10h, os dias de Wilson muitas vezes começavam na cadeira de maquiagem às 3h30 da manhã. Ele filmava durante sete horas ou mais e depois começava o processo mais fácil – mas ainda demorado, por volta de uma hora de duração – de retirar a maquiagem e se transformar novamente em si mesmo. Às vezes, o cronograma de filmagens exigia que ele começasse o dia com próteses pesadas, mas terminasse de cara limpa, como quando o ator filmou a cena em que o velho Biff dá ao jovem Biff o *Almanaque dos Esportes* na parte de 1955 do filme. Além de ser obrigado a trabalhar com próteses desconfortáveis, o ator acabou cheio de feridas, com o rosto e o pescoço gravemente irritados e empolados – um efeito colateral de uma substância química ligeiramente tóxica que os maquiadores costumavam utilizar para remover rapidamente o látex dos rostos dos atores – após cada dia de filmagem e que, se necessário, seriam simplesmente cobertas com mais maquiagem para que Wilson pudesse continuar trabalhando.

Embora possa parecer a decisão óbvia, usar os mesmos atores para interpretar suas versões mais velhas no primeiro filme foi uma ideia inovadora. Os Bobs se comprometeram totalmente a fazer isso dar certo, acreditando que seria mais gratificante para o público ver o mesmo ator quando Marty volta a 1955. Durante as audições, todos os atores que faziam os testes para viver Lorraine, George e Biff tiveram de passar por um teste de maquiagem antes de serem convidados para os respectivos papéis. Para Thompson, ser incumbida de se estender como atriz para retratar alguém muito mais velho do que ela a deixou confiante em relação ao projeto e aos cineastas que a dirigiam. "É mágico quando você vê Lorraine no passado pela primeira vez depois

CASEEN GAINES

de vê-la tão triste e abatida em 1985", diz ela. "Quando você a vê pela primeira vez, na década de 1950, ela é jovem e cheia de vida. Isso aumentou muito a dimensão do personagem. É uma dos motivos de as pessoas irem ao cinema. O fato de que eles tinham tanta fé em que eu, Crispin e Tom Wilson daríamos conta foi realmente demais."

Embora as operações no dia a dia da produção do filme fossem na maior parte iguais, a atmosfera no set ao filmar *Paradoxo* tinha um pouco mais de pressão, em parte por causa da expectativa do público e dos executivos do estúdio, mas principalmente porque a sequência era mais ambiciosa tecnicamente do que seu antecessor. O estudo de caso perfeito é a cena em que Reese e Foley, duas policiais interpretadas por Mary Ellen Trainor, a esposa de Zemeckis na época, e Stephanie E. Williams levam Jennifer para seu futuro lar em Hilldale. O diretor esperava filmar o pouso do carro de polícia começando sob o veículo até que a porta se abrisse, com as três saindo em uma única longa tomada. Havia muito nervosismo no set naquela noite, alguns membros da equipe estavam estressados pelo fato de a esposa do diretor estar envolvida em um papel pequeno – ela e as outras duas atrizes estariam no carro enquanto ele era baixado até o chão. Para complicar ainda mais, era uma das últimas noites que a equipe de produção tinha para filmar na locação, na esquina da Oakhurst Street com a Somerset Avenue, em El Monte. A luz ia desaparecendo à medida que o sol se punha e, claro, o carro não estava funcionando. Na concepção e construção do carro, Tim Flattery embutiu um canal para que uma empilhadeira de tamanho industrial pudesse ser conectada na parte de baixo e ele pudesse ser levantado. O resultado, no mundo ideal, seria uma cena limpa, sem quaisquer truques de efeitos especiais aparecendo. Como uma técnica semelhante era utilizada em um dos DeLorean voadores, Michael Lantieri esperava que a operação desse carro de efeitos fosse a mesma. Cerca de meia hora antes de a filmagem começar, um dos membros da equipe entrou na empilhadeira e se preparou para o ensaio. Ele se conectou ao carro de polícia, começou a levantar e...

"Está amassando! A empilhadeira está amassando o carro!" A parte traseira do veículo estava no ar, mas a parte da frente permanecia no chão. A equipe de efeitos não estava usando uma máquina com uma bitola adequada para suspender o carro no ar. O homem dentro da empilhadeira olhou pela janela e cuspiu um pedaço enorme de tabaco de mascar.

"Eu sei que essa porra está amassando."

Em vez de parar, ele continuou erguendo o carro, correndo o risco de danificar não somente a empilhadeira, mas também o veículo personalizado que levara muitos meses para ser projetado e construído. Quando ele finalmente parou, a traseira do veículo estava a quase dois metros do chão, com o nariz voltado para baixo, como um carro de montanha-russa antes da primeira grande descida. Uma descrença audível começou a crepitar entre a equipe.

"Puta merda."

192

DE VOLTA PARA O FUTURO - BASTIDORES

"Como é que vamos fazer ele descer?"
"Bob. Cadê o Bob? Alguém chama o Bob."

"Deixa eu ver isso." Zemeckis estava indo até a cena do incidente, enquanto os membros da equipe andavam apressados à frente dele, como irmãos tentando avisar ao irmão mais velho que o pai está vindo. Então ele viu. "Quanto nós gastamos com esta porra de carro?"

"Foi uma longa noite", diz Tim Flattery. "Eu nunca tinha visto ele surtar por qualquer motivo. Nós tinhamos filmado todas as noites daquela semana e aquela era a última cena. De repente, esse problema era dele. Ele virou a esquina e viu aquele carro pendurado no ar. Foi horrível."

A equipe conseguiu baixar o carro, mas agora precisava bolar outra forma de fazer o carro funcionar na filmagem. No calor do momento, era difícil saber quem tomou a decisão, mas ficou claro que havia sido tomada. Alguém pegou um martelo e retirou a parte inferior do carro. Como a empilhadeira não podia mais ser conectada na parte de baixo, ela foi presa ao chassi do carro, sua estrutura principal, que cobria toda a metade traseira do veículo. A cena concebida originalmente agora seria impossível, já que apenas a frente do carro estava adequada para as filmagens. O resto do carro estava agora coberto por correntes, necessárias para permitir que ele fosse levantado do chão e baixado novamente com segurança e sem sobressaltos. Com o sol se pondo a um ritmo rápido, havia uma chance de que toda a montagem acabasse indo para o lixo. Foi feito um teste no recém-modificado mecanismo e, apesar da crise de confiança da equipe em relação às alterações, tudo correu bem. As três atrizes entraram no carro, o operador o levantou, o diretor deu o sinal de ação e a grua baixou. Antes do fim da noite, eles conseguiram filmar a cena, apesar de não ter ficado exatamente como Zemeckis queria.

"Quando você é um designer conceitual e alguém encarregado de fazer essas coisas chegarem a uma conclusão, seu trabalho é dar ao diretor a sua visão", diz Flattery. "Tanto faz se for a cena ou a estética, é para isso que você foi contratado. Se algo der errado e ele teve essa visão durante todo o tempo de pré-produção, você se sente péssimo. Você se sente como se o tivesse decepcionado. Essa foi uma grande experiência de aprendizado para mim em relação a como eu passei a fazer minhas construções em filmes a partir de então e também os processos de testes. Eu agora mantenho uma comunicação constante com os diretores, do tipo 'O que você está pensando em fazer com isso no dia?'. Porque aí eu consigo deixar tudo pronto."

Enquanto *De Volta para o Futuro* era algo desconhecido para o elenco e a equipe anos antes quando o rodaram, desta vez todos eles estavam cientes das expectativas – e sentiam a pressão todos os dias. "Foi muito mais difícil", diz Neil Canton. "Primeiro de tudo, aonde quer que você fosse, as pessoas perguntavam: 'Em que filme você está trabalhando?' Você dizia a eles que era *De Volta para o Futuro – Parte II* ou *Parte III* e eles

193

CASEEN GAINES

falavam: 'Ah, uau, nós amamos *De Volta para o Futuro*. O que acontece com o Doc? O que acontece com o Marty?' Havia muito mais pressão sobre a gente para fazer algo que fosse tão bom quanto. Todos nós sentimos isso. Bob, obviamente, também sentia isso, porque ele era o diretor do filme, um filme que fez muito sucesso. Nós sempre sentimos que tínhamos de ir um pouco além para que pudéssemos trazer algum tipo de frescor e originalidade para o *ii* e o *iii*. Filmamos mais, foi difícil para os atores. Sei que Chris estava preocupado se ele conseguiria voltar para onde Doc Brown estava no primeiro filme. Ele conseguiria fazer aquilo de novo? Ele conseguiria duplicar aquela atuação? Michael estava preocupado com isso também. "Muitas das pessoas da equipe estavam de volta e todos sentiam isso", ele continua. "Nós começamos a nos perguntar: se você fez alguma coisa da direita para a esquerda no primeiro filme, devemos fazer da esquerda para a direita neste filme? A gente começou a questionar tudo. Nossa intenção original nunca foi fazer uma continuação. Eu não quero dizer que não foi divertido, porque fazer um filme é sempre divertido, mas se tornou diversão mais trabalho. A expectativa fez o sentimento de trabalho aumentar. Nós não queríamos decepcionar ninguém, mas no final é preciso assumir que a gente sabe o que é melhor."

O ator Wesley Mann se lembra de sentir um grau semelhante de pressão ao fazer sua estreia no filme. Ele apareceu em um papel pequeno, mas inesquecível, um personagem a quem os créditos do final do filme se referem como "Garoto RCP". A romantização do filme o chama de "Lester", mas a maioria dos fãs da franquia o conhecem como "O Cara da Carteira". No segmento de 1955 da *Parte ii*, logo antes de George colocar Biff para fora do baile "Encanto Submarino", Zemeckis estava tentando evitar se comprometer novamente com um movimento de câmera complicado. "A primeira cena do dia foi uma tomada complicada feita por uma grua computadorizada que começa na sala do diretor quando ele joga o *Almanaque dos Esportes* no lixo", diz Mann. "Ela se eleva para mostrar o carro chegando e a discussão com Biff do lado de fora da janela. Isso levou cerca de três horas para ser preparado. Foi sutil, mas havia certamente uma sensação de estarmos sendo observados pelo diretor da escola. As pessoas estavam se perguntando se conseguiríamos levar a cabo essa tomada. Durante as filmagens, Michael fez alguma alusão à diferença entre os dois filmes. Ele disse 'Nós fizemos o primeiro dentro do prazo. Não sei se vamos conseguir no segundo'."

Reencenar o baile "Encanto Submarino" foi uma experiência única. "Quando nós recriamos aquela cena para a *Parte ii*, lembro de me sentir numa espécie de túnel do tempo", diz Bob Gale. "Como se eu pudesse sair do nosso set no Estúdio 12, que decoramos igual à primeira vez que filmamos, e estivesse no estacionamento da Igreja Metodista de Hollywood em 1985, onde filmamos o baile para a *Parte I*." A sensação do produtor era compartilhada por várias pessoas que estiveram presentes nas filmagens da cena em ambos os filmes. Mas, além de sentimentos de *déjà vu*, também houve complicações inerentes à tentativa de recriar a cena em todos os detalhes. Os adereços e figurinos do primeiro filme tiveram de ser desenterrados de um armazém ou fabricados novamente. O vestido rosa de Lea Thompson havia desaparecido, mas felizmente a atriz tinha um extra guardado de recordação do primeiro filme. Embora

DE VOLTA PARA O FUTURO - BASTIDORES

fosse fácil resolver o caso do figurino desaparecido, cada pequeno deslize aumentava a pressão que todo mundo estava fazendo o possível para ignorar.

Ainda que "o trabalho continua" fosse a regra para as gravações, para Harry Waters Jr. as filmagens da *Parte I* e da *Parte II* não poderiam ter sido mais diferentes. "Bob e os produtores não ficaram tão acessíveis durante a *Parte II* porque estavam muito ansiosos por fazer dois filmes ao mesmo tempo", diz ele. "Lembro que estávamos filmando no dia do Oscar e o diretor de fotografia e o editor estavam concorrendo pelo trabalho em *Uma Cilada para Roger Rabbit*. A equipe toda, o elenco e os extras pararam para assistir à premiação. Quando o editor ganhou, teve aquele momento de 'Sim, todas as pessoas que trabalham neste filme são vencedores e serão parte importante desta indústria'. Em seguida, voltamos ao trabalho. Nós sentimos que não poderíamos agir de forma muito louca durante as filmagens porque aqueles no comando estavam muito focados agora. Eles tinham muitas preocupações, então era assim: 'Chegue lá, faça o seu trabalho e pare de brincar com os figurantes'."

A presença de Jeffrey Weissman no baile também foi um pouco estranha, mas na verdade não foi muito diferente do resto do tempo que ele passou filmando a *Parte II*. Dependendo de qual lado da discussão você escolher ouvir, há muitas maneiras de descrever Weissman: ator, imitador, salvador, inclinado a ser um conspirador, vítima ou doença. Ele estava extremamente feliz por aparecer na sequência, mas seu entusiasmo diminuiu quando chegou ao set no seu primeiro dia. "Foi estranho", diz ele. "As pessoas tinham reações muito estranhas." Como Weissman usava próteses faciais feitas a partir dos moldes do rosto de Crispin Glover e não do seu próprio, o resultado era alguém que parecia levemente desfigurado e, certamente, nem um pouco natural. Durante uma pausa durante as filmagens de seu teste de tela, algumas semanas antes, Weissman encontrou alguns atores que estavam filmando *Dick Tracy* para a Disney na Universal. Embora vários desses atores estivessem usando maquiagem pesada para seus personagens, eles encaravam Weissman como se *ele* fosse o estranho. Assim que saiu de seu trailer no primeiro dia em que os dois trabalharam juntos, Michael J. Fox olhou demoradamente para o substituto de Glover, riu para si mesmo e fez uma agora profética declaração: "Ah, o Crispin não vai gostar disso".

Até certo ponto, a ausência de Glover pode ter sido bem recebida pelos Bobs, que não tinham mais de se preocupar com o curioso comportamento do ator durante a produção da sequência, mas isso não significava que a presença do George original não fosse sentida todos os dias no set. "Eu acho que Crispin estava na cabeça de todo mundo durante as filmagens", diz Weissman. "Durante as cenas do baile, quando Robert Zemeckis dizia 'Ação', ele às vezes gritava 'Lea!' e às vezes gritava 'Crispin!' – mas nunca 'Jeffrey'. Eu nunca me senti bem-vindo. Eu me sentia como uma doença."

"Eu ficava um pouco irritada com Jeffrey Weissman fazendo aquelas cenas comigo, para ser bem honesta", diz Thompson. "Aquilo era um pouco difícil para mim, porque o Crispin era fantástico. Ele foi muito gênio em *De Volta para o Futuro*, por isso era

CASEEN GAINES

difícil ele não estar lá. Isso deixava uma sensação amarga quando revisitavamos aquelas cenas. Na vida, o mal sempre existe junto com o bem, mesmo com algo tão incrível como *De Volta para o Futuro*. Crispin não fez as partes *II* e *III* e Eric foi demitido no primeiro, então havia um sentimento ruim, ao lado de todas as sensações maravilhosas de fazer esses grandes filmes. Sempre tem alguma pedra no seu sapato. Essas duas coisas eram isso para mim."

"Eu tinha um pressentimento de que não era agradável para ela", diz Weissman. "Não podia ser bom para ela, beijar um homem usando uma máscara. Me deram o teste de tela deles para assistir, para ver o trabalho de Crispin e aprender os trejeitos de George e tal. Nele, dá pra ver que os dois haviam trabalhado bastante juntos. Eles passaram muitas horas trabalhando naquele relacionamento e eu acho que ela provavelmente gostava muito de Crispin. Quando ela descobriu que ele não iria voltar, tenho certeza de que tudo ficou desagradável."

Os instintos de Weissman estavam corretos. Ao longo da produção de *De Volta para o Futuro*, Lea Thompson e Crispin Glover tinham se tornado muito próximos. Embora ela reconheça que ele era difícil no set, os dois notoriamente se davam muito bem. Costumavam ter longas conversas em seus trailers sobre tudo e sobre nada. Ele a cativava. Em certo momento, Glover convidou Thompson para ir até seu apartamento a fim de trabalhar em seus personagens para a versão revisada de 1985 no final do filme. Quando ela entrou, encontrou as paredes pintadas de preto, com quase nenhum móvel na sala de estar. O ponto focal era uma mesa de aço inoxidável para fazer exames médicos. Em vez de ensaiar as falas, ele a convidou para pintar um vulcão numa tela com ele. Para a satisfação dele, ela topou. Para ela, não foi um grande problema; no mundo de Crispin, faça como Crispin.

Weissman entendeu que não iria substituir o ator aos olhos dela e ele também não faria qualquer tentativa nesse sentido. "Lea nunca me chamou pelo nome", diz ele. "Enquanto estávamos na cadeira de maquiagem de manhã, ela raramente falava comigo. Após as filmagens, ela levou a mãe na Universal para fazer o tour. Fui cumprimentá-la e ela me apresentou como 'o ator que fazia o Crispin'. Ela não se lembrava do meu nome."

A reprovação de alguns no set pode ter ferido o ego de Weissman, mas a sua maior dor veio das exigências de fazer George McFly na cena na casa do Marty do futuro. No papel reduzido do personagem, Bob Gale criou um artifício no roteiro em que George travou as costas jogando golfe e, por causa disso, tinha de ficar suspenso de cabeça para baixo em uma cinta futurista para as costas. A ideia era que o efeito especial desorientasse o público e tornasse mais difícil para eles perceberem que não era o ator original na tela, principalmente com a maquiagem de idoso necessária. Para que Weissman ficasse mais à vontade, um equipamento especial foi construído de modo que pudesse fazer pausas entre as tomadas, uma vez que a equipe não podia, ou não queria, desconectar e reconectar o ator o dia todo. Isso ajudou, mas

196

¹ LORRAINE e seu futuro filho MARTY

² "Eu ficava um pouco irritada com JEFFREY WEISSMAN fazendo aquelas cenas comigo, para ser bem honesta", diz LEA THOMPSON.

CASEEN GAINES

Weissman, que não estava tão acostumado com longos dias de filmagem como alguns dos outros atores poderiam estar, desenvolveu uma dor agonizante nas costas e, consequentemente, passou muitas noites sem dormir. Com as sessões de maquiagem marcadas para às quatro da manhã e os dias de filmagem terminando perto da meia-noite, o ator percebeu que dormia ainda menos que Michael J. Fox, que fazia jornada dupla com *Caras & Caretas*, e sem receber nenhum tapinha nas costas pelos seus esforços.

Ele também se lembra que em certa ocasião, quando Spielberg estava visitando o set, o produtor executivo notou o ator, com as pernas para o alto e as costas descansando contra uma grande superfície horizontal. "Ele veio até mim e disse 'Então, Crispin, quer dizer que você recebeu seu milhão de dólares no fim das contas'", diz Weissman. "Foi só então que percebi representar uma economia de US\$ 980 mil para a produção." No entanto, nem todos concordam que isso realmente aconteceu. "Jeffrey contou a 'história do milhão de dólares de Steven Spielberg' muitas vezes, mas não tenho muita certeza de isso ser verdade", diz Bob Gale. "Steven nunca participou das negociações com Crispin e não acho que ele estivesse ciente de qualquer um dos valores reais discutidos. Jeffrey exagerava muito e essa pode ser uma dessas histórias."

Vários meses depois de *De Volta para o Futuro – Parte II* ser lançado no cinema, Weissman recebeu um telefonema inesperado de Glover. Era uma conversa que o ator substituto estava ao mesmo tempo querendo ter, para garantir que não havia ressentimentos, e temendo, porque achava que poderia haver. Glover nunca mencionou o desempenho do seu substituto. Em vez disso, ele começou o que Weissman descreve como uma "crítica chorosa", desabafando sobre sua frustração com a forma como as coisas ficaram estremecidas com a sequência e sua infelicidade com Zemeckis e companhia, que, em sua opinião, criaram o problema. "Crispin me explicou como a Universal tinha sido cruel com ele no primeiro filme", diz Weissman. "Ele disse que os produtores o fizeram chorar na frente dos figurantes e abusaram dele. Crispin disse também que foi informado de que receberia o dobro, sem nenhum poder de negociação, para usarem trechos dele no primeiro filme."

Os dois conversaram longamente, com Glover às vezes tendo momentos muito emotivos. Weissman se solidarizou da melhor forma possível e Glover perguntou se ele se importava em compartilhar quaisquer histórias de horror com ele durante as filmagens. O "Crispin sem os problemas" do Dean Cundey? Sim. Robert Zemeckis gritando "Crispin!" durante as filmagens do "Encanto Submarino"? Sem problemas. O "milhão de dólares" de Steven Spielberg? Imediatamente. O ombro frio de Lea Thompson? Pode apostar. Sem o conhecimento de Weissman, Glover contou a conversa telefônica para seu advogado que, em 15 de outubro de 1990, depois do lançamento de *De Volta para o Futuro – Parte III*, entrou com uma ação contra a apropriação indevida da imagem de Crispin Glover. O argumento foi que como Weissman teve de colocar próteses para se parecer com Glover e ser instruído para

DE VOLTA PARA O FUTURO - BASTIDORES

imitar sua voz e trejeitos, os produtores violaram sua propriedade intelectual e seu direito à publicidade. Além disso, Glover alegou que isso foi feito de forma mal-intencionada devido a uma dor de cotovelo por conta do fracasso nas negociações. Os comentários feitos a Weissman no set foram espalhados por todo o processo como prova da hostilidade da equipe de *De Volta para o Futuro* em relação a Glover. O ator tinha como alvo a Universal, a Amblin Entertainment e a U-Drive Productions, uma entidade criada pela Amblin somente para o filme, para o caso de situações como essa, a fim de evitar que ações judiciais fossem atrás de dinheiro ou bens de mais de um filme.

Os réus não compraram a versão de Glover dos acontecimentos. Alegaram que tinham negociado com o ator de boa-fé e, além disso, George era um personagem que lhes pertencia. A menos que Glover estivesse defendendo que ele *era* o personagem, Zemeckis e companhia não eram culpados por trazer George de volta para as sequências com um ator diferente. "Ele não tinha justificativas, pois já havíamos aprovado tudo com os advogados da Universal", diz Gale. "Eles confirmaram que tínhamos direito de reescalar o papel com outro ator e utilizar as cenas de Crispin na *Parte I* e na *Parte II*." Mas o caso nunca foi a julgamento. Em julho de 1991, as duas partes fizeram um acordo fora dos tribunais por uma quantia não revelada, supostamente em torno de US$ 500 mil. "A companhia de seguros, que seria responsável pelos custos do processo, decidiu que era mais barato pagar Crispin do que pagar advogados e ir ao tribunal, então Crispin aceitou o dinheiro e desistiu do processo", continua Gale. Se adicionarmos a quantia que ele ganhou dos cineastas por usarem as imagens dele no primeiro filme, Glover provavelmente recebeu a mesma quantidade de dinheiro que teria recebido se tivesse participado das sequências. Talvez mais significativamente, Glover também afirmou que, como resultado desse processo, uma regra foi instituída no Screen Actors Guild (SAG), que diz que os estúdios de cinema não podem recriar a imagem de um ator por meios técnicos sem sua aprovação prévia. No entanto, alguns membros do SAG duvidam que tal regra de fato exista e Glover nunca citou publicamente a regra específica. Apesar de tudo, isso prova que um "Crispin sem os problemas" ainda pode trazer muitos problemas.

Enquanto o processo estava em andamento, e mesmo após a sua conclusão, Jeffrey Weissman teve dificuldades para transformar seu papel em um grande filme em oportunidades mais relevantes. Ele basicamente foi parar na lista negra por passar a ser percebido como um traidor e por ter participado da ação judicial de Glover. Ele conseguiu ser contratado para um episódio da série *Assassinato por Escrito*, mas foi demitido com a justificativa de ter sido escalado por engano. A diretora de elenco afirmou não saber que ele estava "incapacitado" de ser contratado. Décadas depois, Weissman, que continuou a trabalhar como ator desde o lançamento do filme, consegue enxergar os dois lados da situação e fez as pazes com sua experiência em *De Volta para o Futuro*. "Para mim, foi decepcionante meus agentes não terem negociado direito", diz ele. "Na época, a Universal e todos os estúdios pareciam

¹ MICHAEL J. FOX com seus dublês

² MARTY MCFLY joga videogame com o pequeno ELIJAH WOOD (esquerda), no futuro

DE VOLTA PARA O FUTURO - BASTIDORES

ser administrados por advogados, contadores e várias outras pessoas mal-educadas e eu não tinha o ótimo agente que tive quando fiz o filme *O Cavaleiro Solitário*, de Clint Eastwood. Eu estava triste por estar dividindo a tela com Lea e Michael, coestrelando e ganhando somente alguns milhares de dólares. O estúdio não me falou nada até o último instante. Não sei se teriam me dado us$ 50 mil por semana se tivesse pedido, mas eu queria que meu agente tivesse tentado. Eles fecharam por somente um pouco mais do que o que ganhei no filme de Eastwood, quatro anos antes, que não era tanto assim."

"Acho que não sou amargurado por Crispin ter ganhado mais do que eu", ele continua. "Mas fiquei um pouco amargurado por ele não ter pelo menos me ligado e me agradecido. Não quero ter um monte de arrependimentos, mas demorou um pouco para esquecer a merda que a Universal fez. O estúdio sabia que estava errado. Spielberg sabia que estava errado. Os produtores sabiam que estavam errados. Mas eles também foram forçados a isso por Crispin ter atado suas mãos durante as negociações."

Do seu ponto de vista, Bob Gale também vê Weissman como uma vítima, mas apenas por ter montado sua própria armadilha. "Jeffrey e seu agente sabiam as regras do jogo desde o início", diz Gale. "Nós dissemos a ele que o trabalho não iria torná-lo um astro, ele não faria qualquer ação publicitária e não poderia promover a si mesmo, porque nós não queríamos chamar atenção para o fato de que Crispin não estava nas sequências. Nós também dissemos a Jeffrey que não poderia falar com Crispin sob nenhuma circunstância, então ficamos indignados quando soubemos que ele falou – e ainda mais quando descobrimos que suas declarações foram citadas na ação judicial. Jeffrey muitas vezes se apresenta como vítima, mas nós lhe pagamos o maior salário que ele já tinha ganhado – us$ 2.500 por semana, nada mau para um ator em um papel menor, especialmente em dólares de 1989. Depois ele violou conscientemente as nossas condições, conversando com Crispin, apenas para satisfazer seu próprio ego. Assim, ele mesmo se transformou em um pária, porque ninguém quer contratar um ator que cria problemas. Acho que interpretar o papel de George McFly faz com que os atores tomem decisões erradas."

O desconforto que Weissman sentiu no set e o processo posterior, decorrente desse desconforto, não foram os únicos percalços que a Universal e a Amblin tiveram de enfrentar como resultado de *De Volta para o Futuro – Parte II*. Enquanto George McFly estava pendurado de cabeça para baixo na casa do Marty do futuro, estava acontecendo a filmagem do que seria uma das sequências mais memoráveis da franquia – não só para os fãs, mas também para a equipe de dublês vestidos em trajes futuristas que balançavam no céu presos a vários cabos, armações de metal e falsos dispositivos de flutuação que desafiam a gravidade.

ESTES SKATES NÃO FUNCIONAM

SEGUNDA-FEIRA, 20 DE NOVEMBRO DE 1989

A *Parte II* ainda nem tinha sido lançada e já havia telefonemas. Quando Scott Ross, gerente geral da ILM, chegou ao trabalho, havia uma série de mensagens esperando por ele em seu escritório. Ele olhou a pilha de papéis cor-de-rosa intitulados "enquanto você estava fora", colocados cuidadosamente em cima de sua mesa. Sem exceção, todas as mensagens eram sobre *De Volta para o Futuro* e, mais especificamente, sobre skates voadores. O curioso era que, enquanto ele olhava os nomes das pessoas que tentaram falar com ele, nenhum pertencia a pessoas que ele conhecia. Ross estava confuso, por um lado porque não conseguia entender como essas mensagens tinham chegado até ele, por outro lado porque não conseguia entender por que tantas pessoas estavam ligando para falar sobre skates voadores. Antes que tivesse a chance de entender o que estava acontecendo, o telefone tocou.

"Alô, eu queria saber onde eu consigo comprar um skate voador para o meu filho." Era uma mulher com sotaque do sudoeste dos Estados Unidos. Então a ficha caiu. Na sexta-feira anterior, às 20h, o canal NBC exibiu um especial de três horas sobre *De Volta para o Futuro*, seguido por meia hora de cenas inéditas dos bastidores da *Parte II*. Leslie Nielsen, dos filmes *Corra Que a Polícia Vem Aí!*, apresentou o programa. Houve entrevistas com o elenco e equipe, além de imagens "por trás das câmeras" do próximo filme, que estava a apenas alguns dias de seu lançamento.

CASEEN GAINES

Durante uma entrevista, depois de mostrarem os skates voadores, Robert Zemeckis explicou com a maior seriedade que os equipamentos eram reais e não estavam à venda por causa de grupos de pais preocupados que eles fossem muito perigosos. O diretor estava brincando, é claro, mas nem todo mundo em casa entendeu a piada.

"Eu acho que você não entendeu. São efeitos visuais. Eles não..."
"Ah, não, nós entendemos isso, mas meu filho quer um. Eu queria saber se eles são perigosos."
"Eles não são perigosos porque eles não são de verdade."
"Mas eu vi na televisão e o diretor disse que eles existiam."

Scott Ross não sabia na época, mas esse foi apenas o começo da correspondência que ele e várias outras pessoas envolvidas com o filme receberiam sobre a produção. Ocasionalmente, seriam feitas perguntas sobre outros equipamentos futuristas do filme, mas a primeira coisa que as pessoas queriam eram informações sobre o dispositivo de levitação que Marty usou no filme todo.

Essa reação não era irritante, parecia mais um elogio. Zemeckis e companhia tinham sentido a presença onipotente do público durante toda a produção. Agora, pela primeira vez, o público estava descobrindo a continuação dos diretores, mesmo antes do lançamento do filme. Não poderia ter havido um sinal maior de que a acolhida da *Parte II* poderia ser tão boa quanto a do primeiro filme. "Quando você se propõe a fazer um filme, você está somente fazendo um filme", diz Neil Canton. "Você ama ele, dá tudo de si, mas é apenas um filme. Quando o filme se torna um fenômeno, é meio surpreendente, de certa forma. De repente, todo mundo está fazendo perguntas e querendo saber de coisas sobre as quais você nunca tinha parado para pensar antes. É claro que não existiam skates voadores, mas a gente fez parecer que era a coisa mais legal do momento e as pessoas caíram totalmente. Havia pais que mandavam cartas perguntando onde eles podiam comprar um para o seu filho no Natal. Você pensa 'Espera um pouco. Eu entendo que uma criança possa achar que isso seja real, mas como um pai também pode achar isso?'. Chegou ao ponto de Bob Gale ter de preparar uma lista de respostas para as perguntas mais frequentes que poderiam nos fazer, para que nós pudéxssemos responder. Era surpreendente para todos nós."

Como ele havia sido convidado para projetar os elementos futuristas na época das fases conceituais da continuação, John Bell continuou a trabalhar nos skates voadores quando *Paradoxo* recebeu oficialmente o sinal verde. Ele levou alguns de seus desenhos iniciais para a oficina de modelos da ILM para transformá-los em modelos completamente reais. Em comparação com o que se materializou na tela, os primeiros skates eram muito mais elegantes: maiores, com um formato próximo ao de um *wakeboard* ou *snowboard*, e alguns até com motores. "Daqueles primeiros estágios foram ficando menores, porque sabiam que iam ter de fazer um monte para o filme e não queriam desperdiçar um monte de dinheiro reproduzindo desenhos

DE VOLTA PARA O FUTURO - BASTIDORES

complicados", diz Bell. "Foi assim que as coisas ficaram tão racionalizadas. Eu fiz uns projetos mais novos para o Bob ver e foi aí que as decisões difíceis foram tomadas."

Conforme a produção se aproximava, os projetos que ganhariam vida na tela começaram a tomar forma. O skate "Pit Bull" de Griff foi pintado de um preto e vermelho intimidantes e enfeitado com uma ilustração de um cachorro rosnando usando um enforcador. As laterais, irregulares, deveriam invocar marcas de mordida e a parte da frente ostentava duas grandes presas. Foi decidido desde o começo que o skate que Marty usaria seria rosa, já que originalmente ele era de uma menina e, provavelmente, as empresas de brinquedos continuariam a usar cores diferentes para cada gênero no futuro. No início, se imaginava que a empresa suíça de relógios Swatch teria seu nome impresso nos skates, mas no último minuto veio a informação dos superiores de que ela seria trocada pela Mattel, a conhecida empresa dona da Barbie. Nada de fundamental foi alterado no design; a Mattel recebeu uma cópia do projeto com seu logotipo e aceitou quase que instantaneamente.

Quando chegou a hora de construir os skates, alguns foram feitos de madeira, enquanto aqueles que não sofreriam tanto desgaste eram feitos de isopor. Para vender a ilusão de que funcionavam, Zemeckis, junto com Ken Ralston e Michael Lantieri, seguiu um princípio que todo mágico conhece: deixe o público sempre na incerteza. "Foi preciso criar diferentes métodos de magia cinematográfica para fazer parecer que aqueles skates estavam flutuando", diz Steve Starkey. "Então qualquer truque que alguém imaginava era usado. Foi a parte mais desafiadora da filmagem." Ao assistir a qualquer uma das sequências do skate voador, especialmente as mais longas, como a perseguição na praça de Hill Valley e o túnel onde Biff tenta recuperar o *Almanaque dos Esportes*, dá para se perceber que foram usadas várias técnicas. Em alguns casos, os efeitos que parecem incríveis na tela na verdade usaram uma tecnologia muito simples. Hastes finas de arame foram colocadas bem no meio da parte inferior de alguns dos skates de isopor, para que quando Michael J. Fox os jogasse no chão eles se mexessem como se estivessem levitando. Nas cenas em que uma das extremidades do skate estava fora do quadro, às vezes um membro da equipe ficava segurando o outro lado até que Fox o pegasse e colocasse debaixo do braço. Quando os pés dos atores não apareciam, geralmente eles eram filmados da cintura para cima e andavam em skates normais. Às vezes, eles eram puxados em um carrinho. Grandes placas de madeira compensada eram colocadas no chão para criar uma altura maior em comparação com o resto do que aparecia no quadro.

É claro que havia outros efeitos, mais complicados. Os atores também ficavam suspensos em cabos e voavam, o que, em parte, criava a aparência realista que enganou tantas pessoas da plateia. Antes da *Parte II*, a ILM teria usado a técnica manual de rotoscopia para tirar os cabos da cena, um processo no qual um animador altera cada quadro para ocultar os mecanismos dos efeitos. Para a *Parte II*, Doug Smythe e Les Dittert, da ILM, criaram uma maneira de agilizar e melhorar esse processo digitalmente. Alguém na empresa de efeitos encontrava um cabo em uma cena e o identificava para um sistema computadorizado em alguns quadros e, em seguida, a máquina assumia e encontrava o cabo em cada cena. As cores de ambos os lados do cabo eram esfumaçadas digitalmente para esconder de forma eficaz cada parte indesejada do objeto. Como toque final, a granulação do filme na área tratada era replicada, para garantir consistência à cena toda. O processo era inovador para os padrões de 1989 e, quatro anos depois, Smythe e Dittert receberam um Oscar especial de Realização Científica e Técnica pelo desenvolvimento da tecnologia, juntamente com seus colegas Mark Leather e George H. Joblove, da ILM.

Ao contrário do que aconteceria se o filme fosse feito hoje em dia, os computadores ajudaram a remover alguns dos elementos mecânicos das cenas, mas não contribuíram em nada para a ilusão de voo. As cenas mais difíceis de se capturar visualmente eram com frequência filmadas diante de uma tela verde e depois criadas opticamente na pós-produção. "Tínhamos o desafio de fazer os skates voadores funcionarem", diz Dean Cundey. "Fizemos de uma forma aparentemente realista. Hoje em dia, os computadores nos permitem distorcer a realidade para além do que o público entende como sendo real. Torna-se algo fantástico. O que estávamos tentando fazer era algo que parecia fantástico, mas que seria aceito como real. Tinha alguma coisa nos skates voadores que não parecia tão inacreditável. Nós achávamos que todo mundo gostaria de ter um ou, pelo menos, todo skatista."

"Hoje em dia, o público se tornou muito sofisticado, porque os efeitos são muito inacreditáveis", diz Scott Ross, gerente geral da ILM. "Nós sabemos que o Godzilla não está correndo pelas ruas e o Homem-Aranha não pode pular de prédio em prédio. Por isso, o público sabe que eles foram feitos por computador. Na década de 1980, as pessoas realmente não percebiam que eram efeitos visuais." Parte do problema, na visão de Ross, é que os estúdios faziam tudo o que podiam para esconder os truques que usavam no cinema. *Michael J. Fox está mesmo cantando! Não preste atenção no homem atrás da cortina.* Para quem trabalhava na ILM, havia uma luta constante para ser reconhecido publicamente pelo seu trabalho. "Os estúdios acabavam ficando com todas as filmagens, modelos e tudo o que tinha a ver com o filme, porque eles nos pagavam pelos nossos serviços", diz ele. "Quando fizemos *Uma Cilada para Roger Rabbit*, eu queria desesperadamente que o mundo soubesse que a Industrial Light & Magic foi quem fez o *Roger Rabbit* acontecer. Uma quantidade incrível de trabalho foi investida nisso. A Disney foi totalmente contra. Especialmente naquela época, o departamento de relações públicas deles nunca permitiria que alguém entrevistasse a equipe de efeitos visuais de qualquer filme, porque eles achavam que isso tiraria o foco do tema do filme."

"Isso obviamente mudou, porque, se olharmos para os cinquenta maiores filmes de todos os tempos, todos têm efeitos visuais ou são filmes de animação", continua ele. "Em algum momento no final dos anos 1990, início dos anos 2000, os estúdios começaram a se ligar que Tom Hanks e Sylvester Stallone não estavam realmente levando as pessoas para as salas de cinema; os efeitos visuais é que estavam. Quando começaram a perceber isso, as coisas começaram a mudar, pelo menos no lado de RP."

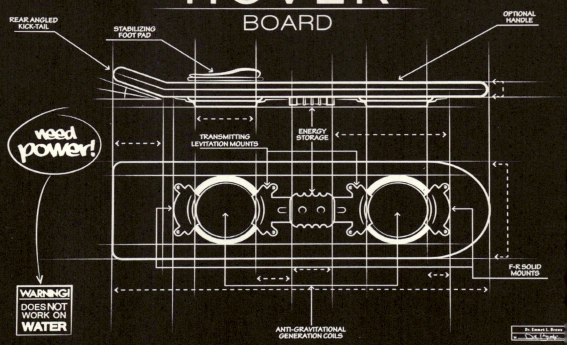
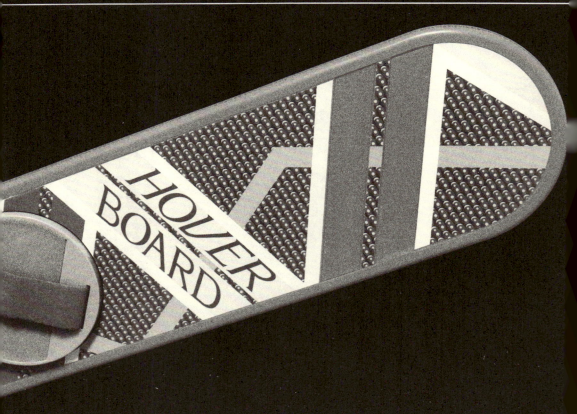

DE VOLTA PARA O FUTURO - BASTIDORES

Para os atores, a experiência de estar em um skate voador foi inesquecível – mas não unanimemente por razões positivas. Para quem não tem um olhar treinado, executaram a cena em que a gangue de Griff persegue Marty pela Praça do Tribunal de Justiça com perfeição; no entanto, para aqueles que estavam no set no dia em que filmaram o acidente na torre do relógio, foi uma experiência aterrorizante devido a uma lesão quase fatal envolvendo Cheryl Wheeler, uma das dublês contratadas para o filme. Em 9 de maio de 1990, Wheeler e seu marido na época, Michael Dixon, entraram com uma ação contra a Universal Pictures, a Amblin Entertainment e mais de uma dúzia de outros que trabalharam na *Parte II*, incluindo Steven Spielberg, Robert Zemeckis e Michael Lantieri, tudo por conta de um truque completamente mal-executado, que resultou em uma série de caras cirurgias em seu braço, rosto e mandíbula. Para Wheeler, o tempo que passou em Hill Valley marcará para sempre um momento decisivo em sua carreira e em sua vida, embora houvesse vários dias em que desejava poder esquecer tudo sobre *De Volta para o Futuro* e o objeto que tanta gente cobiçava.

Vários meses antes do incidente, começava a preparação para as acrobacias com os skates voadores na fazenda de Max Kleven, uma extensa propriedade, perfeita para algumas experiências de tentativa e erro. Kleven dirigira os dublês no primeiro *De Volta para o Futuro* e, depois, foi diretor de segunda unidade para as cenas de *Roger Rabbit* filmadas nos Estados Unidos. Zemeckis estava satisfeito com sua direção e o convidou a continuar trabalhando nessa função em *Paradoxo*, liberando Frank Marshall para dedicar sua atenção a *Indiana Jones e a Última Cruzada*. Richie Gaona e Gary Morgan, dois dublês que haviam sido indicados a Kleven por amigos em comum, ajudaram na bateria de testes. "Nós fizemos cerca de duas ou três semanas de testes", diz Gaona. "Eles passavam uns dois dias testando, mandavam o vídeo que fazíamos para ver se o diretor gostou, depois a gente voltava para fazer algumas alterações." Nos primeiros testes, o skate voador temporário era apenas um skate sem as rodas. A base era parafusada nos sapatos dos dublês e os artistas ficavam presos por cintos de segurança anexados em seus quadris e conectados a um grande guindaste. Mas o efeito não funcionou. Era óbvio que o skate estava preso nos pés deles e que sua energia vinha de um ponto diferente em seus corpos. A equipe tentou substituir o skate por um longo pedaço de isopor, mas o resultado foi o mesmo.

Hora do plano B. Cabos foram presos na parte da frente e de trás do skate imóvel e um cinto de segurança foi colocado em volta das pernas dos artistas, preso em seus quadris, com dois anéis nos lados em que os cabos passavam, permitindo mobilidade total para mexer as pernas e dobrar os joelhos, ajudando a criar a ilusão. "Isso foi numa época em que usar cabos era caro", diz Morgan. "Então usavam cabos bem finos, mas eles arrebentavam. A gente estava pendurado num cabo, o skate vinha, batia na nossa cintura onde ficava o nó e a gente ficava lá, solto, balançando." Os artistas foram presos num grande guindaste, que se movia em torno de um círculo. Embora fosse melhor, alguma coisa ainda parecia estranha, então eles voltaram para a prancheta de desenho.

CASEEN GAINES

Plano C. Chega de movimentos circulares. Desta vez, o operador do guindaste se afastou e mexou o braço da máquina em um amplo movimento de balanço. O movimento foi perfeito – os dublês pareciam estar deslizando no ar. Com a aprovação da equipe de efeitos especiais e a bênção do diretor, os testes foram finalizados. Além de Gaona e Morgan, David Rowden e Lisa McCullough foram contratados como dublês de Biff e Spike, a única mulher no bando de Griff. McCullough era uma dublê experiente e a cara de Darlene Vogel, a atriz contratada para fazer o papel, o que deixava óbvio o motivo de ela ter conseguido a vaga.

Quando chegaram ao set, todos acharam o clima relativamente leve – não casual, mas de concentração e diversão. Durante a primeira tomada da cena no Café Anos 1980 – a resposta futurista para o Lou's Café dos anos 1950, onde Griff chama Marty de "*chicken*"[1] –, Michael J. Fox fez uma brincadeira que deixou os atores que representavam os membros da gangue morrendo de rir. Foi logo depois do almoço. Ele havia surrupiado um frasco de ketchup do refeitório. Quando Darlene Vogel abaixou a mão para apertar a virilha de Fox – *Qual é o problema, McFly? Você não tem colhões?* –, ela sentiu o frasco de vidro duro dentro da calça jeans dele. Vogel não riu, tentando não sair do personagem e estragar a primeira gravação da cena, mas ela teve de ser forte para manter a compostura.

"Corta!" A atriz começou a rir, e depois Fox, e então o riso se alastrou pelo resto da turma. "Tá bom, Michael", disse ela. "Até parece."

Quando chegou a hora de filmar as cenas perigosas, os dublês só observaram, de seu trailer, a equipe de efeitos testar o grande final da cena de perseguição: a queda na torre do relógio. O conceito era simples. Os quatro membros da equipe de dublês seriam presos em um grande guindaste. Ele se moveria para a esquerda e depois para a direita, dando impulso suficiente aos dublês para balançarem em direção à torre. Quando todos passassem pela janela, um membro da equipe de efeitos apertaria um botão, cortando os cabos e derrubando os artistas. Eles cairiam em grandes colchões de ar no interior da torre, fora do campo de visão da câmera. Durante o teste do processo, em vez de dublês, foram usados grandes sacos de areia para simular seus corpos. Foi feito um movimento para a esquerda, outro para a direita, um balanço, um aperto, um corte e a derrubada. Um saco de areia atingiu o chão, errando completamente o alvo. "Merda. Aquele era para ser você", disse um dublê para o outro. A equipe de efeitos montou tudo de novo: esquerda, direita, balanço, aperto, corte, derrubada. Dois sacos de areia erraram o alvo. Os outros dois caíram no lugar certo, mas não ao mesmo tempo. Quando um colchão de ar era atingido, ele desinflava; por isso, se um dublê não caísse sobre ele ao mesmo tempo que seu parceiro, ele ou ela acabaria numa queda livre em direção ao cimento.

---

1   A primeira dublagem do filme em português, feita pela BKS, traduziu como "franguinho". Já a dublagem da Double Sound traduziu como "covarde". [NE]

DE VOLTA PARA O FUTURO - BASTIDORES

Os testes continuaram. Às vezes, o processo funcionava perfeitamente, mas na maior parte do tempo isso não acontecia. E o mais alarmante para McCullough era que nunca acontecia a mesma coisa. Ainda assim, os artistas estavam dispostos a tentar. A equipe se preparou e fez uma tentativa. "Foi um desastre", diz Morgan. "Em uma das tentativas, o cara responsável pelo botão soltou a Lisa e o Dave. Richie e eu balançamos em direção ao outro colchão de ar. Por alguma razão, ele não cortou o cabo imediatamente. Ele esperou até que a gente voltasse um pouco e aí cortou. A gente caiu de cabeça em um colchão de ar vazio. O fato de ninguém ter quebrado o pescoço foi incrível. Eu estava bem em cima da Lisa quando ele me soltou e eu quase caí em cima dela. Eu estava a pelo menos sete metros de altura e caindo de cabeça."

Parte do problema pode ter sido quem era responsável pelo dublê. Se *De Volta para o Futuro – Parte II* fosse filmado hoje, é improvável que a equipe de efeitos especiais fosse responsável por projetar a sequência e a construir o equipamento em que seria executada. Isso ficaria para uma equipe de dublês cuja preocupação principal seria cuidar da segurança dos artistas. Isso não quer dizer que Michael Lantieri e sua equipe não levaram em consideração o bem-estar dos quatro artistas que faziam as manobras – claro que sim –, mas é possível que o impacto visual da cena possa ter sido sua preocupação principal. McCullough expressou suas preocupações. Ela disse que não achava seguro e que alguém poderia ficar gravemente ferido. Deram-lhe garantias de que tudo ficaria bem, mas ela não estava disposta a correr esse risco. Foi seu último dia no set.

Como Gaona e Morgan, Cheryl Wheeler também já havia trabalhado para Walter Scott, o coordenador de dublês, e conhecia Max Kleven. Ela foi convidada a participar e recebeu uma explicação completa a respeito da desistência da primeira dublê. Foram feitas algumas mudanças, lhe disseram, devido às preocupações de McCullough. Se aceitasse, a vaga era dela, mas Wheeler deveria conhecer a situação antes de se decidir.

"Bem, não tenho medo das cenas perigosas", disse ela. "Só quero ter certeza de que tudo será montado corretamente."

"Nós garantimos que tudo será montado corretamente", disse Scott. "Você não vai ter que se preocupar com nada."

Ela ficou em silêncio por alguns instantes, mas não havia muito o que pensar. Eles estavam sendo transparentes e pareciam ter aprendido com seus erros. O que Wheeler tinha a perder? "Tudo bem", disse ela. "Estou dentro."

Houve mais ensaios nos dias antes da cena da torre do relógio. Como vidro temperado seria muito pesado, possivelmente representando um perigo real para quem estivesse embaixo quando ele se quebrasse e espatifasse dois andares acima, foi usado um vidro falso, feito de açúcar. O vidro não tinha sido instalado durante os testes, mas o novo método de executar a manobra estava sendo implementado. Cada dublê era

CASEEN GAINES

suspenso de uma estrutura retangular, um em cada canto. A estrutura, acoplada a um grande guindaste por um único cabo, balançava para a frente e para trás a fim de impulsionar os quatro. Cada um se segurava em um pequeno trapézio atrás de si que os impulsionaria para a frente em direção à torre quando se soltassem. Ao ouvir "Ação", eles deveriam se soltar, voar para a frente e passar pela janela de vidro. Um membro da equipe apertaria um botão, o cabo seria cortado e eles cairiam sobre os colchões de ar. E assim foi feito. Ao contrário da primeira tentativa, essa série de testes não teve nenhum contratempo. Os dublês ficaram bem até que...

"Esperem... Vocês precisam mesmo desmontar tudo?" A instalação do vidro levaria dois dias inteiros, e como Zemeckis e seus produtores estavam tentando maximizar seu tempo, o equipamento todo teve de ser desmontado para que a filmagem de outras cenas pudesse continuar na praça da cidade. Wheeler estava preocupada. De que adiantava fazer uma dezena de testes se eles iam desmontar tudo e depois montar tudo de novo antes de filmar de verdade? "Como vocês sabem que fizeram as marcações exatamente onde elas precisam estar?"

"Nós fizemos, Cheryl", disse Michael Lantieri. "Eu juro que as marcações foram feitas e que serão exatamente as mesmas quando começarmos no dia da filmagem." E foi isso. Ela não pressionou mais e ele não continuou a conversa. Os dois seguiram seus caminhos enquanto a equipe de efeitos continuou a desmontagem. Talvez antecipando a fragilidade até mesmo dos planos mais bem elaborados, houve um pequeno terremoto em Los Angeles enquanto o vidro estava sendo instalado. Todos no set olharam para a torre do relógio, enquanto as placas açucaradas balançavam em suas molduras. A equipe entrou em pânico, com medo de que se soltassem e se espatifassem no chão, mas isso não aconteceu. Crise evitada. A confiança no plano foi restaurada – exceto quando o dia da filmagem chegou, por conta de alguns desvios em relação ao que havia sido treinado e acordado. Um pouco antes de a cena ser rodada, Gary Morgan viu Lantieri andando em direção ao skate de Griff com acessórios nas mãos.

"O que é isso?"
"Nós vamos disparar um foguete quando você passar pela janela."

A ideia era que as faíscas, com a mágica da edição, parecessem estar vindo do skate "Pit Bull" de Griff.

"Sério? Eu não sabia disso."
"Ah, não. Nós contamos isso pra você."
"Ei, Richie, você sabia disso?"
"Não. Eu não sabia."
"Tudo bem. Só não acerte a gente com ele."

Mais uma vez, o assunto foi resolvido. Walter Scott, Michael Lantieri e as equipes estavam resolvendo alguns problemas de última hora. "Ok, qual é a pior coisa que

Filmagens da cena de perseguição da gangue de GRIFF a MARTY MCFLY pela Praça do Tribunal de Justiça

poderia acontecer?" Os artistas podiam acertar a parede de trás quando passassem pelo vidro, mas o coordenador de dublês concluiu não haver possibilidade. Por precaução extra, foram colocadas almofadas azuis cobrindo cada centímetro do interior da torre. Se alguém errasse a sua marcação, ainda estaria seguro. Tudo estava no lugar. Era hora de voar.

Antes das filmagens, Wheeler foi para a maquiagem. A dublê precisava usar uma peruca e uma grande prótese de cicatriz no rosto, além de uma lente de contato vermelha em seu olho direito, como a outra Darlene Vogel. "Na verdade, eles tiveram essa ideia porque um dos meus olhos tem duas cores diferentes", diz Vogel. Eles olharam no meu olho e disseram: 'Isso é muito legal. Vamos fazer alguma coisa com isso.' Eles colocaram uma lente de contato vermelha nele, que eu tinha de fazer caber. Não era confortável usar aquilo. Não tinha um buraco no meio, então tudo ficava vermelho quando eu olhava." O processo de transformar a dublê em Spike, além do cabelo e da maquiagem, levou mais de uma hora e meia, muito mais do que o tempo que levou para arrumarem seus colegas do sexo masculino. Quando ela chegou para filmar, ficou surpresa ao ver Charlie Croughwell, o dublê de Michael J. Fox, em seu lugar. Ele tinha mais ou menos a sua altura e talvez fosse um pouco mais pesado. Ela imaginou o que estava acontecendo: Croughwell seria testado em seu equipamento no caso de alguma eventualidade. Walter Scott logo se aproximou de Wheeler, obviamente pronto para dar início ao show.

"Ok, podem se prender."

"Tem certeza de que todas as marcações são as mesmas do outro dia? Como você tem certeza de que tudo está exatamente igual?"

O coordenador de dublês olhou para ela com uma estranha mistura de compaixão e irritação nos olhos. "Cheryl, você está ficando com medo." Ela podia sentir suas costas se tensionando. "Eu vou mandar o Charlie vestir seu figurino e fazer a cena."

"Walter, não estou ficando nem um pouco com medo. Só quero entender. Eu estava fazendo o cabelo e a maquiagem e não fui lá ver a montagem do equipamento." Ela queria falar muito mais. Ela queria ser firme e insistir em ver as marcações. Ela queria dizer que confiava neles, porque isso era realmente verdade, mas ela confiava ainda mais em seus olhos e em seu instinto. Mas ela não fez nada disso. Talvez tenha ficado quieta porque era relativamente nova na área. Ela havia começado a trabalhar como dublê em 1985 e não queria aborrecimentos, enquanto Walter Scott tinha duas décadas de experiência em seu currículo. Quem era ela para pedir-lhe que provasse alguma coisa? Talvez estivesse com medo, também, de parecer fraca na frente dos outros dublês ou, mais precisamente, dos dublês homens. Lisa McCullough já tinha caído fora "por medo" e agora as atitudes de Wheeler eram semelhantes. Ela era tão corajosa quanto esses caras, não era? Por que eles não estavam fazendo perguntas? Ela entrou em seu equipamento, do qual Croughwell já tinha saído.

DE VOLTA PARA O FUTURO - BASTIDORES

Mas sua mente ainda não estava tranquila. Ela chamou Greg Tippie, o membro da equipe de efeitos especiais responsável por apertar o botão que cortava o cabo. Perguntou-lhe se estava tudo certo para começar e exatamente como da última vez. "Sim", disse ele. "Ouça, você faz o seu trabalho e eu faço o meu." Faltavam poucos minutos para começar. Ela já estava pendurada.

"O seu trabalho e o meu trabalho estão completamente interligados", disse ela. "Eu tenho o direito de fazer essas perguntas." No final, as coisas não estavam exatamente iguais, nem mesmo a forma como ele estava pensando em fazer o seu trabalho. Durante a série de testes, Tippie se escondeu atrás de um dos pilares da torre do relógio e olhou para cima, contando os dublês conforme eles atravessavam para o lado de dentro do edifício – um, dois, três, quatro. Quando viu que todos estavam dentro, apertou o botão e eles caíram. Mas ele então decidiu se mudar para o interior da torre. Tippie pensou que seria mais fácil ver se todos tinham atravessado se estivessem no mesmo lado. Mas vidro de açúcar não é transparente. Sua tonalidade é escura e, como é feito de açúcar, na verdade brilha na luz. Você consegue ver através dele, claro, mas apenas formas e sombras. Com vidro transparente, Tippie poderia ver os dublês voando em direção à janela. Mas, por conta de seu novo posicionamento, isso seria mais complicado, porque depois que os dublês atravessassem para dentro da torre do relógio o vidro começaria a cair e seria difícil saber, em uma fração de segundo, se todos haviam passado. Ele começou a se afastar, mas Wheeler o chamou.

"E se um de nós não conseguir entrar na torre do relógio?" Na verdade, fora a primeira vez que ela pensara nessa possibilidade. Pode ter sido a primeira vez que alguém naquele set cogitara tal situação. "Vai ter um monte de fumaça dos foguetes que eles estão usando para o skate voador do Griff. Como você vai saber se alguém não conseguir entrar?"

"Cheryl", disse ele, "é o melhor lugar para eu ficar. Você precisa confiar em mim."

"Mas não foi assim que nós ensaiamos." Ela olhou para ele, ele olhou para ela, e o silêncio mútuo e os olhares fixos encerraram a conversa. O debate sobre a cena estava oficialmente encerrado. Era hora de filmar. Ela foi suspensa no canto esquerdo do quadro, depois Gary Morgan e Richie Gaona. David Rowden ia cair bem mais baixo, logo acima das escadas do tribunal. Os artistas foram levantados e fecharam seus ganchos de liberação rápida. O guindaste gigante começou a recuar lentamente, talvez quinze ou vinte metros, enquanto a equipe de dublês era suspensa por um longo cabo. Kleven perguntou se todos estavam prontos e na hora da "Ação" os ganchos foram liberados. Os quatro começaram a balançar. Wheeler sentiu a lufada de ar contra seu rosto. Eles estavam pegando velocidade e, para seu desespero, virando à esquerda. *Eu vou bater naquele pilar.* Eles foram para a frente. Ela estava indo em direção reta até a coluna. *Eu vou bater naquele pilar.* Todo mundo estava indo em direções erradas e ela também não tinha certeza se Gary Morgan conseguiria atravessar o vidro, mas estava certa sobre o seu destino. *Eu vou bater* – como o Super-Homem em pleno voo. Wheeler bateu com tudo no pilar, mas, como estava coberta de caneleiras, joelheiras, cotoveleiras e outras proteções bem escondidas sob sua roupa, ela se sentia bem. Um pouco desorientada, talvez, mas bem. Enquanto girava, notou que estava sozinha. O resto de seus colegas deve ter conseguido. Era para ser uma cena filmada uma única vez, mas o que quer que tenha dado errado significava que teriam de fazê-la novamente. Talvez ficassem irritados, mas ela estava bem e, mais importante, Greg Tippie não tinha cortado o cabo. Ele deve ter visto que ela não tinha conseguido entrar.

O que poderia ter acontecido se ele tivesse ficado do lado de fora do pilar. Ou se a equipe de efeitos especiais não tivesse escolhido o vidro opaco falso. Ou se não houvesse tanta fumaça do foguete. Ou se ela tivesse seguido seu instinto e conseguido respostas para suas perguntas. Mas nada disso aconteceu. Ele apertou o botão e os dublês foram soltos. Enquanto dois dos outros dublês foram em direção aos colchões azuis, Wheeler caiu de cara, como se estivesse deitada na cama, de nove metros de altura. Ela sabia que ia morrer. Tinha certeza disso, tanto quanto teve certeza de que bateria naquele pilar. Ela estava caindo de uma altura muito grande. E ia morrer na cidade cenográfica dos estúdios da Universal.

No lado de dentro, o resto de sua equipe sabia que alguma coisa dera errado. "Quando caímos, precisamos fechar os olhos, por causa da chuva de vidro", diz Gary Morgan. "Eu estava bem no canto, do lado da câmera onde a Cheryl deveria estar. Abri meus olhos e disse 'Cadê a Cheryl?' e alguém apontou para o lado de fora. Eu me levantei e a Cheryl estava deitada no concreto, a poça de sangue em volta da sua cabeça ficando cada vez maior. Pensei que ela estava morta. Foi um momento inesquecível, porque você se prepara para o pior em qualquer cena perigosa, mas deu tudo errado e ninguém esperava por isso."

Quando Wheeler acordou, três pensamentos diferentes lhe ocorreram. Tinha ciência de que estava viva e era grata por isso. Ela também percebeu que não podia se mexer e temia estar paralítica. Então mexeu os dedos dos pés. Não, não estava paralítica. Ela percebeu que tinha sido imobilizada. Quando caiu, seu rosto bateu contra o concreto. A dublê teve uma concussão, para começar, e seu rosto todo foi esmagado entre o nariz e a orelha esquerda. "Os médicos estavam lá", diz Morgan. "Eles tinham ambulâncias e no momento em que a viraram a querida Cheryl começou a falar, mas estava inconsciente. Ela não tinha ideia do que estava dizendo: 'O que eu fiz de errado? Foi minha culpa? Eu fiz algo errado?'"

Enquanto os médicos do set cuidavam da dublê, todo mundo ficou atordoado. Havia o desejo inerente de fazer alguma coisa, mas não havia realmente nada que alguém da equipe pudesse fazer. "Eu e os outros atores acabamos nem trabalhando naquele dia", diz Darlene Vogel. "Nós não conseguíamos acreditar. Eles tiveram de paralisar a produção naquele dia e depois."

Wheeler foi levada às pressas para o hospital e o restante de sua equipe fingiu ser sua família e ter acesso para vê-la. "Se você tivesse caído de costas, e a parte de trás da sua cabeça tivesse batido no concreto, você estaria morta", o médico disse a ela. "Ou você gostaria de estar morta, porque seria um vegetal. Eu já vi pessoas que caíram de costas de uma escada de dois metros e ficaram com a parte de trás da cabeça esmigalhada como uma casca de ovo." Além da posição do seu corpo quando caiu, seu equipamento, que havia sido projetado especialmente para Michael J. Fox, salvou sua vida.

"Tudo foi feito do jeito tradicional, a forma como a manobra foi montada", diz ela. "Deveria ter sido feito de um jeito completamente diferente e deveria haver colchões debaixo da gente do lado de fora da torre do relógio. Eles tinham pessoas responsáveis por nossa segurança abaixo de nós, caso algo desse errado. Um figurante tirou uma foto de uma delas que estava bem debaixo de mim depois que bati no pilar. Eu ainda tenho até hoje. O vidro estilhaçado estava caindo e ela estava cobrindo a cabeça. Eu estava logo acima dela, e ela estava correndo e se escondendo. O vidro vinha de uma altura de dois andares, e então quem poderia me ajudar? Se eu caísse, o que ela ia fazer? Eu ia matá-la se caísse em cima dela, então ela saiu do caminho e eu bati no concreto."

"Houve uma grande discussão no mercado de dublês, porque Max Kleven e Walter Scott eram caras tradicionais", ela continua. "Eles eram muito conhecidos no início de suas carreiras. Walter era um caubói. Era ótimo em cima de um cavalo, mas, em relação às técnicas para uma cena daquela magnitude, ele não estava preparado. Ele realmente ficava na dependência dos caras de efeitos. Nós não conseguíamos entender por que não podíamos colocar colchões embaixo, do lado de fora da torre do relógio. Max só disse: 'Não, queremos chamar atenção para o alto. Queremos mostrar ao público uma grande tomada geral e não podemos ver colchões no chão'. E isso foi apenas uma das coisas completamente equivocadas. Tudo o que podia dar errado deu errado. Foi o fim desse trabalho para mim. Na verdade, voltei três ou quatro semanas mais tarde e eles ainda estavam filmando. Tinham arrumado outra menina para me substituir."

Após o incidente, Lisa McCullough foi visitá-la no hospital. Ela reiterou seus pressentimentos sobre a cena toda na ocasião – ela pode até mesmo ter usado as palavras "Eu falei pra eles que isso ia acontecer" – e expressou suas condolências pelo que tinha acontecido. Greg Tippie foi visitá-la também. Ele sentou-se ao lado da cama de Wheeler, viu seu corpo todo machucado e quebrado, e disse: 'Meu Deus, Cheryl, eu sinto muito. Eu deveria ter escutado você'."

"Greg, se estivesse atrás daquele pilar, você teria ouvido meu corpo bater nele", disse ela. Falar era desconfortável, mas Wheeler aprendera a lição sobre ficar em silêncio. "Você teria me visto bater nele. Você teria me visto pendurada lá e não teria apertado o botão."

"Eu sei. Você tem razão, mas quem poderia saber que você ia bater naquele pilar?"

DE VOLTA PARA O FUTURO - BASTIDORES

Sem a presença das redes sociais e com o empenho da equipe da Universal, a notícia do incidente não teve muita repercussão. A notícia se espalhou entre os que trabalhavam no mercado de dublês, mas nos principais meios de comunicação e entre o público em geral ninguém ficou sabendo. Em 1983, Steven Spielberg e o diretor John Landis tiveram muitos problemas quando uma cena de ação deu errado durante as filmagens de *No Limite da Realidade*. Dois atores em idade escolar, contratados e pagos "por fora" – apesar de uma lei da Califórnia que proíbe artistas mirins de trabalhar à noite e próximos a explosivos –, foram mortos junto com o ator Vic Morrow. A notícia se espalhou como fogo e um longo julgamento se seguiu entre 1986 e 1987. A Universal não queria que o incidente de Wheeler recebesse nem uma fração daquela atenção. Eles fizeram o possível para impedir o vazamento da informação e, até que ela desse entrada no processo, o estúdio foi bem-sucedido.

Cheryl Wheeler não queria processar a Universal, nem que a notícia do incidente se espalhasse. Ela era nova na área e pretendia trabalhar novamente, mas, mais importante, ela havia gostado de trabalhar em *Paradoxo*. Gostava dos outros dublês e, a não ser no dia de sua queda, tinha um grande respeito por Max Kleven e Walter Scott. Embora não tivesse trabalhado com Robert Zemeckis diretamente – a maior parte das cenas de ação nos skates voadores em que ela esteve envolvida foi filmada pela segunda unidade –, ela o achava um visionário, cheio de energia positiva. Zemeckis visitava o set de vez em quando enquanto eles estavam trabalhando e, como num passe de mágica, sua presença fazia todo mundo trabalhar com um pouco mais de foco e se lembrar da importância do que estavam fazendo. Eles não estavam curando doenças ou enviando homens à Lua – eles sabiam disso –, mas fazendo a continuação de um filme que tinha um significado para milhões de pessoas ao redor do mundo. Aquelas pessoas estavam contando com eles para lhes dar outra experiência que iriam curtir e admirar – e isso era importante.

Mas Wheeley entrou com o processo. Ela achava que não tinha escolha. Ao longo dos meses seguintes, sofreu três cirurgias reconstrutivas para reparar o braço e o rosto. Seu médico esperou um ano para fazer a operação final em sua mandíbula, um procedimento particularmente difícil, que exigia que ela retirasse e guardasse um litro e meio de seu próprio sangue antes da cirurgia. Ela entrou com um pedido de indenização por acidente de trabalho e recebeu US$ 13 mil de compensação, suficiente apenas para cobrir uma pequena parte da montanha de contas que adquirira enquanto se recuperava, incapacitada de assumir outro emprego. Na época de seu incidente, a dublê estava no auge de sua carreira, ganhando US$ 250 mil por ano pelos vários projetos nos quais se envolveu. Naquela altura, sua carreira estava sendo vendida de volta a ela por uma taxa drasticamente reduzida. "Eu dizia 'Isso é um loucura'", conta Wheeler. "Simplesmente não dá para esperar que eu receba somente um auxílio-doença por algo que não foi culpa minha. Não só não fiz nada de errado como ainda discuti sobre a maneira com que tudo estava sendo montado." Ela tentou negociar, mas sem sucesso. Então arrumou um advogado. "Ele disse somente 'Senhoras e senhores, você não querem que eu a faça depor'", diz ela. "'Acreditem em mim, ela é uma pessoa simpática e vocês podem

DE VOLTA PARA O FUTURO - BASTIDORES

acabar perdendo um monte de dinheiro'. Eu não estava pedindo muito. Estava pedindo o que perdi enquanto me recuperava." O estúdio de cinema fez um acordo fora do tribunal e depois de um ano a dublê voltou ao trabalho. Nenhuma cena terrivelmente perigosa, mas coisas fáceis como andar no banco do passageiro de um carro. Ela sabia que eram "trabalhos de caridade", oferecidos por colegas e amigos ansiosos para vê-la de volta à sua vida normal. Em vez de sentir-se triste pelo que tinha perdido, ela estava feliz por aquilo que ainda tinha. Depois de alguns anos, voltou a fazer cenas mais perigosas, uma carreira que ainda está feliz por manter, décadas depois de isso quase ter sido arrancado dela. Wheeler até trabalhou com Walter Scott novamente em outros projetos, mas a relação deles mudou para sempre. Ela passou a fazer perguntas, não só para ele, mas também para outros coordenadores de dublês em outros projetos. "Confie em mim" eram palavras que ela não aceitava mais.

O incidente com o skate voador foi uma experiência horrível, mas pelo qual a dublê não se arrepende necessariamente de ter passado. Como parte de sua reabilitação, ela trabalhou junto com Lindsey Duncan, uma nutricionista com quem se casou em 1999. Continuou a trabalhar e é uma palestrante motivacional que fala frequentemente sobre suas experiências. "Eu estava no ápice da minha carreira", diz Wheeler. "Quando você trabalha nessa área, realmente acredita que o mundo gira em torno de você. Um monte de gente em Hollywood é assim. É uma mentalidade engraçada, mas quando você está em um filme tão grande como esse isso te consome. É emocionante e tem um monte de grandes estrelas. Você se sente importante por estar substituindo um ator principal. Então, de repente, você acorda com o rosto esmagado e a coisa da qual você mais depende – seu trabalho – é esmigalhado", ela continua. "Foi um chacoalhão para mim espiritualmente, ou emocionalmente, ou mentalmente, como você quiser chamar. Eu sabia que tinha de encontrar algum sentido para isso. Todo mundo tem seu tipo de tragédia, seja um acidente de carro, seja um câncer; todos nós recebemos esses golpes. Se não acontece logo cedo, vai acontecer mais tarde. A vida é tão boa e tão ruim assim."

Com Wheeler se recuperando, a produção continuou. Refilmar a cena nunca foi algo levado realmente a sério e, como resultado, na versão final do filme, o corpo da dublê pode ser visto claramente despencando em direção ao chão do lado de fora da torre do relógio enquanto o vidro está caindo. Apesar do acidente, a equipe de produção estava orgulhosa das sequências de skates voadores e, quando as filmagens terminaram, em 1º de agosto de 1989, tiveram uma forte sensação de que haviam superado a pressão que todos sentiram e feito um filme muito divertido. A única incógnita era saber se o público concordaria ou não. Não havia dúvida de que a *Parte II* teria um bom fim de semana de estreia – o amor das pessoas pelo primeiro filme e uma forte campanha de marketing garantiriam isso –, mas os Bobs não queriam somente que seu filme desse lucro. Para eles, era mais importante que seus fãs, aqueles que estavam em suas mentes todos os dias enquanto criavam o roteiro e rodavam a sequência, se sentissem bem com sua viagem de volta a Hill Valley e continuassem entusiasmados para ver a conclusão da história no verão seguinte.

CASEEN GAINES

Como aconteceu no primeiro filme, quando as câmeras pararam de gravar a *Parte II*, a equipe mal pôde comemorar. Houve apenas um curto hiato antes que o trabalho tivesse de começar para o *Três*, o título de trabalho para o capítulo seguinte da história de Marty e Doc. Conforme o lançamento nos cinemas de *De Volta para o Futuro – Parte II* se aproximava, o entusiasmo de Zemeckis e companhia ficava mais comedido. Com as filmagens já bem avançadas do último filme da série, não havia a mesma sensação de encerramento como no verão de 1985.

As sessões de teste da *Parte II* foram bem, mas não com o mesmo entusiasmo impressionante presente no cinema durante as pré-estreias do primeiro filme. A resposta inicial sobre os skates voadores no especial de televisão era reconfortante, mas não tão conclusiva quanto o público gritando durante os testes e Sid Sheinberg pressionando para lançar o filme. A Universal gastou bastante dinheiro promovendo a continuação, incluindo uma parceria com a Pizza Hut para uma série de comerciais de televisão, mas os seus esforços foram desnecessários. Os estúdios rivais reconheceram a derrota no início, deixando que a *Parte II* fosse o único grande filme a estrear durante o feriado prolongado de Ação de Graças. Em seus dois primeiros dias de lançamento, antes que os números oficiais da bilheteria do fim de semana fossem registrados, o filme faturou mais de US\$ 22,3 milhões. Durante os três seguintes, mais US\$ 27,8 milhões foram acumulados. Mesmo sem contar com aqueles dois dias de pré-estreia, a sequência teve o quarto melhor fim de semana de estreia do ano, atrás de *Batman*, *Os Caça-Fantasmas 2* e *Indiana Jones e a Última Cruzada*.

Ainda assim, o dinheiro não podia comprar a satisfação total dos cineastas. Para começar, as resenhas no geral foram positivas, mas nada impressionantes. Enquanto Roger Ebert manteve o polegar apontando para o céu, Gene Siskel virou o seu para baixo. Para outros críticos, bem como para parte do público, a cena final do filme, que mostrava Marty retornando logo após o famoso relâmpago atingir a torre do relógio, em 1955, foi uma decepção. "O que mais me lembro é a sensação de ser enganado no final por não ter recebido uma conclusão, mas sim um gancho", diz Leonard Maltin. "Eu tinha acabado de investir duas horas em uma história que eu não tinha gostado e nem sequer fui recompensado com uma conclusão." Nos últimos anos, tornou-se comum os filmes dividirem sua história em duas partes. *Harry Potter e as Relíquias da Morte*, *Jogos Vorazes: A Esperança* e *A Saga Crepúsculo: Amanhecer* foram todos divididos ao meio, com o final do primeiro deixado em aberto. O diretor Peter Jackson dividiu *O Hobbit* em três filmes, algo sem precedentes. No entanto, em 1989, o público não estava preparado mentalmente para uma terceira parte quando entraram no cinema, uma decisão da Universal que Bob Gale acredita ter custado aos cineastas uma parte do capital que haviam ganhado com seus fãs – e talvez até mesmo algum capital na bilheteria.

"Eu tive uma briga séria com Tom Pollock, o diretor do estúdio, sobre o marketing da *Parte II*", diz Gale. "Eu queria que o público soubesse antes de comprar seus ingressos que esta era a parte dois de três. Pollock queria que o público pensasse que a *Parte*

DE VOLTA PARA O FUTURO - BASTIDORES

II teria uma conclusão, mesmo sabendo muito bem que isso não acontecia, e ele não poderia ter estado mais errado. Lembro de ter ficado decepcionado com o final de *O Império Contra-Ataca* – Han Solo terminar congelado em carbonita foi uma merda. Eu não fazia ideia de que haveria um terceiro, não antes de assistir ao segundo, nem mesmo depois, muito menos quando seria lançado." A fim de amenizar o golpe do final da segunda parte, Gale fez como rezava a cartilha de Alexander e Ilya Salkind, que tinham filmado, em 1973, *Os Três Mosqueteiros* e sua sequência consecutivamente, e insistiu que um trailer de *De Volta para o Futuro – Parte III* aparecesse no final da *Parte II*. Mas ainda assim, para alguns, o estrago estava feito. "Eu perdi a briga com Pollock e nós perdemos boa parte do amor do público."

"Sabíamos que estávamos fazendo um final arriscado, mas foi pra isso que nos contrataram", diz Robert Zemeckis. Para o diretor, a resposta medíocre da crítica fazia parte do jogo. Apesar de ter assinado um contrato voluntariamente para fazer duas continuações de *De Volta para o Futuro*, Bob Z tinha, e ainda tem, uma opinião negativa sobre continuações em geral. Dos quinze filmes que ele dirigiu até 2015, com exceção das sequências em questão, *De Volta para o Futuro* continua a ser o único que ele revisitou. A reação fraca que o filme recebeu nos dias seguintes ao seu lançamento nos cinemas não abalou sua confiança e, na verdade, foi provavelmente melhor do que ele esperava. "Não dei bola para as críticas. Pra começar, eu ainda estava fazendo *De Volta para o Futuro – Parte III* quando o filme foi lançado, então nem tinha tempo para prestar a menor atenção. A continuação de um filme de tanto sucesso como aquele é totalmente à prova de críticas, e os críticos sabem disso, então a gente já sabia que eles iam falar merda do filme. Eles odeiam sequências, mas ainda assim nós continuamos a fazê-las."

"Eu odeio 99% de todas as sequências", continua ele. "Simplesmente não gosto, então sou como qualquer outro crítico normal. Não quero continuar voltando e vendo a mesma coisa mais de uma vez. Não tenho o menor interesse nisso e realmente não entendo o valor que a indústria cinematográfica vê nisso hoje em dia. É como ficar olhando outra pessoa jogar videogame. Não tem nenhum investimento emocional; você apenas assiste a um monte de merda acontecendo, sabe? As duas melhores sequências de filmes são *O Poderoso Chefão I* e *II* e a trilogia *De Volta para o Futuro*, porque realmente continuam a história em vez de apenas voltar e fazer a mesma história e as mesmas piadas, tudo de novo. Nós tentamos ao máximo entregar essa premissa."

Muitas das críticas da *Parte II* foram em relação às sequências Biffhorrifics, que muitos críticos acharam ser muito diferentes do primeiro filme. Embora Marty e Doc continuem sendo elementos centrais para a história, muito da ação depende dos feitos de Biff, como o roubo do *Almanaque dos Esportes*, a alteração da linha do tempo original e a batalha final pelo livro no último ato do filme. O papel de Tom Wilson na continuação aumentou drasticamente, o que, talvez, tenha criado um viés inevitavelmente mais sombrio. "Quando eu olho para trás agora, as segundas partes de várias das nossas trilogias foram sombrias", diz Frank Marshall, referindo-se não só aos filmes da série *De Volta*

If adventure has a name,
it must be Indiana Jones.

INDIANA
JONES
and the
TEMPLE OF DOOM

DE VOLTA PARA O FUTURO - BASTIDORES

para o Futuro, mas também às trilogias *Indiana Jones* (1981-1989), *Jurassic Park* (1993-2001) e *Supremacia Bourne* (2002-2012). "Até George Lucas disse isso sobre *O Império Contra-Ataca*. O segundo filme é o mais difícil, porque você está deixando tudo pronto para o terceiro e fica bem no meio. Parece que os críticos não gostam disso."

"Talvez fosse mais sombrio, mas eu achava o máximo porque eles foram definidos pelo tempo", diz Lea Thompson. "*De Volta para o Futuro* meio que celebrava os anos 1950 como um período inocente, mas o Biffhorrific não era inocente. Eu amo *De Volta para o Futuro – Parte II*."

"O sucesso do primeiro colocou muito mais pressão criativa na gente, não há dúvida", diz Bob Gale. "A *Parte I* era completamente desconhecida quando foi lançada. Ninguém tinha qualquer ideia preconcebida sobre o filme, então ele conquistou o público pela surpresa. Para criar as sequências de um filme que teve um sucesso tão grande, nós tivemos de pensar constantemente sobre as expectativas do público. Nós haviamos estabelecido um padrão extremamente elevado para nós mesmos, e até mesmo a gente sabia que jamais conseguiria ultrapassá-lo."

Apesar das diferentes reações, *De Volta para o Futuro – Parte II* ainda recebeu aplausos da indústria cinematográfica, tanto no exterior como nos EUA, embora a resposta tenha sido mais comedida. Ken Ralston, Michael Lantieri, John Bell e Steve Gawley foram indicados ao Oscar de Melhores Efeitos Visuais e a equipe venceu a mesma categoria no BAFTA, no Reino Unido. Michael J. Fox e Lea Thompson levaram para casa prêmios do Nickelodeon Kids' Choice Awards por suas atuações, uma prova do impacto do filme entre aqueles que não tinham idade suficiente para entrar no Casino & Hotel Pleasure Paradise, que Biff Tannen controlava na versão 1985-A. Enquanto a temporada de premiações acontecia, Zemeckis e companhia preparavam a *Parte III* para seu lançamento nos cinemas. O ano anterior tinha sido um furacão de pré-produção, com longos dias de filmagem, um trabalho de câmera ambicioso e passos em falso ocasionais. Filmar as duas sequências ao mesmo tempo foi uma decisão inteligente tanto no aspecto fiscal como no criativo e, embora a *Parte II* não tenha sido tão bem recebida como sua antecessora, seu forte desempenho nas bilheterias justificou ainda mais a ideia de dividir o longo roteiro original em dois. Com a parte final a apenas alguns meses de chegar aos cinemas, Zemeckis e companhia esperavam que o público fosse aparecer para vê-los se esforçar para alcançar o padrão que eles tinham definido para si próprios na conclusão da trilogia de *De Volta para o Futuro*.

UM EXPERIMENTO CIENTÍFICO

QUINTA-FEIRA, 24 DE MAIO DE 1990

A multidão do lado de fora do Cinerama Dome Theatre, na Sunset Boulevard, havia crescido consideravelmente a partir das duas da madrugada. Dezenas de pessoas haviam faltado ao emprego ou matado aula, suspendendo o sono antes do amanhecer para estar entre as primeiras pessoas do mundo a ver o último capítulo da saga *De Volta para o Futuro*, de Robert Zemeckis. Alguns estavam fantasiados como Marty McFly e Doc Brown, bem antes do *cosplay* estar na moda. Uma hora ou mais antes da hora do rush da manhã, Bob Gale chegou à sala de cinema e ficou surpreso ao ver que já havia gente na fila. Ele virou-se e voltou alguns minutos mais tarde com cafés e *donuts* – para todos que estavam ali esperando. Os fãs apreciaram o gesto, mas era claro que o produtor os apreciava mais ainda.

Aquele grupo reunido marcou um bom início para o fim de uma longa semana e uma odisseia ainda mais longa de cinco anos. Naquela segunda-feira, o elenco e a equipe tinham se reunido para a estreia mundial da *Parte III*, que aconteceu no Cineplex Odeon, em Los Angeles. Foi um evento repleto de estrelas, com celebridades como Kurt Russell, Goldie Hawn, Matthew Perry e Sally Field entre a audiência. Várias mulheres usavam camurça marrom ou botas de couro e os homens ajeitavam suas gravatas de seda. Para não ficar atrás em termos de moda e de autoafirmação, Steven Spielberg usava uma camisa de botões azul-clara sob um suéter asteca marrom com

CASEEN GAINES

múltiplas cores tecidas em seu desenho. Ele usava uma gravata prateada com azul-turquesa e, por sobre sua apresentação, um amplo chapéu amarelo e seus óculos escuros espelhados. Não era o típico evento de tapete vermelho e todos os presentes pareciam felizes por essa pequena mudança de andamento.

Para gerar ainda mais publicidade, a Universal organizou maratonas "Back-to-Back-to-Back" em dezenove cidades pelos Estados Unidos e Canadá às vésperas da estreia oficial do lançamento de *De Volta para o Futuro – Parte III* nos cinemas. Os resultados foram exatamente o que o estúdio esperava e, talvez, ainda melhor do que os Bobs esperavam. Em Nova York, do lado de fora do Cineplex Odeon National, a fila se estendia por mais de um quarteirão pela Broadway até a 43rd Street. Em Los Angeles, mais de uma centena de fregueses estavam no grupo para quem Gale havia servido lanches, ao esperar na fila por mais de seis horas antes das exibições começarem. Um DeLorean estava estacionado do lado de fora e músicos que pareciam com o ZZ Top, a banda que providenciou a música para este capítulo da série, estava tocando "Doubleback", resposta da *Parte III* a "The Power of Love". Uma mulher sobre um cavalo estava fazendo truques de cordas perto de um malabarista que passava uma latinha de mão em mão. Conforme a hora de começar se aproximava, o circo chegou a um ponto febril quando Robert Zemeckis, Bob Gale e Neil Canton deram as caras. Sua paróquia os saudou com aplausos entusiasmados, sem saber que os três convidados inesperados tinham mais uma surpresa na manga. Vinham com camisetas brancas com o logotipo de *De Volta para o Futuro* desenhado em contorno vermelho. Abaixo, o numeral romano IV estava impresso dentro de um grande círculo com uma linha cortada na diagonal através de seu diâmetro. Se uma estampa de silkscreen pode valer por mil palavras, três delas devem ter funcionado por volumes inteiros. *Foi divertido, mas caso vocês, jovens malucos, estejam pensando em continuar, saibam que a viagem terminou.*

O diretor e seus produtores estavam esperando pelo melhor e o público das exibições da trilogia firmou-lhes a postura, mas eles sempre souberam que *De Volta para o Futuro – Parte III* seria a venda mais difícil dos três filmes. O segundo filme da trilogia havia sido lançado apenas seis meses antes e, enquanto muitos fãs o amaram, a produção não conseguiu angariar o amplo apoio e o sucesso do primeiro. A bilheteria da continuação era forte – US$ 118 milhões nos Estados Unidos, quase US$ 332 milhões no resto do mundo –, mas significativamente mais baixa que o sucesso mastodôntico do filme original. Internamente, havia certa preocupação de que parte do público talvez não pudesse voltar para a fase 3. Colocar o *teaser* no final do segundo filme foi uma ideia esperta e aumentou ainda mais o interesse dos fãs mais apaixonados, mas também revelou-se um problema inescapável no sentido de vender aquilo para as massas. O último filme era um faroeste e muito dificilmente o público que ia aos cinemas em 1990 começaria seu verão assistindo a caubóis e índios na telona. Os Bobs acreditavam em sua história e no roteiro de Bob Gale, mas, como eles foram lembrados pela tépida resposta da crítica à *Parte II*, não existem garantias em Hollywood.

DE VOLTA PARA O FUTURO - BASTIDORES

O processo de levar o último capítulo para a tela tinha uma diferença marcada em relação às aventuras anteriores. Diferentemente da *Parte II*, em que um número significativo de takes era tecnicamente exigente e o alto potencial de erros de continuidade deixaram Arthur Schmidt e Harry Keramidas pisando em ovos, o último filme era mais simples. Não havia carros voadores e bem menos sequências com skates voadores, e nenhuma cena de filmes anteriores a ser recriada. Havia desafios técnicos, takes de câmera complicados e longas noites, mas comparando com o set precedente dos dois filmes fazer esse *De Volta para o Futuro* foi como tirar férias.

Enquanto parte do terceiro filme foi feita na Universal, *Três* foi em sua grande maioria filmado em locação. O exterior da mansão de Doc em 1855 foi filmado na Gamble House, em Pasadena, enquanto a sequência com Marty e Doc no cinema drive-in foi filmada em Monument Valley, lar de muitos filmes de John Huston e John Wayne. Contudo, a maior parte do filme viu Zemeckis e companhia levar seu show na estrada para Sonora, quase 500 quilômetros a noroeste dos confortáveis confins do quintal da Universal. A cidade não é apenas uma bela e versátil tela em branco para cineastas como também é um pedaço imobiliário bem testado. Quando o DeLorean deslizou suas rodas pelo terreno, centenas de filmes e seriados de TV já haviam sido filmados na cidade, incluindo *Bonanza* e *O Cavaleiro Solitário*.

O começo da produção do filme causou muita tensão para os realizadores. Quando a produção do *Três* começou, Arthur Schimdt e Harry Keramidas se separaram de forma que conseguissem dividir e conquistar, enquanto as duas continuações vinham sendo editadas simultaneamente. De início, os dois foram a Sonora, onde Bob Z estava trabalhando com eles na edição final no que então já se referiam como *De Volta para o Futuro – Parte II*, cujo foco, no entanto, era esporádico. De dia ele estava filmando e à noite e nos fins de semana sentava-se com os dois editores. Era ótimo ter seus colaboradores no local com ele, mas a cabeça de Zemeckis não estava completamente ali e ele sabia disso. Mais uma vez, estava correndo contra o relógio rumo não apenas a uma data de lançamento, mas de duas agora.

Depois de um tempo, Artie foi para Los Angeles, para ajudar na sincronização das gravações de áudio da *Parte II*, enquanto Harry manteve-se no norte da Califórnia para mexer nas partes do clímax da *Parte III*, uma sequência extensa e elaborada que acontecia em uma locomotiva a vapor antiga e que foi filmada pelo curso de algumas semanas. As coisas poderiam estar difíceis antes para o diretor, mas elas estavam prestes a se tornar significativamente mais desafiadoras. Com a temporada de *Caras & Caretas* concluída, Michael J. Fox festejava sua habilidade em atuar como um garoto dos anos 1980 que virou um vaqueiro sem ter de passar seus dias como Alex P. Keaton. Era a vez de Zemeckis fazer longas jornadas diárias e agora o transporte era ainda mais intrincado do que ter de ser levado em uma perua. Por um período de três semanas, enquanto Bob Z filmava a climática cena do trem de dia, Bob G ficava em Los Angeles supervisionando o áudio da *Parte II*. Depois que as coisas com a ferrovia terminavam de dia, o diretor pegava um jato particular rumo ao sul, onde um motorista

CASEEN GAINES

o encontrava no aeroporto de Burbank e o levava para a sala de áudio no Hitchcock Theatre, na Universal. Zemeckis jantava ali, revia o que havia filmado durante o dia e fazia anotações. Ele ia para o Sheraton Universal Hotel para depois ser levado ao aeroporto Burbank pela manhã, voltava para o Velho Oeste, lava, enxágua e repete. Algumas semanas depois, de volta a San Jose, os testes de público da *Parte II* começavam. Mais edições eram exigidas antes que o filme fosse completado e, enquanto isso, todo o trabalho no *Três* continuava.

Quando a *Parte II* falhou em conectar-se com alguns dos espectadores, Zemeckis não ficou completamente surpreso. Era um filme diferente – um filme mais sombrio –, mas também um filme menos refinado. "Quando digo que ele sofre de edição, não quero dizer que poderia ter sido mais longo ou mais curto", diz Zemeckis. "Eu só não tive tempo de me sentar com meu filme. O processo de edição é realmente delicado e diferente a cada filme. Se há muito tempo para editar, pode começar a se tornar autodestruidor; mas se não há tempo suficiente, talvez você não pegue os ritmos direito. Se não há tempo suficiente para gestar, o que a tarefa exige, mas se há tempo demais, você começa a pensar em coisas com as quais não deveria se preocupar. Eu sentia que não tinha tempo suficiente, o que não quer dizer que deveria ter tirado mais coisas. Pode ser que eu deixasse mais as coisas respirarem. Não tive tempo de passar aquele verniz final porque estávamos muito ocupados fazendo esse outro filme gigantesco."

"Foi uma época extremamente difícil, e foi muito difícil para Bob criativamente", diz Arthur Schmidt. "Era extremamente exigente para ele. Talvez seja uma das razões pelas quais *De Volta para o Futuro – Parte II* tenha sofrido um pouco. Ele não tinha o tempo que costumava e gostava de ter para dedicar-se à pós-produção e à edição de seu filme. "Não tive a chance de me sentar, olhar para aquilo mais objetivamente e dizer: 'Oh, eu gostaria de ter tido mais tempo porque aí eu faria isso. Ou mudaria aquilo. Ou deixaria mais claro ali.'"

Enquanto começavam a olhar em retrospecto, havia pouco tempo para a reflexão sobre o segundo filme enquanto o terceiro estava em andamento. Para alguns dos atores, a experiência de fazer a *Parte III* foi um dos pontos altos da filmagem da trilogia. Muitos ficaram felizes com o novo cenário e em estar na terra e entre as montanhas. Claro que as filmagens em Sonora tinham desconfortos ocasionais – a chamada para o trabalho pela manhã às 6h, quando a temperatura quase sempre estava em dez graus negativos –, mas o elenco e a equipe conseguiram se divertir bastante. "Por um período de tempo, nós realmente quase transformamos a cidade em uma espécie de resort da equipe", diz Dean Cundey. "Começamos a desenvolver pequenas áreas atrás do cenário para diferentes interesses e atividades. Alguns dos motoristas construíram um pequeno campo de golfe. Três ou quatro de nós, eu incluído, tínhamos interesse por velhas armas de fogo, então construímos uma bela área de tiro em outro canto. Havia um lugar para jogar ferraduras. Escondido atrás do cenário no meio do nada ficava o que chamávamos de "Copa DVPF", nossa área de lazer onde todos nós descansávamos. Contávamos com um ótimo bufê, mas todo mundo comia rápido para conseguir

232

O último filme era um faroeste e muito dificilmente o público que ia aos cinemas em 1990 começaria seu verão assistindo a caubóis e índios na telona. Os Bobs acreditavam em sua história e no roteiro de BOB GALE, mas, como foram lembrados pela tépida resposta da crítica à *Parte II*, não existem garantias em Hollywood.

DE VOLTA PARA O FUTURO - BASTIDORES

passar o resto da hora do almoço em sua atividade favorita. No final disso tudo, todos estavam felizes para voltar ao trabalho. Todos nós voltávamos reenergizados. Todo mundo se lembra da produção em locação com carinho, como sendo uma ótima experiência. Não era apenas a diversão de fazer um filme, mas só a diversão de estar lá, a camaradagem e o fato de que você passava a maior parte do seu tempo em uma experiência realmente recompensadora."

Sem os rigores de ter de correr de e para o set de *Caras & Caretas*, Michael J. Fox pôde voltar a curtir a vida de um astro de cinema. Ele brincava que Zemeckis gostava de arrumar novas maneiras de fazê-lo sofrer enquanto filmava *De Volta para o Futuro* – truques de skate no primeiro filme, ficar pendurado em uma armação para filmar as sequências do skate voador no segundo, andar em cima de um trem em movimento no terceiro –, mas o ator gostava do desafio. Ele não conseguia não ficar impressionado consigo mesmo quando percebia que em determinado momento cavalgara a 50 km/h – algo que ele nunca havia imaginado fazer quando era apenas um garoto crescendo no Canadá.

Enquanto isso, Christopher Lloyd pôde deleitar-se no holofote como metade do ponto focal romântico do filme, a outra metade sendo Mary Steenburgen, escalada como Clara Clayton, par amoroso de Doc Brown. Atuar como Doc já havia se tornado quase uma segunda natureza para o ator naquele ponto, mas ele saboreava a oportunidade de explorar um novo lado do cientista de olhos esbugalhados. "Eu poderia me relacionar com o desejo de ter uma experiência romântica, mas Doc jamais havia pensado nisso", disse. "Ele vivia tão obcecado por seus projetos – viagens no tempo e todo o resto das pequenas coisas com que ele estava constantemente envolvido. Não acho que estava em seus planos. Até que ele salvou Clara, seus olhos se encontraram e então todo o mundo mudou. Pensei que era uma situação maravilhosa para um cara estar metido. Ele estava totalmente atordoado. Ele não sabia como lidar com isso, mas tomou o controle e descobriu por conta própria, de certa forma."

Contracenar com Mary Steenburgen trouxe outro benefício para o ator. Os dois haviam trabalhado juntos em sua estreia no cinema, o filme de 1978 *Com a Corda no Pescoço*, escrito e dirigido por Jack Nicholson. Lloyd não poderia estar mais feliz ao ter outra oportunidade de passar algum tempo com a atriz – tanto dentro e fora da tela. "Confesso que fiquei apaixonado por ela e acho que foi mútuo", diz. "Nós nunca nos envolvemos de forma alguma em qualquer tipo de relacionamento além de estarmos no set e gostarmos um da companhia do outro. Nos divertíamos e a química já estava lá. Fiquei encantado ao saber que ela atuaria no filme, ela estava encantada de estar lá e nós continuamos a ter essa experiência pelo bem de Clara e Doc." Trabalhar com Steenburgen no *Três* também foi um marco na carreira de Lloyd: o ator já estivera em quase três dúzias de filmes e perto de uma centena de episódios de séries para a TV, incluindo o memorável papel do reverendo Jim Ignatowski em *Táxi* – e ainda assim nunca havia beijado na tela. Christopher Lloyd e Mary Steenburgen podem ter mantido sua relação estritamente platônica na vida real, mas Doc e Clara puderam compartilhar um doce momento de romance físico familiar sob as estrelas.

235

CASEEN GAINES

A filmagem do *Três* também propiciou uma primeira vez ao artista Drew Struzan, o criador da arte promocional icônica da franquia: ele pôde ter os atores posando para fazer o cartaz do filme. Desde o filme original, Struzan tinha sido um acréscimo integral ao marketing e à marca da franquia. Seu cartaz de página única para o filme, com Marty olhando para o relógio com um pé dentro do DeLorean e o outro no chão, enquanto trilhas de fogo correm por baixo e um céu esfumaçado azul e laranja preenche o quadro, se tornou uma representação emblemática da série. Enquanto a imagem tornou-se icônica quase que instantaneamente, chegar ao conceito vencedor exigiu muito tempo e esforço.

Antes de desenhar a arte do pôster de *De Volta para o Futuro*, Struzan não havia lido o roteiro nem visto nenhum take da filmagem. Em vez disso, os Bobs e Spielberg falavam com ele dos pontos principais – tinha um garoto adolescente interpretado por Michael J. Fox, um cientista louco interpretado por Christopher Lloyd, Crispin Glover e Lea Thompson interpretavam seus pais, uma parte do filme acontece nos anos 1950, havia um DeLorean que viaja no tempo e muitos relógios no imaginário. Deram-lhe grossos fichários com centenas de fotos do set tiradas por Ralph Nelson. Struzan bolou seis ou sete ideias e as apresentou ao time de produção que, felizmente, viu potencial em tudo que o artista havia criado.

"Eles foram muito respeitosos e abertos", diz Struzan. "É por isso que são ótimos de se trabalhar, porque respeitam a criatividade dos outros. E é por isso que vieram até mim. Eles viram outras coisas que eu havia feito e gostaram. Não foi desses trabalhos em que tudo vira um inferno e que eu não consigo entender o que querem. Tive muita liberdade. Acho que é por isso que me lembro disso com carinho, porque foi muito respeitável e fácil de se fazer."

Os Bobs e Spielberg gostaram de todos os trabalhos e não conseguiam decidir qual dos conceitos queriam levar adiante. Eles pediram a Struzan que fizesse pinturas coloridas por completo de cada conceito a partir de "compreensivos" – ou *comps*, que é como o pessoal do cinema chama. E então vieram as observações. Uma pintura trazia Marty sentado sobre um relógio de tamanho desproporcional, mas eles sugeriram ao artista que trocasse por um relógio mais antigo. Espera, e se fosse um relógio mais futurista? E se seus pais estivessem refletidos na face de fora de um relógio de bolso antigo? No fim, houve um pouco de tentativa e erro, mas nenhuma dessas pinturas foi aprovada.

Seria fácil para Drew Struzan levar crédito por chegar com uma ideia vencedora, mas mesmo décadas mais tarde ele ainda admite que não sabe como o conceito definitivo surgiu. Com a proximidade do lançamento de *De Volta para o Futuro*, Spielberg teve outro pensamento em sua mente que queria que o ilustrador testasse. Ele gostava do estilo e do trabalho feito até então, mas queria testar sua mão com uma ideia sugerida por alguém da Universal – Marty olhando incrédulo para seu próprio relógio. O produtor executivo presenteou Struzan com uma fotografia em que Marty está em sua

DE VOLTA PARA O FUTURO - BASTIDORES

hoje conhecida pose. Era a imagem que a equipe de produção queria que representasse seu filme. O artista terminou o *comp*, que os Bobs e os produtores amaram, e uma edição final de página inteira logo apareceu.

O pôster da *Parte II* incluía Marty em uma pose semelhante ao da *Parte I,* perto do DeLorean, que agora voava, com Doc ao seu lado. Levou mais tempo para chegar a esse desenho do que poderia se esperar. "Todo mundo parecia ter sua própria recordação ou sua própria lembrança das circunstâncias", diz Struzan. "Normalmente dizem 'Queríamos que o conceito tivesse uma boa consistência através dos três filmes'. O fato é que eu fiz cerca de trinta e cinco desenhos em busca de todo conceito para o segundo filme que eu pudesse pensar. Fiz toneladas desses desenhos. E somente entre os últimos destes desenhos havia um com os caras ali parados. No final, eles escolheram. 'É isso que devemos fazer. Todo mundo gostou do primeiro – por que não apenas repeti-lo?'"

Com o desenho definido, Struzan voltou a trabalhar no pôster final de *De Volta para o Futuro - Parte II.* A produção do *Três* já estava em andamento e, com Michael J. Fox significativamente mais acessível do que estava durante os dois primeiros filmes, os produtores contrataram o ilustrador não apenas para trabalhar na arte promocional do filme, mas também para ter os atores posando da forma que ele quisesse. Assim, ele pôde tirar fotografias de referência para usar enquanto trabalhava na arte em seu estúdio.

Para Struzan, essa era uma oferta atraente. Ao longo de sua longa carreira, nunca havia surgido a oportunidade de ter um ator posando para ele antes. Para o primeiro filme, alguém tinha feito Fox posar para tirar a fotografia que Spielberg havia lhe apresentado, mas era praticamente inútil como um guia de trabalho. O artista achava a pose antinatural e imprópria para ajudar a vender Michael J. Fox como uma estrela de cinema emergente. "Ele fez um trabalho tão tosco na sessão de fotos que – e isto é algo que eu nunca disse a ninguém – eu mesmo posei para aquela imagem", diz Struzan. "É o meu corpo com a cabeça de Michael. A foto que o outro cara tirou estava mal iluminada – simplesmente não tinha alma. Então eu a refiz por diversão, por uma questão de gosto. Parece ter sido uma decisão acertada, porque eles usam aquela pose desde então."

Mas, desta vez, as coisas seriam feitas do seu jeito desde o início. O artista viajou quatro horas até Sonora, com um fotógrafo, e passou o dia no set. Michael J. Fox e Christopher Lloyd trocaram suas roupas de faroeste pelas roupas da *Parte II.* O fotógrafo montou a iluminação e todos incorporaram seus respectivos papéis. Struzan interpretou o diretor de arte, instruindo seus modelos a acertar suas posições enquanto exalava o entusiasmo de um fotógrafo de moda. "Ok, fique aqui. É isso mesmo, aqui mesmo. Faça a pose do relógio. Ok, agora os dois. Um pouco para a esquerda. Um pouco mais. Não, Chris, você fica aí. Michael, um pouco mais para a esquerda. Michael, você pode..."

"Espera um pouco."

Fox jogou as mãos para cima. Todo mundo gelou. Ele foi para o centro do palco enquanto o coração de Struzan parou de bater. O astro do filme havia se ofendido. Struzan iria arrumar suas coisas e voltar para casa muito em breve. Fox olhou diretamente em seus olhos e caminhou em direção a ele.

"Você é *O* Drew?"
"Eu sou o Drew, sim."
"Eu sou seu maior fã."

Fox sabia que Struzan havia feito a arte do primeiro filme, mas não tinha ideia de que o homem que aparecera com um fotógrafo lá no meio do deserto era a mesma pessoa cujo trabalho ele tanto admirava. O artista gostou do elogio. Foi uma primeira impressão fantástica de como era estar na presença de Michael J. Fox.

Quando chegou a hora de trabalhar na divulgação da *Parte III*, Struzan foi novamente convidado para fotografar os atores. Como na maioria dos aspectos da trilogia, foi mais fácil na terceira vez. Havia então um conceito – Marty e Doc seriam pintados ao lado do DeLorean enquanto o carro estaria sobre trilhos de trem. Os atores se lembravam de Struzan e o cumprimentaram calorosamente, com Fox até tirando alguns minutos para conversar com ele sobre cartazes para outros filmes. A foto para o pôster da *Parte III* foi feita no Estúdio 12 da Universal, onde várias cenas estavam sendo filmadas.

Antes de Struzan chegar ao set, o ambiente estava alegre, enquanto Zemeckis se preparava para filmar a sequência com o DeLorean na caverna, no estúdio. O diretor estava esperando a equipe montar a iluminação. Era para estar escuro na caverna fechada e Bob Z achou que a estética estava errada para o que ele estava tentando fazer.

"Espera. Espera um pouco. Espera, espera, espera. De onde está vindo a luz de dentro desta caverna?"

Dean Cundey não deu importância e respondeu: "Do mesmo lugar que a música".

Assim como o público aceitaria a trilha sonora de Alan Silvestri vindo de algum lugar invisível, o cineasta sabia que perguntas sobre a fonte da luz que ele precisava para cobrir adequadamente a cena eram igualmente irrelevantes. Fazer cinema é vender uma ilusão e desde que você trabalhe dentro do limite da realidade o público caminha junto. Zemeckis aceitou a leve provocação de seu amigo, reconheceu que Cundey estava certo e a equipe continuou a trabalhar.

Nesse meio-tempo, Struzan ganhou a permissão de tomar emprestado os dois atores principais. Fox e Lloyd colocaram o figurino, as fotos foram tiradas e o artista voltou ao seu estúdio. O tema visual básico dos dois primeiros filmes seria repetido para

DE VOLTA PARA O FUTURO - BASTIDORES

o terceiro, mas havia um elemento do conceito que gerou incerteza e debate. "Nós olhamos, tipo, sessenta composições antes que eles conseguissem chegar a isso", diz Struzan. "A ideia deles era ter três 'qualquer coisa', mas não sabiam o quê. Marty, Doc e o trem? Que tal Marty, Doc e – eram só essas ideias malucas. No final, eles imprimiram o pôster com Marty e Doc e o carro enfeitado de faroeste. Enquanto estava na gráfica, eles finalmente chegaram a uma conclusão e disseram: 'Esperem um pouco, acho que nós realmente deveríamos colocar a Mary Steenburgen'. Mais uma vez, quando estavam correndo contra o relógio, eles tomaram uma boa decisão. Obviamente, era o caminho certo a seguir, mas levaram muitas, muitas encarnações para chegar a esse ponto."

Quando a decisão foi tomada, Struzan já não tinha como fotografar a atriz. Em vez disso, o ilustrador descreveu o que precisava para os produtores e eles arrumaram outra pessoa para fotografar Steenburgen, utilizando as fotografias tiradas previamente de seus colegas de elenco como um guia. Quando as imagens foram enviadas para Struzan, já era tarde demais para refazer toda a arte do pôster. Então ele pegou um pedaço do papel de ilustração, pintou a imagem de Steenburgen nele, cortou a peça cuidadosamente e colou-a sobre a arte principal. Felizmente, o produto final ficou perfeito e o público que viu os cartazes em exibição nas salas de cinema locais não percebeu nada de errado.

Além da trilha de Alan Silvestri, que inseriu variações de faroeste em alguns dos temas musicais mais conhecidos de *De Volta para o Futuro*, os produtores queriam encontrar uma maneira de colocar um artista do momento no filme. Escolhido em grande parte por causa de suas barbas extralongas facilmente reconhecíveis, que pareciam estar em casa no Velho Oeste, o zz Top foi convidado a fazer uma participação e colocar uma música na trilha sonora. "Minha sequência favorita em termos de filmagem foi o festival na *Parte III*", diz Bob Gale. "Tínhamos música ao vivo no set, o clima estava bom e toda a atmosfera da cena era muito otimista e positiva. Como era de noite, realmente pareceu que havíamos voltado no tempo. Todo mundo gostou de ver os caras do zz Top tocar com os músicos locais."

"O zz Top era muito diferente do Huey Lewis, em relação ao som de sua música", diz Neil Canton. "Sou um grande fã do zz Top. Também sou um grande fã do Huey, mas nós precisávamos arrumar alguém para participar do filme e compor uma música que fosse apropriada para a trama. O zz Top parecia pertencer ao Velho Oeste e assim foi decidido. Em teoria, pensávamos que seria difícil conseguir esse grupo, mas por causa do sucesso do primeiro filme eles foram muito receptivos."

"Eu e o resto da banda – sabe, os outros negros – sabíamos que não estaríamos no terceiro filme porque não havia nenhuma maneira de eles nos colocarem no Velho Oeste", diz Harry Waters, Jr. "Nós tivemos uma conversa com Bob Gale, que disse que estavam tentando de todo jeito descobrir como poderíamos participar, mas

DE VOLTA PARA O FUTURO - BASTIDORES

simplesmente não poderia acontecer, então ficamos um pouco desapontados. Mas fiquei contente por terem escolhido o zz Top."

Jeffrey Weissman também ficou desapontado por não ter um papel mais importante na *Parte III*. Michael J. Fox fez o papel de Seamus McFly, um parente distante de Marty, em um papel que foi originalmente oferecido para Crispin Glover como uma forma de negociação na época que havia uma chance de que ele pudesse participar das continuações. Mas a piada não iria funcionar tão bem com Weissman no papel. Embora ele afirme que o papel lhe foi oferecido ao ser contratado para *Paradoxo*, Bob Gale nega, alegando que Weissman nunca foi levado em consideração para o papel de Seamus. De qualquer forma, o resultado final foi o mesmo – Zemeckis e companhia revisitaram um efeito memorável da *Parte II* para trazer Seamus para a tela. No segundo filme, houve uma sequência em que Fox aparece como seu filho, sua filha e uma versão mais velha de Marty na mesma cena, feita com uma câmera VistaGlide, uma tecnologia revolucionária na época da produção. Greg Beaumont, da ILM, construiu a câmera especificamente para as necessidades de Zemeckis e da equipe de filmagem. A câmera, do tamanho de uma geladeira pequena e barulhenta à beça, permitia que um operador fizesse várias exposições em um único frame do filme. O negativo da VistaGlide tinha quatro vezes o tamanho de um frame padrão de 35mm, para que pudesse ser utilizado várias vezes. Cada vez que revelavam o filme no laboratório, seu tamanho era reduzido até que ficasse do mesmo tamanho do resto da filmagem. "Se você prestar atenção no *De Volta para o Futuro – Parte II*, tem um monte de coisas relacionadas ao equipamento que são importantes, inovadoras e com um conceito elevado", diz Robert Zemeckis. "Eu tive sorte de trabalhar com atores que não se irritam com isso." Como o efeito foi bem-sucedido e executado com perfeição no segundo filme, a ideia era apenas reproduzi-lo no terceiro.

"Fico especialmente orgulhoso de como nós conseguimos fazer o trabalho de controle de movimento com múltiplos Michael J. Foxes", diz Bob Gale. "Eu adoro a cena de Marty e Seamus no festival e a cena da *Parte II* no Café Anos 1980 em que Marty tira o chapéu de Marty Jr. e o coloca em sua própria cabeça. É incrível e acontece tão rápido que o público nem sequer para pra pensar como nós as fizemos."

Um dos elementos do filme que recebeu a maior atenção foi a longa sequência perto do final em que Marty e Doc tentam fazer um motor a vapor chegar a 88 milhas por hora. Como as cenas dos skates voadores do segundo filme, o espetáculo foi conseguido com uma mistura de efeitos especiais e visuais, reais e ópticos. A locomotiva real usada durante as filmagens é a Sierra Railway No. 3, o que facilitou o trabalho do departamento de cenografia para convertê-la em No. 131 para a filmagem. Ela foi construída em 1891 e já tinha aparecido em mais de cem filmes e programas de televisão. Filmar a sequência do trem levou sete semanas, quase tanto quanto a dos skates voadores da *Parte II*, e ofereceu mais uma oportunidade para os próprios atores principais fazerem algumas cenas de ação mais simples. Christopher Lloyd pode ter tido receio de ficar de pé no parapeito da torre do relógio para a *Parte I*, mas ele estava mais ansioso para tentar as cenas mais perigosas para a *Parte III*.

"Teve uma sequência em que eu estava perseguindo o trem a cavalo, galopando ao longo dos trilhos", diz Lloyd. "Eu tinha de me segurar no trem e me soltar do cavalo para subir na locomotiva. Não me deixaram fazer isso, porque era perigoso. Dá para me ver em uma das tomadas galopando, foi muito divertido. Eu já andei muito a cavalo, então me senti confortável. Podia facilmente ter me segurado no trem e me puxado para cima. Eu quase fui, mas pensei: *E se não der certo?*" Embora costume ter medo de altura, Lloyd não é totalmente avesso ao risco. Ele e Michael J. Fox tiveram a oportunidade de correr em cima do trem, embora não tenham saltado, de fato, de um vagão para outro. Na verdade, Lloyd prefere fazer suas próprias cenas de ação sempre que possível, pois isso dá ao diretor mais opções durante as filmagens e aos editores mais material para trabalhar. Sua busca por adrenalina tinha sido relativamente limitada na trilogia até aquele ponto, mas na *Parte III* até mesmo o Doc conseguiu andar em um dos desejados skates voadores, quando ele e Clara deslizaram para longe da locomotiva, momentos antes de ela cair na Ravina Clayton (ou Eastwood). "Aquelas máquinas a vapor são criaturas incríveis, aqueles enormes aparelhos de ferro com todas aquelas peças em movimento", diz ele. "Foi muito intenso. Esqueci como eles prenderam os skates no trem, mas eu adorei, adorei demais. Eu me senti confortável. Eu me senti seguro. Você tinha de prestar atenção quando trabalhava com aquilo, mas realmente gostei de fazer aquelas sequências."

Na sua terceira rodada fazendo um *De Volta para o Futuro*, a perspectiva original da *Parte III* sobre o que em 1990 já tinha se tornado uma história muito conhecida manteve a experiência renovada. "Eu gostaria de fazer as pessoas pensarem que todo o processo fora uma experiência árdua, horrível e que nós tivemos de lutar contra o calor e a privação de sono o tempo todo", diz Dean Cundey. "Mas devo confessar que nós transformamos aquilo em uma grande e divertida aventura para todos nós. Tivemos a sorte de ter aquela locação no interior da Califórnia. É a famosa terra do ouro, onde o ouro foi descoberto e a maior parte da corrida do ouro aconteceu. Ela foi escolhida porque o museu dos trens antigos fica lá e eles ainda mantêm vivos os trens a vapor em um trecho de trilho e os deixam correr por um pequeno vale visualmente perfeito. Nós invadimos a cidade à beira da linha do trem. Ficamos hospedados em hotéis pequenos e rústicos, essas coisas. Eles eram muito confortáveis, muito pitorescos e interessantes."

Em muitos sentidos, *Três* foi quase uma volta da vitória. Até a máquina do tempo DeLorean, depois de toda a dor de cabeça que causou durante o primeiro filme, foi relativamente fácil de se trabalhar, graças a algumas melhorias muito necessárias de Tim Flattery. No total, sete DMC-12 foram utilizados durante a produção da trilogia – três no primeiro filme, outro no segundo (junto com o carro de fibra de vidro) e mais dois com potência extra na última parte. "Depois de aprender isso durante a *Parte I*, fizemos nossa equipe mexer em alguns dos carros para deixá-los mais potentes, mais estáveis e mais resistentes."

"Aquelas máquinas a vapor são criaturas incríveis, aqueles enormes aparelhos de ferro com todas aquelas peças em movimento", diz LLOYD

CASEEN GAINES

"Nós construímos do zero um chassi *off-road* com um motor Volkswagen e colocamos o corpo do DeLorean por cima daquilo", diz Flattery. "Se você olhar para aquele veículo no filme, verá que ele é mais alto que um DeLorean normal, só por causa do sistema de suspensão. Nós tivemos que deixá-lo mais alto para ele andar pelo deserto com aquele terreno todo acidentado. Até que o carro ficou pronto e só faltava revestir o exterior para ficar igual aos outros DeLorean. Eu dirigi até Sonora com ele, fiquei lá por dois dias para garantir que tudo correria bem e depois disso fui embora."

A conclusão da trilogia atingiu o seu adequado fim quando o carro DeLorean B foi esmagado por um trem no final do filme, assim que Marty retorna para o presente. Para quem estava no set, a experiência foi um pouco emotiva, mas também muito emocionante. "Foi principalmente um bom momento, porque nós não tínhamos que nos preocupar mais com aquilo", diz Neil Canton. "Era como um personagem do filme, mas os filmes são assim. Quando vai chegando o fim da filmagem principal, tem alguém que esteve com você todos os dias por meses, então é a sua última cena no filme e em seguida tudo acaba. Isso te afeta. Você sabe que pode nunca mais trabalhar com eles novamente. Era tipo isso. O DeLorean foi capturado no filme, então você ficava triste porque tinha acabado, mas ao mesmo tempo estava feliz porque ele cruzou a linha de chegada. Acho que algumas pessoas ficaram com pedaços do veículo. Eu só sei que nós queríamos garantir que ninguém mais pudesse trabalhar com ele, por isso nós iríamos destruí-lo."

"Não foi nem um pouco estranho", diz Bob Gale. "Afinal, não era o carro A. Mas é uma prova do poder desses filmes quando o público reage tão intensamente à sua destruição, como se fosse um personagem. Esse dia ficou vividamente gravado na minha memória. Diz pra mim, vai, quantas pessoas têm a chance de ver um carro ser atropelado por um trem – e por um bom motivo?"

Com o DeLorean em frangalhos, o nosso herói voltou para 1985 e, com a marca de duas horas se aproximando no cinema, só havia mais uma coisa a fazer – mandar Doc Brown e sua nova família de volta para o futuro em um trem a vapor customizado que viaja no tempo e que também não precisava de estradas. Marty Kline, animador da ILM, projetou o trem, seguindo o direcionamento de Robert Zemeckis para que a locomotiva evocasse o *Nautilus* do filme de 1954 da Disney, *Vinte Mil Léguas Submarinas*. Para criar as várias partes móveis e animações das passagens de tempo, John Bell e Wes Takahashi trabalharam juntos para decifrar como o trem iria se mover e reagir na tela. "O trem foi modelado", diz Takahashi. "Para fazer a passagem do tempo, eu pegava uma parte da traseira, depois olhava para ela na frente e atrás, quadro a quadro, tentando descobrir o que eu poderia fazer com aquilo. O trem tinha muitas outras partes móveis, então nós tínhamos de pensar o que todas aquelas peças fariam quando colocássemos a magia da ILM nelas. Eu trabalhei bem de perto com John Bell nisso. Ele me deu uma fotografia do que ele achava que todos os sinos e apitos do trem fariam. Certas partes emitiriam faíscas; outras emitiriam brilhos. Não haveria fumaça saindo dela. Eu estava seguindo o John. No *De Volta para o Futuro – Parte III*, eu podia fazer a viagem no tempo dormindo. Não era tão diferente de fazer no DeLorean."

DE VOLTA PARA O FUTURO - BASTIDORES

A filmagem principal terminou no início de 1990, dando à equipe de pós-produção um pouco mais de tempo para trabalhar nos toques finais. Pela primeira vez, Arthur Schmidt, Harry Keramidas e os magos dos efeitos da ILM não precisaram mover céus e terra para conseguir lançar o filme no cinema na data prometida. Zemeckis retocou o filme, deu algumas entrevistas promocionais – como fizeram muitos dos atores principais – e aguardou a resposta. Em 27 de maio de 1990, poucos dias depois que os Bobs e Neil Canton declararam publicamente, com suas camisetas brancas personalizadas, que não haveria uma quarta parte, parecia que o público ainda não tinha se cansado de *De Volta para o Futuro*. Universal e Amblin haviam conseguido tirar um coelho da cartola: pela terceira vez consecutiva seu filme de viagem no tempo estreou na primeira posição nas bilheterias dos Estados Unidos. Quando a poeira baixou, o total geral de seu fim de semana de estreia foi menor do que a de seus antecessores, US$ 19,1 milhões, mas eles ainda tinham um tesouro nas mãos. Talvez ainda melhor do que o seu sucesso comercial foi a aclamação que o filme recebeu tanto dos fãs como dos críticos. Tanto Siskel como Ebert apontaram seus polegares para cima e, diferente do que ocorreu com o segundo filme da série, o crítico de filmes da *Entertainment Tonight* voltou a apoiar a história dos Bobs. "Achei muito divertido", diz Leonard Maltin. "Acontece que adoro filmes de faroeste e eu estava feliz para ver uma cena tão grandiosa e impactante no Monument Valley com um trem de ferro incrível. Foi uma grande diversão do início ao fim. Ele capturava o espírito do primeiro filme, mas ia em uma direção totalmente diferente e havia muitas ideias engraçadas. Uma das minhas principais decepções com a *Parte II* foi que ela ficou séria. A *Parte III* suavizou o tom novamente, apesar de ter sido completamente diferente do primeiro filme, que tinha a mesma irreverência e criatividade." A reação inicial pode ter sido melhor do que a da *Parte II*, mas o terceiro volume realmente ficou um pouco abaixo das expectativas.

Embora algumas pessoas da indústria cinematográfica esperassem que ele fosse superar a renda da *Parte II* nos Estados Unidos devido ao boca a boca positivo, as filas nas bilheterias continuavam a diminuir. *De Volta para o Futuro – Parte III* arrecadou US$ 87,7 milhões nos Estados Unidos, tornando-se o único filme da franquia a não atingir a cobiçada marca dos US$ 100 milhões. No exterior, o filme fez US$ 156,8 milhões, um número impressionante, mas significativamente menor do que os US$ 213,5 milhões da *Parte II*. Talvez para piorar a ligeira decepção, os cartões de visita dos cineastas foram esquecidos quando chegou a temporada de premiações.

Para quem olhava de fora, pode ter parecido que *De Volta para o Futuro* estava se despedindo não com um estrondo, mas com um gemido; porém, isso não poderia estar mais longe da verdade. Com três filmes na bagagem, Marty e Doc estavam saindo a toda velocidade em direção a mais aventuras – desta vez em parques temáticos da Universal e nos programas de televisão das manhãs de sábado.

SEUS FILHOS VÃO AMAR

QUINTA-FEIRA, 23 DE JANEIRO DE 2014

Robert Zemeckis sentou-se diante de seu computador antes de começar o trabalho do dia. Nada o pressionava em seu calendário, o que, devido ao alvoroço e pressa de sua agenda mais recente, era exatamente como ele gostava que fosse. Ele abriu seu e-mail e viu uma mensagem de Bob Gale. Leu a curta nota, clicou em um link e foi levado para o FunnyOrDie.com. Apenas uns dias antes, Warren Buffett, o quarto homem mais rico do planeta, ofereceu US$ 1 bilhão para quem conseguisse prever perfeitamente a segunda fase inteira da liga de basquete colegial norte-americana. A manchete do site anunciava que um vencedor havia sido coroado e quando o diretor desceu a tela um pouco, viu uma foto de Buffett e Tom Wilson – vestido na versão Biffhorrific de seu personagem – segurando o *Almanaque dos Esportes*. O diretor não pôde segurar o riso, tirando os óculos para limpar uma lágrima. "Claro que tem de ser o Biff", diz Zemeckis. "Adoro que as pessoas ainda pensem em *De Volta para o Futuro*."

O tempo tem sido bondoso para os Bobs após o sucesso impressionante de seus três filmes sobre viagem no tempo. Depois do lançamento da *Parte III*, Bob Z continuou sua longa relação de trabalho com Steve Starkey. Juntos, os dois fizeram filmes que desafiaram os limites tecnológicos na telona, como *A Morte lhe Cai Bem*, *Náufrago* e *O Expresso Polar*. Outros integrantes da equipe da trilogia, incluindo Rick Carter,

CASEEN GAINES

Joanna Johnston, Ken Ralston, Arthur Schmidt e Alan Silvestri, também continuaram trabalhando com o diretor em vários projetos – e alguns até ganharam Oscars. Seus pais poderiam estar inicialmente céticos sobre sua decisão de ser um diretor de cinema, mas é seguro dizer que mudaram de ideia quando Zemeckis ganhou um Oscar por *Forrest Gump*, em 1995, quase uma década depois de fazer história com a bilheteria de *De Volta para o Futuro*. Bob Z estava certo sobre filmes durante todo esse tempo – eles têm mesmo o poder de cativar, unir as pessoas e mudar o mundo.

Trabalhar em *De Volta para o Futuro* também mudou a vida de Bob Gale. Ele não apenas ganhou o apoio dos pais – "Meu pai parou de se apresentar como Mark Gale para se apresentar como o pai do autor de *De Volta para o Futuro*!" –, mas também foi providencial em preservar a integridade da trilogia e em atiçar os fãs através dos anos seguintes. Pelas últimas três décadas, a Universal continuou a consultar Gale sobre todos os assuntos relacionados à trilogia, uma responsabilidade que o cocriador aceitou com felicidade. Para os fãs do filme, Bob G é o "Senhor De Volta para o Futuro", o perito de plantão e autoridade guardiã da história da franquia. Ele não é apenas um criativo multitarefa por trás dos bastidores, mas também o fã número 1 dos filmes. Os créditos podem afirmar que os filmes são de Robert Zemeckis, mas, como qualquer um que tenha contado a influência da trilogia na cultura popular – e o papel de Gale nisto – pode confirmar, eles também são filhos de Bob G.

Quando os Bobs trocaram memes da internet por e-mail, o último filme da trilogia *De Volta para o Futuro* havia sido lançado vinte anos antes. Diferentemente de um programa de TV, onde o mesmo elenco e a mesma equipe podem trabalhar dia sim dia não juntos por anos, fazer cinema é muito mais efêmero. Sim, um diretor ou produtor pode chamar alguns da sua equipe do Projeto A para trabalhar com ele ou ela no Projeto B, o que aconteceu com alguns dos vários integrantes da equipe de *De Volta para o Futuro* que cruzaram os caminhos uns dos outros antes e depois de filmar a trilogia, mas isso de forma alguma é algo esperado. Hollywood é um lugar fugaz, quase sempre construído sobre frágeis relações.

O que faz que seja ainda mais fenomenal a forma como vários integrantes da família *De Volta para o Futuro* terem permanecido em contato e fiéis à série de filmes por todos esses anos. Conforme as convenções se tornaram mais comerciais, muitos integrantes do elenco e da equipe se encontraram com fãs, posaram para fotos, autografaram fotos emolduradas nos principais mercados e pequenas cidades pelos Estados Unidos. Enquanto alguns passaram mais vezes que outros, virtualmente todos os integrantes do elenco principal já se sentaram em um painel em um ou outro ponto desde os anos 2000. No Hollywood Bowl 2006, uma convenção anual que celebra a cultura pop, uma reunião de números sem precedentes foi realizada. Duas dúzias de veteranos de *De Volta para o Futuro*, incluindo Michael J. Fox, Christopher Lloyd e Lea Thompson, passaram horas ouvindo histórias de fãs sobre como os três filmes tiveram impacto em suas vidas.

DE VOLTA PARA O FUTURO - BASTIDORES

"Tenho ido a convenções com Chris Lloyd já há alguns anos e acho que ele ainda fica surpreso ao saber que é tão amado", diz Lea Thompson. "Quero dizer, ele é amado de forma massiva. Milhares de pessoas prestam atenção em cada palavra e ele é hilário. É interessante ver duas mil pessoas e perceber que boa parte não era nem nascida quando o filme foi feito. É um sentimento incrível."

"Quando estou sentado a uma mesa dando autógrafos, os pais que chegam com seus filhos eram os filhos quando o primeiro filme saiu", diz Lloyd. "Eles são muito influenciados pelo filme e pela história, entretidos por ela. É incrível para eles conhecer o Doc de verdade e todos eles repetem como foi uma parte importante em seu crescimento. Era o mundo deles."

Enquanto viaja com frequência pelo circuito de convenções como um lobo solitário, Crispin Glover escolheu abster-se de qualquer evento que comemorasse o filme desde seu lançamento. Desde o final dos anos 1980, Glover assumiu uma postura crítica em relação ao primeiro filme e, especialmente, suas sequências. *De Volta para o Futuro* foi uma benção para sua carreira, ele é o primeiro a admitir, mas ele não acha que o filme esteja entre os trabalhos de que mais se orgulha. Nos anos mais recentes, Glover passou a excursionar pelo país promovendo *What is It?* e *It Is Fine! EVERYTHING IS FINE*, dois filmes independentes que ele escreveu e dirigiu. O site oficial do ator atualmente tem uma explicação um tanto quanto extensa sobre por que ele não apareceu nas partes II e III da trilogia, mas pouco menciona que o filme o ajudou a tornar-se uma estrela.

Coincidentemente, Tom Wilson tornou-se um dos atores mais prontamente disponíveis para fazer aparições públicas em eventos relacionados aos filmes da trilogia, mas ele também escolheu abster-se de participar de reuniões em grupos nos anos mais recentes. O ator, que era uma figura fácil no circuito de talk shows de fim de noite na época do lançamento de cada um dos filmes no cinema, apareceu em algumas convenções entre 2001 e 2003; contudo, desde então ele se distanciou significativamente. Para Wilson, tem sido uma dança delicada que inspirou o debate e alguma frustração com os fãs da franquia. Durante sua apresentação de *stand-up* – Wilson começou sua carreira como comediante e continua a apresentar-se em shows de humor até hoje –, ele costuma cantar a música "The Question Song" ("A Canção da Pergunta"). O número, uma canção contagiantemente feliz que Wilson interpreta enquanto toca violão, foi feita para responder a todas as perguntas sobre *De Volta para o Futuro* que os integrantes do público possam vir a fazer. *Sim, Michael J. Fox é um cara legal. Não, os skates voadores não funcionavam de verdade. Sim, Crispin Glover era estranho. Não, o esterco não era de verdade.* Alguns veem a canção como um sinal de que o ator não aprecia os fãs que lhe deram o maior sucesso de sua carreira, enquanto outros podem se identificar com a frustração do ator ao ouvir as mesmas perguntas num ritmo diário sobre filmes que ele fez décadas atrás. Parece improvável que não tenha orgulho de seu trabalho na trilogia – seu site oficial ainda comemora os feitos do filme –, mas Tom Wilson provavelmente preferiria que não lhe pedissem para serem chamados de "*butthead*" todos os dias.

CASEEN GAINES

No entanto, apesar de poucas exceções notáveis, a maior parte do elenco e da equipe de *De Volta para o Futuro* continua feliz ao falar sobre os filmes sempre que perguntados. Claudia Wells, que hoje é dona de uma loja de moda masculina, a Armani Wells, na Studio City, é quase sempre visitada por turistas de todo o mundo que param para falar com ela sobre seu papel no primeiro filme. Apesar de bem menos gente saber de sua conexão com o filme, os fãs também conversam com Bob Schmelzer, dublê de Eric Stoltz nos dias iniciais da produção da *Parte 1*, na Circle-A, sua loja de skates em San Jose.

"Quase todo mundo, disparado, que trabalhou nesses filmes teve uma boa experiência e tem boas lembranças", diz Bob Gale. "Ouço isso de veteranos o tempo todo – que a experiência *De Volta para o Futuro* foi uma das melhores, quando não a melhor. Certamente, parte disso se deve ao fato de que os filmes são muito bons. Quando você conta para alguém que fez parte de *De Volta para o Futuro*, normalmente vão querer ouvir falar mais a respeito. Adoro o fato de que isso aconteça comigo e não me canso de falar sobre. Não há muitos filmes associados ao status de 'clássico', então é muito recompensador ser associado a um deles."

Todas essas recentes amostras de fanatismo a respeito de *De Volta para o Futuro* parecem ser parte de um fenômeno recente, mas suas raízes podem ser traçadas pelo menos até a metade dos anos 1980 e a um superfã chamado Dan Madsen, um sujeito conhecido por reunir as tropas. Ele foi presidente dos fã-clubes oficialmente licenciados tanto de *Star Wars* quanto de *Jornada nas Estrelas*, duas franquias que também perduraram até bem depois de suas estreias. Quando soube que *De Volta para o Futuro* ganharia continuações, ele e seus parceiros se aproximaram da Universal para ver se o estúdio poderia usar de sua ajuda para reunir um fã-clube oficial. Era uma situação ganha-ganha definitiva: Madsen teria a oportunidade de visitar o set e entrevistar alguns dos atores, enquanto o estúdio teria uma campanha publicitária de fato para seu filme, que não apenas sairia de graça, como também era feita por um fã que sabia como atrair outras pessoas que pensavam igual a ele para juntar-se ao rebanho. Madsen e seu time voaram para Los Angeles para encontrar-se no estúdio com alguém que lhes disse que, se tivessem a benção dos Bobs, a Universal estaria feliz em ter aquele envolvimento.

"Quando viram o que estávamos fazendo com *Star Wars* e *Jornada nas Estrelas* e perceberam que poderíamos fazer algo tão divertido com *De Volta para o Futuro*, eles concordaram em embarcar e também nos apoiar", diz. "Foi algo que começou a evoluir a partir disso. Era um acordo tradicional de licenciamento. Conseguimos a licença para fazer isso, começamos e passamos a vender o filme por aí. Foi só quando *De Volta para o Futuro – Parte II* entrou em produção que pegamos o telefone e começamos a conversar com todo mundo."

Madsen sabia que conversar com alguns dos atores e integrantes-chave da produção seria um prestígio do projeto, mas ele estava impressionado com seus entrevistados, informativos e divertidos. Mesmo algumas décadas depois, ele nunca esqueceu

DE VOLTA PARA O FUTURO - BASTIDORES

o tratamento caloroso que recebeu até mesmo das maiores e mais brilhantes estrelas do projeto. "Temos toda uma lista de pessoas com quem queríamos conversar e eles foram legais para conseguir que conversássemos com todo mundo que queríamos", ele diz. "Na época, Christopher Lloyd não era alguém fácil de se conseguir uma entrevista. Ele fazia o tipo quieto. Ouvimos falar que ele não dava muitas entrevistas, mas já que aquela era a publicação oficial para o fã-clube achamos que seria possível. Levou algum tempo, mas nós o pegamos, por isso tenho muito orgulho daquela entrevista, sem dúvida. Mary Steenburgen também era uma de minhas favoritas. Ela é um doce. Fiquei bem impressionado com ela e adorava entrevistá-la. E, claro, Michael J. Fox é um clássico por inteiro."

Diferente dos dois outros fã-clubes anteriores de Madsen, o fã-clube oficial de *De Volta para o Futuro* terminou em 1990, depois de ter lançado quatro revistas, uma a cada trimestre, trazendo dúzias de artigos e fotos que não haviam sido vistos antes, se tornando o primeiro veículo de qualquer tipo a trazer um olhar mais aprofundado para os aspectos mais técnicos da trilogia. Houve mais duas surpresas que Madsen deixou como presentes de despedida antes de voltar a se dedicar inteiramente a *Star Wars* e *Jornada nas Estrelas*. A Universal estava desenvolvendo em segredo um brinquedo para seu parque de diversões localizado na Flórida, bem como uma série de desenho animado inspirada na trilogia. Uma amostra do brinquedo apareceu na última edição da revista do fã-clube, antes de ter sido anunciada oficialmente em *The Secrets of Back to the Future Trilogy*, um especial de meia hora apresentado por Kirk Cameron que foi incluído na primeira caixa de fitas VHS com os três filmes. O brinquedo abriu no dia 2 de maio do ano seguinte, em Orlando, com milhares de fãs enlouquecidos lotando o parque para conseguir ser um dos primeiros a andar na máquina do tempo DeLorean de oito assentos.

A atração foi realizada com um conceito de funcionamento relativamente simplista. O público entraria numa fila onde antes assistiria à exibição de um vídeo apresentando Christopher Lloyd, Tom Wilson e Darlene Vogel, que trocou sua fantasia de Spike da *Parte II* e que agora fazia o papel de "porta-voz" do brinquedo. A premissa básica era a de que Biff Tannen havia roubado a máquina do tempo depois de invadir o Instituto de Tecnologia do Futuro de Doc e agora viajava pela história, rompendo potencialmente o tecido do *continuum* espaço-tempo. Os "voluntários" do instituto, o público, então iriam para um auditório e se sentariam em um dos doze DeLorean, que ficavam sobre pistões que permitiam que eles se curvassem, balançassem, se levantassem e caíssem. Um filme de formato amplo era projetado em uma tela IMAX, colocando os voluntários no centro da ação. No início, o voo era simulado enquanto a parte da frente do carro era erguida dois metros e meio no ar. A atração foi um sucesso absoluto, o que levou à abertura de versões idênticas nos estúdios da Universal em Hollywood, no dia 12 de junho de 1993, e no parque temático da empresa no Japão, no dia 31 de março de 2001.

Um dos visitantes de Back to the Future: The Ride em seus primeiros dias foi Stephen Clark, que se autodescrevia um "caipira rústico do Alabama". Sua primeira ida

BACK TO THE FUTURE: THE RIDE foi um sucesso absoluto, o que levou à abertura de versões idênticas nos estúdios da Universal em Hollywood, em 1993, e no parque temático da empresa no Japão, em 2001.

DE VOLTA PARA O FUTURO - BASTIDORES

aconteceu oito meses depois da abertura, em janeiro de 1992, e a partir daquele momento se viciou na atração. Ele havia assistido aos filmes no cinema algumas vezes e já se considerava um verdadeiro entusiasta da trilogia, mas poder "pilotar" uma máquina do tempo DeLorean, colocada diante da ação, deflagrou algo nele. "Aquilo me impulsionou, em grande estilo, a ser um fã geek", Clark diz. "Eu não conseguia ter muita informação sobre *De Volta para o Futuro*. Isso foi antes da internet, antes de todas essas coisas. Quando voltei do passeio, pensei: 'Preciso encontrar uma cópia dessas cenas'." Sua busca por seu santo graal o conduziu à Universal. Ele ligou para o estúdio e foi conduzido através de canais burocráticos a Bob Gale, que ainda tinha um escritório no lugar enquanto *Back to the Future: The Animated Series*, que estreou em setembro de 1991 e durou duas temporadas na CBS, estava sendo produzida. Os dois conversaram. Clark tinha formação em programação de computadores e pensou em revitalizar o fã--clube, mas de uma forma diferente, para os aficionados que ainda continuavam interessados na trilogia, como ele. Com a ajuda da tecnologia, talvez Stephen Clark pudesse não apenas manter em alta o interesse pela franquia como também prover um fórum para os fãs se interconectarem ao redor do mundo. Gale concordou que valeria tentar e ajudou Clark a entrar em contato com o elenco e a equipe.

Quando a internet decolou, Clark estava entre os primeiros a ter um site de fã sobre a trilogia – indubitavelmente o que apresentava mais conteúdo. No dia 22 de janeiro de 1997, BTTF.com nasceu. Há dúvidas de que alguém pudesse prever aquilo na época, mas o site – que hoje está mais apropriadamente em casa no BackToTheFuture.com – tornou-se a fonte disponível on-line para tudo sobre a trilogia. Stephen Clark mantém-se surpreso até hoje sobre como seu website se tornou influente, atuando como uma fonte de informações sobre os filmes e ajudando significativamente a manter o impacto da trilogia em nossa cultura popular.

"Três momentos distintos verdadeiramente vêm à minha cabeça quando penso no impacto do website", ele diz. "O primeiro foi em agosto do ano 2000, quando a Universal me chamou para escrever o extra de trívia para o relançamento dos três filmes em DVD, que ocorreu em 2002. O segundo foi no aniversário de vinte anos do lançamento, no ArcLight Cinemas – Hollywood, em fevereiro de 2005. Eu era um dos patrocinadores e fiz muita propaganda on-line. Nós esgotamos os ingressos de duas exibições, que seriam seguidas, cada uma delas, por uma sessão de perguntas e respostas com o elenco. Durante ambas, o anfitrião perguntou ao público de mais de 350 pessoas quem ali soube do evento por causa do BTTF.com. Nas duas vezes, cerca de 75% ergueram suas mãos. Aquilo me assustou – que um site com base no Alabama podia ter tanta influência sobre o público da Califórnia."

"O terceiro momento marcante – do qual tenho mais orgulho – foi em dezembro de 2007", ele continua, "quando a Biblioteca do Congresso escolheu *De Volta para o Futuro* para o National Film Archive. A campanha que durou um ano para que isso acontecesse foi uma ideia minha e nós conseguimos de primeira. Os representantes da Biblioteca do Congresso disseram nunca antes ter recebido um número tão alto de pedidos do público. Eu fui entrevistado pelo *Hollywood Reporter* sobre isso logo em seguida e o jornalista que conversou comigo disse que estava tentando fazer com que *Clube dos Pilantras* entrasse havia uma década. Ele estava com inveja por termos conseguido em apenas um ano!"

Além de entrevistas e fotografias exclusivas, os fãs também vão aos montes para o site ter acesso a duas coisas que eles cobiçam: um senso de comunidade com aqueles que também amam o filme e toneladas de itens colecionáveis. *De Volta para o Futuro* não foi pensado para se tornar um filme com um merchandising pesado. Diferentemente do desastre de 1997 de Joel Schumacher chamado *Batman & Robin*, nunca houve uma sugestão de que brinquedos poderiam se tornar uma parte do marketing dos filmes, mesmo com todas aquelas geringonças da *Parte II*. Se os filmes fossem feitos hoje, os skates voadores da Mattel estariam sendo vendidos em lojas de brinquedo pelo país com antecedência em relação ao lançamento do filme, mas este não era o padrão da época. A procura gera a oferta, no entanto, e após décadas do lançamento do primeiro filme mais produtos foram lançados pela franquia *De Volta para o Futuro*. Desde o início dos anos 1990, a Universal tem fechado acordos de licenciamento com o McDonald's, Lego e Hallmark, só para ficar em alguns nomes. Os produtos são oferecidos a fãs de todas as idades, que gostam de réplicas perfeitas, em escala, do DeLorean, capacitores de fluxo, ornamentos natalinos, camisetas e uma aparentemente infinita leva de outros itens colecionáveis. Alguns dos itens mais cobiçados são aqueles que foram inspirados em objetos de cena criados para a *Parte II*. E conforme "o futuro" de 2015 chegava, a comunidade de fãs trabalhava duro para fazer algumas das invenções tecnológicas mais fantásticas daquelas sequências se tornarem realidade. Houve algumas tentativas de criar skates voadores realmente funcionais, alguns registrados por veículos noticiosos internacionalmente reconhecidos, como o *New York Times*, mas parece que andar de skate voador como Marty andava no filme não se tornará uma realidade tão cedo.

Como outros anteriormente, a Mattel, gigante na fabricação de brinquedos, respondeu ao clamor dos fãs por um skate voador: em 2012, a divisão MattyColector da empresa, que foca em colecionadores na faixa entre 25 e 45 anos, pensou que era hora de levar o item portátil mais desejado do filme para a casa dos fãs. "Como o skate voador era, no filme, um item fabricado pela Mattel, parecia algo natural a ser feito", diz Scott Neitlich, representante da empresa. "Nós nos aproximamos da Universal para lançar uma linha de produtos de *De Volta para o Futuro* e o primeiro deles, claro, deveria ser o skate voador. Isso veio de pessoas muito passionais, tanto na Universal quanto na Mattel, que achavam ser a hora certa de dar vida ao skate, do jeito certo. Seria mais fácil vendê-lo internamente, mostrando imagens dele no filme e lembrando a todos que era feito pela Mattel. Foi esse tipo de coisa que deu início a tudo. Precisaríamos fazer aqui. Era muito bom para não ser feito."

Durante o mês de março de 2012, os skates voadores foram colocados em pré-venda no site da MattyColector por us$ 120. Por razões legais, a empresa não divulgou números, mas é seguro afirmar que os skates venderam muito bem. Até hoje, o item

DE VOLTA PARA O FUTURO - BASTIDORES

colecionável segue sendo um dos três mais vendidos na MattyCollector. Bob Gale endossou antecipadamente, o que sem dúvida ajudou a persuadir alguns fãs em cima do muro, e Stephen Clark promoveu pesadamente o brinquedo através de seu website. Parecia uma parceria feita no paraíso – até o skate voador ser lançado e o produto mostrar-se mais do que um desapontamento. "Essa é uma das áreas em que há muita controvérsia", diz Neitlich. "Mais de trinta skates diferentes foram usados no filme, dependendo do take. Havia skates parafusados aos pés de Michael J. Fox; havia skates para closes; havia skates para serem vistos de longe – e nenhum skate se parecia com o outro. As cores, as faixas, a superfície reticular, a fonte, tudo era completamente diferente de skate pra skate. Nós analisamos imagens tiradas da internet, mas tínhamos a sorte de ter Michael Lantieri e Bob Gale visitando a Mattel. Eles trouxeram alguns dos skates usados na tela para que pudéssemos vê-los. Nós até filmamos um trecho desse encontro, que ficou on-line, e foi ótimo porque pudemos tirar medidas, mas acho que isso aumentou muito as expectativas dos fãs. Com qual dos trinta skates o nosso deveria se parecer? Nós realmente tentamos fazer uma composição com todos os trinta, meio que como o skate parece ser na sua cabeça versus exatamente como se parecia a cada cena, já que ele mudava tanto."

"Os dois maiores desafios que tivemos foi que, primeiro, os fãs achavam que o skate iria flutuar de verdade", ele prossegue. "Entre as respostas negativas que tivemos, a principal reclamação era 'Por que o skate voador não voa?'. A tecnologia de flutuação não existe fisicamente. Ele foi criado para ser uma coisa divertida, para você colocar na parede ou segurar em suas mãos ou deixá-lo jogado pelo chão. Nós divulgamos que ele deslizava pelo carpete, o que é verdade, mas acho que muitos fãs queriam algo fisicamente impossível, especialmente para um item de US$ 120. Recebi e-mails de gente me mandando coisas de Harvard e do Caltech, e desses *think tanks* na Alemanha e no Reino Unido, que estavam desenvolvendo uma tecnologia que permitia pairar no ar, nos dizendo 'Por que vocês não usam essa tecnologia?'. Bem, primeiro, a) porque é muito experimental; depois, b) porque estamos tentando produzir algo em massa que custe US$ 120. Você está falando de uma tecnologia experimental que custa dezenas de milhares de dólares por centímetro quadrado para fazer algo levitar. Eu sempre digo aos fãs que os DeLorean também não viajavam no tempo. Você tem meio que deixar pra lá suas expectativas de fantasia."

Enquanto muitas críticas eram dirigidas à incapacidade de o dispositivo funcionar como nos filmes, a segunda maior reclamação recebida pela Mattel foi que não havia o revestimento lenticular que nas telas dava brilho ao skate voador. Para muitos fãs, a ausência disso era particularmente desconcertante. Quão difícil era colocar um revestimento em um pedaço de plástico? Aparentemente, diz Neitlich, bem difícil. "O material lenticular é incrivelmente caro", ele diz. "Se tivéssemos um adesivo totalmente lenticular por toda a superfície, mais do que quadruplicaria o custo do brinquedo. Nós realmente queríamos que o skate custasse menos de US$ 150. Não queríamos produzir um skate de US$ 500, porque isso limitaria bastante a base de consumidores. Usamos um adesivo menos lenticular que reproduzia o brilho visto no

CASEEN GAINES

cinema, mas não exatamente da mesma forma. As pessoas questionavam: 'Bem, como eles conseguiram fazê-los com material lenticular e reluzente em 1989 quando o filme estava sendo rodado e vocês não conseguem reproduzir o mesmo efeito hoje em dia?' A resposta mais fácil é que os skates do filme são acessórios de cinema e, apesar de terem sido produzidos cerca de trinta deles, posso garantir que não foram feitos por us$ 120 cada. Todos esses acessórios de cinema feitos à mão custam centenas, senão milhares de dólares para serem produzidos. Quando você está produzindo em massa um objeto para consumidores, algumas concessões devem ser feitas – e uma delas foi o quão brilhante o material lenticular poderia ser."

Entre aqueles que trabalharam no filme, os skates voadores receberam comentários mistos. Bob Gale publicamente retirou seu apoio através do site de Stephen Clark, citando muitas das críticas que os fãs haviam verbalizado diretamente à empresa e nos fóruns on-line. Entre os outros responsáveis por terem levado os skates voadores à telona nas continuações de *De volta para o Futuro*, a reação foi ainda mais diferenciada. John Bell ganhou um skate de presente. Ele achou que o haviam recriado bem, mas também mencionou seu desapontamento com a ausência do adesivo lenticular. Robert Zemeckis, no geral, ficou satisfeito com o visual e a funcionalidade do skate voador, apesar de ele ter sido flagrado dizendo, talvez só de brincadeira, que o seu era o único da Mattel que funcionava.

A crítica a respeito da réplica do acessório feita pela Mattel provavelmente se deve ao crescente fascínio com skates voadores enquanto o "futuro" 2015 se aproxima. Enquanto muitos fãs podem ficar desapontados ao saber que skates voadores não existem, pelo menos não como eles aparecem nas continuações de *De Volta para o Futuro*, Bob Schmelzer, que trabalhou como dublê das cenas de skate do primeiro filme, ficou feliz porque a vida não imitou a arte. *De Volta para o Futuro* fez maravilhas para o skate nos Estados Unidos e através do mundo, aumentando a visibilidade do esporte e tornando-o comercial ao transformar uma atividade de rebeldes adolescentes dos subúrbios em algo em que mesmo os bons garotos gostariam de colocar suas mãos. Mas, com a "materialização" dos skates voadores, a franquia distanciou-se daquilo que tornou o primeiro filme tão bacana, pelo menos para muitos do mundo do skate. "Quando as pessoas falam comigo sobre *De Volta para o Futuro*, a primeira coisa que me perguntam é sobre 'o skate voador isso' ou 'o skate voador aquilo'", diz Schmelzer. "Eu não tenho nada a ver com isso. Não havia skate voador algum ali, mas as pessoas só se lembram disso. Quando penso no *De Volta para o Futuro* eu me lembro mais das cenas em que usávamos skates de verdade. As pessoas me perguntam se não vou achar o máximo quando skates voadores existirem de fato. Bem, não, porque 1) nunca vai acontecer e 2) porque nunca chegaria perto do nível do skate. Não sou formado em física, mas entendo que skate funciona num *half-pipe* ou nas ruas. Também entendo como um *hovercraft* funciona e isso nunca vai acontecer. Desistam."

Por mais populares que os filmes continuem sendo há três décadas, parece que a cada ano o culto de devotos torna-se um pouco mais amplo e o impacto cultural um pouco

DE VOLTA PARA O FUTURO - BASTIDORES

mais aparente. Além das convenções que celebram o filme, também há os shows de carros DeLorean. Não há dúvidas de que o filme deu novo fôlego ao DMC-12, que havia sido deixado para morrer após a falência da empresa e do julgamento de seu proprietário. Contudo, *De Volta para o Futuro* fez o carro voltar à moda, um fato que o próprio John DeLorean reconheceu em uma carta para Zemeckis e sua equipe de produção logo após o lançamento do primeiro filme. Como menos de dez mil DeLoreans foram fabricados na primeira parte dos anos 1980, eles se tornaram ainda mais cobiçados nos anos recentes – especialmente aqueles que ainda têm condições de rodar. Atualmente, uma empresa de Humble, no Texas – também chamada DeLorean Motor Company, apesar de não ter nenhum vínculo com o criador do carro da empresa original –, continua a montar o veículo, celebrando seu carro desenhado de forma única através do país.

Em tais shows, não é difícil encontrar alguém que tenha mexido em seu veículo de aço escovado em uma tentativa de deixá-lo parecido com o carro A do filme. O mais sortudo dos fãs teve uma oportunidade de ter seu veículo elogiado por Bob Gale e Kevin Pike em um desses eventos. "Você tem de entender que quando construímos os carros, há vinte e tantos anos, não estávamos pensando que seriam reproduzidos no futuro", diz Pike. "Acho que nós deveríamos ter ido além. As pessoas me perguntam 'Onde você pegou essa parte? Onde você pegou aquela parte?' e eu respondo 'Olha, se eu soubesse que vocês fariam tantas perguntas sobre como construir a máquina do tempo DeLorean, eu teria escrito um livro sobre isso.'"

Ken Kapalowski e Joe Walser são dois fãs que sabem em primeira mão o que é reproduzir meticulosamente muitos dos elementos externos da máquina do tempo DeLorean. Eles se conheceram em um fórum on-line de entusiastas do DeLorean. Os dois queriam converter seus DMC-12 em réplicas do carro A usado no filme e logo ficaram amigos. Ken fez viagens frequentes para a Costa Leste a fim de se encontrar com Joe, procurar componentes e trabalhar em seus respectivos veículos. Quando suas máquinas do tempo DeLorean foram terminadas – e, sim, eles receberam o endosso de Bob Gale –, ficou algo de melancólico no ar. As viagens de Kapalowski para a Califórnia quase sempre eram aproveitadas como missões para ver paisagens. Ele caçou as locações de *De Volta para o Futuro* e se apaixonou em refazer o quanto pôde, como muitos, os passos de Marty McFly nas vezes em que esteve na Costa Oeste.

"Eu digo que Joe é como 'um veterano cansado de Hollywood', porque ele vê astros do cinema na fila de um café pela manhã e diz 'Ah tá', mas, para mim, ver o túnel em que Marty fugiu de Biff com seu skate voador foi... puta merda, foi incrível", diz Kapalowski. "Achei que isso seria uma experiência legal para ser compartilhada com todo mundo e foi sobre isso que eu e Joe conversamos. A Universal não estava planejando nada grande para o aniversário de 25 anos, então nós mesmos resolvemos fazer algo.'"

Provando a máxima de que a necessidade é a mãe da invenção, de 5 a 12 de novembro de 2010, os dois amigos organizaram We're Going Back ("Estamos Voltando"),

DE VOLTA PARA O FUTURO - BASTIDORES

uma convenção dedicada à trilogia *De Volta para o Futuro*. Mais de duas dúzias de integrantes do elenco e da equipe foram convidados de honra. Houve excursões para ver locações, painéis de discussão e até a oportunidade de voar num skate voador, armado da mesma forma que na *Parte II*, mas desta vez em uma escala bem menor e mais segura. A experiência foi divertida tanto para os fãs quanto para os convidados. O ponto alto do evento foi a recriação do baile "Encanto Submarino", algo inesquecível para A.J. LoCascio, um fã de *De Volta para o Futuro* que conseguiu tornar-se parte da franquia por seus próprios méritos.

Cerca de um ano antes, LoCascio, de New Jersey, estava trabalhando em um escritório falido que ele odiava quando viu uma publicação on-line da Telltale Games. A empresa estava procurando alguém para fazer o trabalho de dublagem de um jogo para computadores sobre *De Volta para o Futuro* que estava em desenvolvimento. LoCascio mal podia esperar. Houve outras adaptações de *De Volta para o Futuro* para os games feitas pela Nintendo em 1989 e 1990, mas tanto os fãs quanto os realizadores as consideravam manchas constrangedoras no legado da franquia. "Não tivemos a menor influência nos jogos da Nintendo", diz Bob Gale. "As pessoas dos games não nos levavam em consideração e diziam que não sabíamos nada sobre aquilo, apesar de eu e Bob jogarmos videogame desde *Space Invaders*. No caso do segundo, minha lembrança é que a empresa simplesmente recondicionou um jogo que já existia ao colocar alguma iconografia de *De Volta para o Futuro*." Mas o jogo da Telltale parecia outra coisa, algo completamente diferente. LoCascio conhecia a empresa e a qualidade de seu trabalho. Ele fez uma anotação mental para não perder de vista o andamento do jogo.

Dois dias depois, seu primo ligou. "Viu que há um jogo do *De Volta para o Futuro* que está para sair? Você deveria fazer a voz do Marty. Você faz uma imitação fantástica." LoCascio jamais teria considerado essa possibilidade, tão distante da sua realidade, mas o comentário de seu primo o marcou. Ele visitou o site da Telltale e ligou para o primeiro número de telefone que encontrou. "Deixei uma mensagem e não tive resposta. Então liguei para Rhoda Gravador, que era a pessoa de finanças deles. Deixei outra mensagem: 'Eu preciso estar nesse jogo. É o meu desatino'. Foi uma mensagem doida de fã que eu tinha certeza que nunca seria respondida. Recebi um e-mail de volta pouco mais de uma semana depois: 'Ei, manda pra gente um MP3 com você imitando o Marty McFly'."

LoCascio conseguiu o emprego. Fazer a voz de um de seus personagens favoritos do cinema era uma experiência surreal, especialmente quando isso significava coestrelar, ao menos vocalmente, com Christopher Lloyd, que a Telltale havia contratado para reprisar seu papel como Doc Brown. Para o prazer de LoCascio, seus instintos estavam certos. O jogo da Telltale é incomparável aos da Nintendo, pelo menos parcialmente, porque a empresa decidiu não fazê-los com a mesma história para garantir que de fato não se parecessem. "Estive envolvido desde o início com a Telltale", diz Bob Gale. "A equipe não era apenas formada por grandes fãs do filme, como nunca deixaram de me procurar para ouvir minhas ideias. Trabalhei com eles para desenvolver uma linha narrativa para as cinco partes do jogo." Como um testemunho da

CASEEN GAINES

qualidade e da força da resposta positiva dos fãs ao jogo, Michael J. Fox concordou em fazer a voz do tataravô de Marty, William, no quinto episódio.

Enquanto a presença de *De Volta para o Futuro* apenas continuou a crescer nos Estados Unidos, sua popularidade também explodiu de forma semelhante pelo resto do mundo. No Reino Unido, o Secret Cinema recebeu uma recriação em escala natural de Hill Valley e exibiu o filme durante 21 dias em 2014, com todos os ingressos vendidos, atores fantasiados e fachadas erguidas à semelhança de várias locações-chave do primeiro filme. BackToTheFuture.com vendeu para a França mais bonés de arco-íris de Marty McFly Jr. do que para qualquer outro país. Michiel Sablerolle, um colecionador holandês, é dono do táxi feito a partir de um Citröen DS de 1972 que John Bell e Michael Scheffe fizeram para o segundo filme. O carro foi tema de dois curtas documentários feitos na França, Holanda e São Francisco. Em 2011, Garbarino, uma enorme cadeia de lojas de eletrônicos da Argentina, contratou Christopher Lloyd para aparecer como Doc Brown em uma série de comerciais para a TV. A resposta foi tão forte que a empresa comprou uma réplica de uma máquina do tempo DeLorean para visitar todas as suas lojas – uma aventura de dois meses em que milhares de fãs a ovacionavam em cada parada.

De todo o apoio internacional, o interesse dos japoneses pela trilogia de longe sempre foi o mais intenso. Até hoje, as duas continuações estão na lista dos filmes que mais ganharam dinheiro no Japão, com a *Parte II* na posição número 33 e a *Parte III* no lugar de número 50. "Acho que *De Volta para o Futuro – Parte II* é o mais bem-sucedido dos três no Japão devido às complexidades e complicações da história", diz Harry Keramidas. "Quem sabe exatamente por quê? Talvez apenas prestem mais atenção; talvez gostem de detalhes; ou talvez sejam mais educados em relação a viagens no tempo. Talvez não tivessem expectativas tão grandes." Entre o lançamento da *Parte II* e da *Parte III*, uma coleção de acessórios, fantasias e desenhos de produção foi enviada ao país para a exposição "Back to the Future" do Hollywood SFX Museum, que viajou por quatro cidades diferentes. Cada visitante recebia um programa colorido de 121 páginas com informações sobre cada item, que desde então tornou-se altamente procurado por colecionadores. Não é raro encontrar um deles sendo vendido por mais de US$ 400 no eBay. Como um testamento do impacto duradouro do filme no Japão, a atração Back to the Future: The Ride ainda está em funcionamento no país, enquanto as duas atrações de parques temáticos norte-americanos encerraram suas atividades em 2007.

A presença internacional do filme não passou despercebida pelos realizadores, que mantêm-se gratos e surpresos com todo o apoio recebido nas convenções, por e-mail ou nas mídias sociais por todo o mundo. "Venho fazendo muitas dessas convenções nos últimos tempos e sempre aparece alguém que me diz 'Eu estava vendo esse filme no Quênia projetado em uma parede branca', ou em algum outro país, 'e tive a ideia de ser um cientista'", diz Christopher Lloyd. "É incrível haver tantas pessoas nas áreas mais remotas do planeta que viram o filme e foram tocadas por ele. Isso é extraordinário."

DE VOLTA PARA O FUTURO - BASTIDORES

"O que é tão interessante sobre esse filme é que ele é realmente um cruzamento", diz Lea Thompson. "Ele quer dizer algo completamente diferente para quem tem 7, para quem tem 14, quem tem 27 e quem tem 40 anos. Um jovem fica mais 'Oh, meu deus, amo o carro e os skates voadores'. É isso que acho que eles amam, mas há temas mais profundos ali. É tão mordaz, toda a ideia de voltar no passado e ver seus pais antes de você nascer e o que aconteceu com eles, e sobre como ter coragem em um simples momento pode mudar sua vida."

"Isso é muito forte", ela continua. "E é algo que você precisa se lembrar para ser uma boa pessoa todo dia. É por isso que as pessoas assistem ao filme muitas e muitas vezes. Você precisa se lembrar todos os dias que suas ações contam. É uma dessas impressionantes obras de arte em que tudo acontece ao mesmo tempo e funciona. Todos nós sabemos que a maioria dos filmes não é assim. É como um raio engarrafado. Se fossem só os skates voadores e uma máquina do tempo, *De Volta para o Futuro* não teria perdurado, mas as ideias sobre amizade, sobre como você deveria melhorar sua vida para não se sentir terrível aos 47 anos, estes são temas universais que interessam e inspiram as pessoas."

Como prova da ampla familiaridade com o filme e a franquia, vários anunciantes usaram *De Volta para o Futuro* como uma forma de vender produtos, às vezes apenas tangencialmente relacionados ao filme. No outono de 2012, a General Electric contratou Michal J. Fox para dublar um *spot* de televisão chamado "The Future is Now" ("O futuro é agora"), que incluía uma máquina do tempo DeLorean. O comercial recebeu uma significativa dose de atenção ao ser veiculado durante transmissões de jogos da NFL que tivessem boa audiência, *The Daily Show with Jon Stewart*, *Saturday Night Live* e *NBC News*. Não importa o quanto o comercial da General Electric fosse popular, o anúncio era apenas o mais recente em um número de anúncios de televisão inspirados pelo filme. Em 2007, Christopher Lloyd estrelou um comercial da DirecTV para televisão via satélite que usava algum material do primeiro filme – aquela sequência da torre do relógio, mais uma vez – e novas cenas do ator vestido de Doc Brown, desordenadamente misturadas.

Quatro anos mais tarde, o cientista apareceu em outro vídeo, que tornou-se rapidamente viral na internet, para os tênis Nike Mag, inspirados em *De Volta para o Futuro – Parte II*. A Nike lançou uma edição limitada de quinhentos pares de calçado e os vendeu em um leilão que beneficiava a Michael J. Fox Foundation para a pesquisa sobre o mal de Parkinson. Além de celebrar os filmes, uma das mais significativas e contundentes formas de reunir fãs da trilogia era apoiar Michael J. Fox que, desde logo depois de ter aparecido pela última vez na tela como Marty McFly, foi diagnosticado com Parkinson. "Ele é um ator muito querido e quando tornou sua doença pública, em 1998, foi um grande baque para seus fãs em todo o mundo – eu mesmo incluído", diz Stephen Clark. "Mas foi brilhante de sua parte criar uma fundação em seu nome de forma que os fãs pudessem se envolver e levantar fundos a seu favor para ajudar a pesquisar o mal de Parkinson."

CASEEN GAINES

Para ajudar a atrair atenção para o leilão que auxiliaria a fundação de Fox, a Nike bolou um filme para deixar enlouquecido qualquer fã de *De Volta para o Futuro*. A filmagem do comercial foi uma pequena reunião para alguns dos veteranos que trabalharam na trilogia nos dois lados da câmera. Começava com Bill Hader, do *Saturday Night Live*, e o jogador de basquete profissional Kevin Durant, mas a particularidade do anúncio era ver lado a lado Christopher Lloyd e Don Fullilove, que fez o papel do prefeito Goldie Wilson nos primeiros dois filmes. Frank Marshall dirigiu, num flashback de seus dias como segunda unidade do primeiro filme, e Dean Cundey voltou à sua velha função de diretor de fotografia. O comercial reciclou algumas das músicas imediatamente reconhecíveis de Alan Silvestri e, sim, havia um DeLorean que viajava no tempo. Com os Bobs como produtores executivos e "Back in Time" do Huey Lewis and the News tocando nos créditos finais, o comercial ajudou a campanha a arrecadar mais de US$ 5,6 milhões para a fundação de Michael J. Fox. Graças a uma quantia semelhante doada por Sergey Brin, cofundador do Google, o montante excedeu os US$ 11 milhões. Não foi uma surpresa que os Nike Mags lançados para o leilão de caridade não fossem dotados de cadarços elétricos, mas ondas sísmicas abalaram a comunidade de fãs quando, em agosto de 2010, a empresa registrou a patente para uma tecnologia que torna o tênis mais firme ao redor dos pés do dono. Talvez o futuro esteja só na outra esquina, no fim das contas.

Entre aqueles ajudando nos esforços para encontrar a cura do mal de Parkinson estão Terry e Oliver Holler, um casal que viajou para diversas convenções, atividades beneficentes e exibições de *De Volta para o Futuro* por todo o mundo em um DMC-12 personalizado para parecer a máquina do tempo do filme. Após um diagnóstico de câncer terminal em 2001, Oliver fez uma lista de desejos para passar seus seis últimos meses na Terra. No topo dessa lista estava algo que ele queria fazer havia décadas – comprar um DeLorean. Oliver tornou-se fã do filme ao assisti-lo no cinema quando garoto e, como muitos cuja curiosidade foi despertada ao ver pela primeira vez o veículo desaparecer no *continuum* espaço-tempo, sempre sonhou ter um DeLorean. Com a benção de sua esposa, ele comprou um DMC-12 e começou a modificar o carro para que ficasse parecido com o do filme. Para o alívio de todos, o diagnóstico do médico provou-se incorreto e Terry e Oliver ainda dirigem o DeLorean até hoje. Seu método de levantar fundos é simples – eles comparecem a eventos e tiram fotos das pessoas interessadas em posar com o carro. Os fãs são encorajados, não forçados, a fazer uma pequena doação em troca da oportunidade de tirar uma foto. Alguns vestem-se como Marty McFly e Doc Brown, recriando a famosa pose dos dois olhando para seus relógios de pulso, como no pôster de Drew Struzan para a *Parte II*. Até agora, o casal já visitou alguns países e cada um dos estados dos Estados Unidos com seu veículo, levantando um total de US$ 250 mil para a Team Fox, um ramo da fundação do ator.

Os Holler não são os únicos que usaram *De Volta para o Futuro* como forma de conscientizar as pessoas e levantar fundos para a pesquisa sobre o mal de Parkinson. Em 2011, Joe Maddalena, presidente e diretor-executivo da Profiles in History (Perfis na História), uma empresa de leilões de memorabilia em Calabasas, teve uma ideia. Sua empresa havia se tornado a base para um *reality show* no canal a cabo Syfy chamado

270

DE VOLTA PARA O FUTURO - BASTIDORES

Hollywood Treasures (Tesouros de Hollywood) e Maddalena e seus produtores acharam que seria interessante fazer um episódio em que caçassem acessórios de *De Volta para o Futuro* e os vendessem em um leilão. Como bônus, foi decidido que os fundos arrecadados seriam doados para a Team Fox. Eram muitos os benefícios. O episódio atrairia mais atenção para a fundação, o que talvez causasse um pico de doações. Mais importante, a associação com a organização de Fox poderia fazer com que aqueles que tinham mantido acessórios por várias décadas se dispusessem a se desfazer deles e provavelmente também incentivaria os interessados a gastar um pouco mais de dinheiro naqueles itens, sabendo que a arrecadação iria para uma boa causa.

A empresa entrou em contato com Bob Gale, que já estava pronto para se desfazer de alguns itens que levara para casa após o fim da produção de cada filme. Havia exemplares do jornal USA *Today* telegrafados com a manchete sobre a prisão da gangue de Griff, um skate "Pit Bull" e vários skates voadores da Mattel. Maddalena perguntou a Gale se ele gostaria de doar alguns daqueles itens a um leilão beneficente para ajudar a Team Fox. Bob G não conseguiria dizer sim mais rápido do que havia tentado. Com a promessa de alguns itens, Profiles in History procurou a organização sem fins lucrativos de Fox. Eles explicaram a ideia e sem hesitar a Team Fox ficou feliz de participar com o que quer que a empresa e o programa precisassem. No leilão, os acessórios fizeram sucesso. Um *Almanaque dos Esportes* usado no filme começou a ser sondado por algo entre US$ 3 e 5 mil e terminou arrematado por US$ 15 mil. As duas cópias do USA *Today*? Vendidas por US$ 2 e 3 mil. Uma cópia do *Hill Valley Telegraph* com a manchete "Doc Brown internado"? Quatro mil. No total, os itens doados por Bob Gale reuniram quase US$ 50 mil ao todo, uma quantia impressionante que excedia o valor estimado inicialmente. Mas os itens de Gale não foram os únicos a serem vendidos no leilão da empresa de Maddalena para a Team Fox. A jaqueta autorreguladora usada por Marty na *Parte II* começou com pedidos de US$ 25 mil, mas foi vendida pelo triplo deste valor. A joia da coroa do leilão, a réplica da máquina do tempo DeLorean de Joe Walser, foi vendida por US$ 95 mil.

Dado o singular sucesso gigantesco da trilogia *De Volta para o Futuro*, não foi surpresa que o leilão extrapolasse o lucro bruto estipulado. Normalmente, réplicas de acessórios – não apenas das máquinas do tempo DeLorean, mas também das garrafas de Pepsi do Café Anos 1980, dos panfletos azuis sobre o relógio da torre e, sim, dos skates voadores, além de todos as relíquias do filme que você possa imaginar – costumam aparecer à venda no eBay. Há debates entre a comunidade de fãs sobre o quão correta é determinada reprodução em relação à versão da tela e então se dá a inevitável disputa de lances à medida que o final do leilão se aproxima. Há indivíduos espalhados pelo mundo gastando muitos milhares de dólares para colecionar e preservar, por exemplo, displays de papelão do primeiro lançamento do filme original em VHS e notas de produção fotocopiadas vendidas em sites como o ScreenUsed.com, uma visita obrigatória para quem busca acessórios autênticos de cinema. São crianças que nunca crescem e jamais param de brincar com brinquedos, especialmente itens populares que evocam uma das trilogias mais bem-sucedidas globalmente de todos os tempos.

CASEEN GAINES

Mas o que há com *De Volta para o Futuro*? Revisionistas dirão que o sucesso do filme já estava garantido, mas isso não é verdade. O roteiro do filme é um coquetel perfeito de uma ideia original, personagens memoráveis e distintos, e diálogo afiado. Há diversas universidades nos Estados Unidos que usam a versão final do primeiro filme como ferramenta didática para roteiristas iniciantes. Mesmo com todos os avanços tecnológicos dos filmes, o elenco e a equipe ainda ressaltam a habilidade de Zemeckis e Gale em forjar uma história maravilhosamente redonda – especialmente no primeiro filme, mas não apenas nele – como o feito mais significativo da franquia. Da mesma forma que outros filmes de verão campeões de bilheteria que vieram depois, como *O Parque dos Dinossauros*, de 1993, e *Batman: O Cavaleiro das Trevas*, de 2008, *De Volta para o Futuro* explorava temas universais para um grande espectro do público que ia aos cinemas. Contudo, enquanto muitos filmes campeões de bilheteria de todos os tempos são continuações ou adaptações de livros, os Bobs merecem crédito não apenas por terem feito um bom filme, mas também por terem criado um que não contava com nenhum público anterior à sua estreia.

O sucesso de *De Volta para o Futuro* pode ser explicado por um sem-número de fatores. Talvez Robert Zemeckis tenha desenvolvido sua direção na hora certa e aconteceu de ter tido a oportunidade certa para exercitá-la. Talvez fosse o elenco – a confluência entre a energia juvenil de Michael J. Fox, as expressões faciais maníacas precisamente calculadas por Christopher Lloyd, a estupidez bruta de Tom Wilson, a malícia de Lea Thompson escondida sob uma fachada de irresistível doçura e o brilho quase sempre incompreendido de Crispin Glover. Talvez os mais velhos tenham gostado de ver sua infância revivida na tela durante a parte de 1955, enquanto os mais novos talvez tenham encarado o dilema de Marty e imaginado que passos dariam para estar de volta ao presente. Talvez fosse apenas o comentário sutil do filme sobre nossa cultura – nós realmente elegemos um ator como presidente dos Estados Unidos? Ou talvez seja a soma de todas essas partes, além de um milhão de outros fatores.

"É um filme tão família", diz Lea Thompson. "Não importa qual a sua idade. Pessoas de vinte e poucos anos, que o viram quando eram adolescentes, se casaram e tiveram filhos, que também já assistiram e assistirão ao filme de novo. Há muitos fãs de *De Volta para o Futuro* que eu encontro que dizem ter visto o filme centenas de vezes ou visto toda a trilogia na noite anterior. É incrível. Eu me sinto muito feliz em ser parte de algo que teve esse impacto."

De todos os fatores que levaram ao sucesso de crítica, comercial e cultural do filme, o mais significativo é que as pessoas certas foram reunidas para o projeto certo e fizeram as coisas certas enquanto trabalhavam juntas. Depois de *Tudo por uma Esmeralda*, Zemeckis podia ter escolhido qualquer um entre vários roteiros que chegavam ao seu escritório, mas ainda assim teve convicção e acreditou em seu projeto, sempre retornando a *De Volta para o Futuro*, mesmo que já tivesse sido rejeitado uma dúzia de vezes. Antes de filmar, os Bobs continuavam revisitando seu trabalho – com Gale quase sempre reescrevendo pequenas partes e entregando páginas novas mesmo durante as filmagens – e não descansavam sobre seus louros. Eles tentaram com Eric

DE VOLTA PARA O FUTURO - BASTIDORES

Stoltz, tiveram a força de caráter de admitir o erro de suas escolhas e tomaram a decisão exponencialmente mais arriscada de escolher Michael J. Fox, um ator de *sitcom* que não tinha nenhum registro de bilheteria que valeria ser testado – uma escolha que custou milhões de dólares ao estúdio e, se não fosse bem-sucedida, entraria para a história de Hollywood como uma das piores decisões já tomadas. O compromisso e a devoção ao projeto, de todas as partes envolvidas, ecoam em todos os frames do filme. *De Volta para o Futuro* não foi apenas o filme que definiu aquela época, mas todas as épocas – um caso único para ser estudado sobre como desafiar as impossibilidades e provar, como Doc Brown fala no último filme, que a história de ninguém está escrita.

"Nos divertimos muito fazendo o filme", diz Frank Marshall, "e acho que muito disso está traduzido na história. De fato, Bob é um grande contador de histórias. Tínhamos muitos elementos incríveis e, claro, Michael J. Fox estava fantástico."

"Se você olhar para o tom do primeiro filme, apenas como uma comédia, ele é intenso, mas também tem os pés no chão", diz Peyton Reed, que trabalhou no documentário promocional *The Secret of the Back to the Future Trilogy* e escreveu o roteiro para Back to the Future: The Ride. "E também é ficção científica. É realmente uma mistura pesada desses dois gêneros. Isso só conseguiu ser realizado de forma bem-sucedida algum punhado de vezes e *De Volta para o Futuro* é o modelo sobre como fazer isso. Tem muita energia e um coração incrível."

Os realizadores que trabalharam na trilogia continuaram a se cruzar, colaborando em outros projetos e moldando significativamente a indústria do cinema. Durante seu discurso após receber o Oscar de Melhor Filme por *Forrest Gump*, Steve Starkey agradeceu ao seu amigo e colega, a quem cordialmente chamava de "Bob Z", referindo-se a ele como sendo um visionário. Mais cedo, na cerimônia, quando Zemeckis foi laureado com o prêmio de Melhor Diretor, ele aproveitou a oportunidade para agradecer não apenas a Steven Spielberg, mas também a Bob Gale. Aquele momento foi uma vitória para os dois, que entraram juntos no negócio de filmes, como parceiros, e, de muitas formas, continuaram deste jeito.

Apesar de suas agendas atribuladas, os Bobs ainda se falam regularmente – às vezes para trabalhar em *Back to the Future: The Musical*, a produção teatral de grande orçamento que está sendo produzida, outras vezes só para relembrar velhas histórias e se aquecer à luz de seus feitos. Quando surge um vídeo interessante no YouTube que faz referência à trilogia, ou outra empresa diz que conseguiu aperfeiçoar a tecnologia para fazer skates voadores funcionais, ou novas ondas de boatos sobre a trilogia que precisam ser desmentidos começam a aparecer, os dois ainda não conseguem acreditar. "É como uma missão cumprida", diz Zemeckis. "Ter feito um filme que dois caras imaginaram em um pequeno e pobre apartamento de um quarto em Burbank que vira essa coisa, esse marco cultural – eu tenho muito orgulho disso. Isso significa que tudo valeu a pena. É ótimo. Tenho muito orgulhoso disso. Muito, muito orgulho mesmo."

273

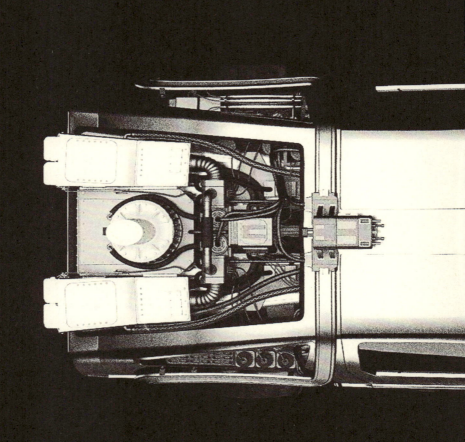

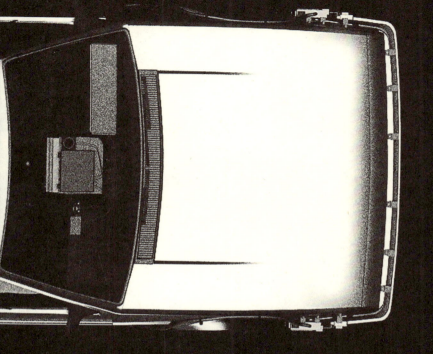

<< FLASHBACKS >>

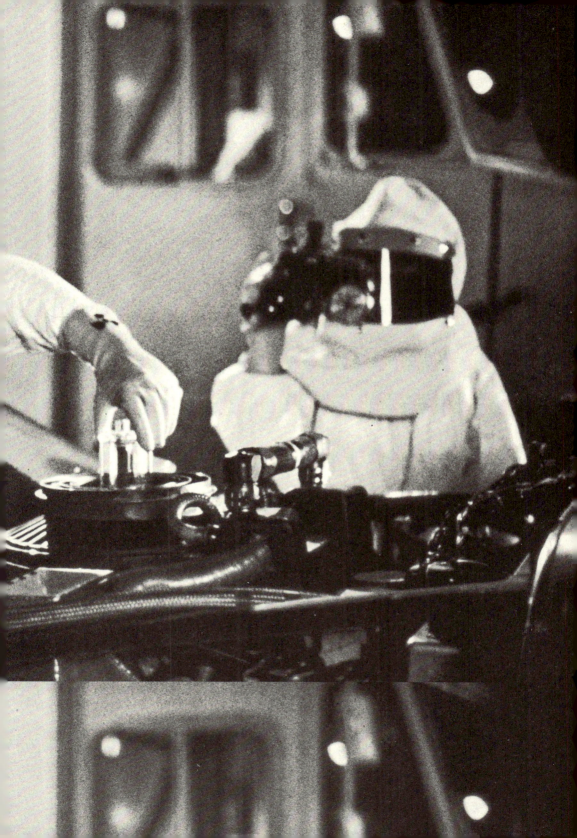

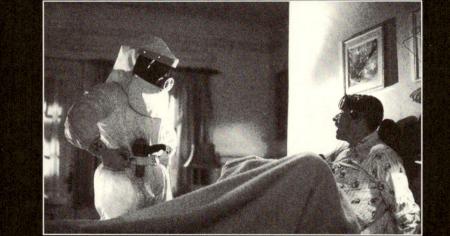

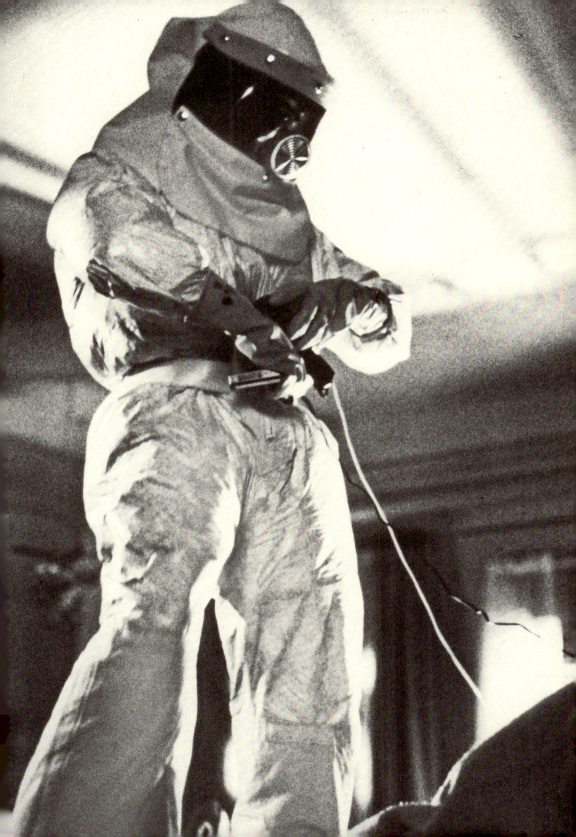

YOU'LL BE NOTICED DRIVING
The Car of the Future!
The Advanced '55 Studebaker

NEW! TREMENDOUS ADDED POWER!
A WORLD OF FULL VISIBILITY!
AMERICA'S SMARTEST TWO-TONING!
AND NO INCREASE IN PRICES!

STUDEBAKER DIVISION OF THE STUDEBAKER-PACKARD CORPORATION...
WORLD'S 4TH LARGEST FULL-LINE PRODUCER OF CARS AND TRUCKS

STATLER MOTORS STUDEBAKER
"SERVING HILL VALLEY SINCE 1928"

Call KLondike 5-064

Where Second Street meets Hubbard Avenue. 9-5 Mon.-Sat.

SAVE THE CLOCK TOWER

Hill Valley Telegraph

Vol. XVII, No. 32 — PUBLISHED DAILY — 10¢

CLOCK TOWER STRUCK BY LIGHTNING

CLOCK STOPPED AT 10:04

Plans To Launch Tests of New Toll System Here

PLEASE MAKE DONATIONS TO
The Hill Valley Preservation Society

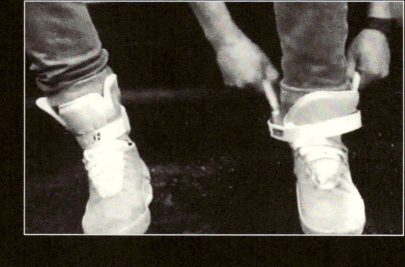

Hill Valley Telegraph

The Weather — Today: Mostly sunny, high near 80...

Vol. XVII, No. 32 — MARCH 16, 1973 — 25 Cents

GEORGE McFLY HONORED

Local Author Receives Award

George McFly, local author and professor, was honored last night by the Hill Valley Civic Committee at their annual award dinner. McFly, a lifelong resident of Hill Valley, was awarded the Committee Golden Citation for his tireless work in promoting civic activities, most notably the Hill Valley Library Project. McFly gave a brief speech in which he lauded the efforts of the City Council in continuing to provide a healthy family environment in the city.

A suggestion that public hearings on applications be limited to one every six months was taken under advisement by the commission.

State authorities have finally announced the date for the opening of the new municipal court center. This long-anticipated event has been the source of much animosity among the civic leaders of the communities surrounding the capitol.

The facts regarding the situation remain the same, state the authorities. Details concerning the action have been given a preliminary investigation but it is felt that only by a more detailed study will the true facts become known.

New Watergate Revelations

Of no less importance was the common recognition shown of the fact that any menace from without to the peace of our continents concerns all of us and therefore properly is a subject for consultation and cooperation. This was reflected in the instruments adopted by the conference.

Thus at this conference all our governments found themselves in unanimous agreement regarding this undertaking. Arrangements for dealing with questions and disputes between the republics were further improved.

Many persons feel at this stage that some legal action is forthcoming but it now becomes common knowledge that there is pressure from the inside which will materially change the aspect of the case.

Of no less importance was the common recognition shown of the fact that any menace from without to the peace of our continents concerns all of us and therefore properly is a subject for consultation and cooperation. This was reflected in the instruments adopted by the conference.

While the final outcome of this situation has yet to be determined, it is possible that when all the facts come together at the conference now scheduled for next week, that a decision will be made to possibly satisfy the needs and demands of all parties.

Indians Continue Wounded Knee Occupation

South Dakota Standoff in 16th Day

Of no less importance was the common recognition shown of the fact that any menace from without to the peace of our continents concerns all of us and therefore properly is a subject for consultation and cooperation. This was reflected in the instruments adopted by the conference.

A suggestion that public hearings on applications be limited to one every six months was taken under advisement by the commission.

Residents feel that they have been taken advantage of ever since the tax laws governing their additional land holdings were reviewed and increased. These residents are finally getting a public hearing on the matter and are gearing themselves for a long and perhaps ugly battle.

A suggestion that public hearings on applications be limited to one every six months was taken under advisement by the commission.

Many persons feel at this stage that some legal action is forthcoming but it now becomes common knowledge that there is pressure from the inside which will materially change the aspect of the case.

Of no less importance was the common recognition shown of the fact that any menace from without to the peace of our continents concerns all of us and therefore properly is a subject for consultation and cooperation. This was reflected in the instruments adopted by the conference.

The facts regarding the situation remain the same, state the authorities. Details concerning the action have been given a preliminary investigation but it is felt that only by a more detailed study will the true facts become known.

Of no less importance was the common recognition shown of the fact that any menace from without to the peace of our continents concerns all of us and therefore properly is a subject for consultation and cooperation. This was reflected in the instruments adopted by the conference.

A suggestion that public hearings on applications be limited to one every six months was taken under advisement by the commission.

Many persons feel at this stage that some legal action is forthcoming but it now becomes common knowledge that there is pressure from the inside which will materially change the aspect of the case.

The facts regarding the situation remain the same, state the authorities. Details concerning the action have been given a preliminary investigation but it is felt that only by a more detailed study will the true facts become known.

An immediate investigation is assured and indications are that some new light will be shed on the situation in the near future. Available facts seem vague but authorities feel that time will disclose some means of arriving at a solution.

GEORGE McFLY

TRANSIT PROBLEMS GIVEN AIRING AT B-M-R CONVENTION

More Rain Predicted

A suggestion that public hearings on applications be limited to one every six months was taken under advisement by the commission.

Many persons feel at this stage that some legal action is forthcoming but it now becomes common knowledge that there is pressure from the inside which will materially change the aspect of the case.

An immediate investigation is assured and indications are that some new light will be shed on the situation in the near future. Available facts seem vague but authorities feel that time will disclose some means of arriving at a solution.

Future plans will, of necessity, have great bearing on the situation as it now stands. Decisions will have to be made of the actual planning of the project will take considerable time but it is felt that these steps are very important.

While the final outcome of this situation has yet to be determined, it is possible that when all the facts come together at the conference now scheduled for next week, that a decision will be made to possibly satisfy the needs and demands of all parties.

Bulldogs Win Division Semi-Finals

Residents feel that they have been taken advantage of ever since the tax laws governing their additional land holdings were reviewed and increased. These residents are finally getting a public hearing on the matter and are gearing themselves for a long and perhaps ugly battle.

State authorities have finally announced the date for the opening of the new municipal court center. This long-anticipated event has been the source of much animosity among the civic leaders of the communities surrounding the capitol.

A suggestion that public hearings on applications be limited to one every six months was taken under advisement by the commission.

Many persons feel at this stage that some legal action is forthcoming but it now becomes common knowledge that there is pressure from the inside which will materially change the aspect of the case.

PAUL CRUMRINE — Staff Reporter

The facts regarding the situation remain the same, state the authorities. Details concerning the action have been given a preliminary investigation but it is felt that only by a more detailed study will the true facts become known.

Thus at this conference all our governments found themselves in unanimous agreement regarding this undertaking. Arrangements for dealing with questions and disputes between the republics were further improved.

Of no less importance was the common recognition shown of the fact that any menace from without to the peace of our continents concerns all of us and therefore properly is a subject for consultation and cooperation. This was reflected in the instruments adopted by the conference.

The facts regarding the situation remain the same, state the authorities. Details concerning the action have been given a preliminary investigation but it is felt that only by a more detailed study will the true facts become known.

Thus at this conference all our governments found themselves in unanimous agreement regarding this undertaking. Arrangements for dealing with questions and disputes between the republics were further improved.

A suggestion that public hearings on applications be limited to one every six months was taken under advisement by the commission.

Many persons feel at this stage that some legal action is forthcoming but it now becomes common knowledge that there is pressure from the inside which will materially change the aspect of the case.

A suggestion that public hearings on applications be limited to one every six months was taken under advisement by the commission.

Residents feel that they have been taken advantage of ever since the tax laws governing their additional land holdings were reviewed and increased.

Of no less importance was the common recognition shown of the fact that any menace from without to the peace of our continents concerns all of us and therefore properly is a subject for consultation and cooperation. This was reflected in the instruments adopted by the conference.

Telephone Service Held Safe Against Disaster

A suggestion that public hearings on applications be limited to one every six months was taken under advisement by the commission.

Many persons feel at this stage that some legal action is forthcoming but it now becomes common knowledge that there is pressure from the inside which will materially change the aspect of the case.

An immediate investigation is assured and indications are that some new light will be shed on the situation in the near future. Available facts seem vague but authorities feel that time will disclose some means of arriving at a solution.

Of no less importance was the common recognition shown of the fact that any menace from without to the peace of our continents concerns all of us and therefore properly is a subject for consultation and cooperation. This was reflected in the instruments adopted by the conference.

Traffic Safety Plan Outlined by City Roads Authorities

Hill Valley Telegraph

The Weather
Today — Mostly sunny, high near 60 low near 40. The chance of precipitation is near zero through tonight. Thursday — Variable cloudiness with a high near 50. Yesterday's temperature range: 50-64. Details Page C3.

Vol. XVII, No. 32   COMPLETE NEWS SERVICE A.P. & NEWS PHOTOS   PUBLISHED DAILY   THE NEWSPAPER THE PEOPLE DEPEND UPON   PRICE: 10 CENTS

Index — 4 Sections 72 Pages
Amusements B 6   Obituaries C 4
Classified C 8   Sports D 1
Comics B 9   Style B 1
Editorial A20   Radio B
Financial D10   Movies C 1

BIFF WINS AGAIN

PAUL CRUMRINE
Staff Writer

Khruschev Offers Dates for Summit

An immediate investigation is assured and indications are that some new light will be shed on the situation in the near future. Available facts seem vague but authorities feel that time will disclose some means of arriving at a solution.

Future plans will, of necessity, have great bearing on the situation as it now stands. Decisions will have to be made of the actual planning of the project will take considerable time but it is felt that these steps are very important.

Future plans will, of necessity, have great bearing on the situation as it now stands. Decisions will have to be made of the actual planning of the project will take considerable time but it is felt that these steps are very important.

The facts regarding the situation remain the same, state the authorities. Details concerning the action have been given a preliminary investigation but it is felt that only by a more detailed study will the true facts become known.

Mrs. Duncan's Story: 'I Had to Keep Son'

A suggestion that public hearings on applications be limited to one every six months was taken under advisement by the commission.

Many persons feel at this stage that some legal action is forthcoming but it now becomes common knowledge that there is pressure from the inside which will materially change the aspect of the case.

A suggestion that public hearings on applications be limited to one every six months was taken under advisement by the commission.

An immediate investigation is assured and indications are that some new light will be shed on the situation in the near future. Available facts feel that time will disclose

Of no less importance was the common recognition shown of the fact that any menace from without to the peace of our continents concerns all of us and therefore properly is a subject for consultation and cooperation. This was reflected in the instruments adopted by the conference.

An immediate investigation is assured and indications are that some new light will be shed on the situation in the near future. Available facts seem vague but authorities feel that time will disclose some means of arriving at a solution.

A suggestion that public hearings on applications be limited to one every six months was taken under advisement by the commission.
Many persons feel at this stage that some legal action is forthcoming but it now becomes common knowledge that there is pressure from the inside which will materially change the aspect of the case.

A suggestion that public hearings on applications be limited to one every six months was taken under advisement by the commission.

BIFF TANNEN

Pioneer IV Passes Moon, Speeds On

While the final outcome of this situation has yet to be determined, it is possible that when all the facts come together at the conference now scheduled for next week, that a decision will be made to possibly satisfy the needs and demands of all parties.

A suggestion that public hearings on applications be limited to one every six months was taken under advisement by the commission.

Thus at this conference all our governments found themselves in unanimous agreement regarding this undertaking. Arrangements for dealing with questions and disputes between the republics were further improved.

Reveal Hoffa Slush Fund

Of no less importance was the common recognition shown of the fact that any menace from without to the peace of our continents concerns all of us and therefore properly is a subject for consultation and cooperation. This was reflected in the instruments adopted by the conference.

An immediate investigation is assured and indications are that some new light will be shed on the situation in the near future. Available facts seem vague but authorities feel that time will disclose some means of arriving at a solution.

Of no less importance was the common recognition shown of the fact that any menace from without to the peace of our continents concerns all of us and therefore properly is a subject for consultation and cooperation. This was reflected in the instruments adopted by the conference.

It would appear that the preliminary inquiry into this matter has in fact not settled any of the minor differences arising from the situation but rather has aggravated the mood of those petitioning for more local involvement by the council.

Many persons feel at this stage that some legal action is forthcoming but it now becomes common knowledge that there is pressure from the inside which will materially change the aspect of the case.

The facts regarding the situation remain the same, state the authorities. Details concerning the action have been given a preliminary investigation but it is felt that only by a more detailed study will the true facts become known.

Thus at this conference all our governments found themselves in unanimous agreement regarding this undertaking. Arrangements for dealing with questions and disputes between the republics were further improved.

Of no less importance was the common recognition shown of the fact that any menace from without to the peace of our continents concerns all of us and therefore properly is a subject for consultation and cooperation. This was reflected in the instruments adopted by the conference.

American Mining Expert Asks British Citizenship

By The Associated Press
LONDON, (Special) — Alfred Chester Beatty, mining expert, who was born in New York fifty-eight years ago, applied today to the Home Secretary for naturalisation as a British subject.
He said he had decided to give up his American nationality "because, though I am very fond of both countries, I have taken out

While the final outcome of this situation has yet to be determined, it is possible that when all the facts come together at the conference now scheduled for next week, that a decision will be made to possibly satisfy the needs and demands of all parties.

Of no less importance was the common recognition shown of the fact that any menace from without to the peace of our continents concerns all of us and therefore properly is a subject for consultation and cooperation. This was reflected in the instruments adopted by the conference.

A suggestion that public hearings on applications be limited to one every six months was taken under advisement by the commission.

Future plans will, of necessity, have great bearing on the situation as it now stands. Decisions will have to be made of the actual planning of the project will take considerable time but it is felt that these steps are very important.

Of no less importance was the common recognition shown of the fact that any menace from without to the peace of our continents concerns all of us and therefore properly is a subject for consultation and cooperation. This was reflected in the instruments adopted by the conference.

Thus at this conference all our governments found themselves in unanimous agreement regarding this undertaking. Arrangements for dealing with questions and disputes between the republics were further improved.

It would appear that the preliminary inquiry into this matter has in fact not settled any of the minor differences arising from the situation but rather has aggravated the mood of those petitioning for more local involvement by the council.

The facts regarding the situation remain the same, state the authorities. Details concerning the action have been given a preliminary investigation but it is felt that only by a more detailed study will the true facts become known.

The Mayor, meanwhile, has diplomatically kept a low profile, at least in public. Sources at City Hall confirm that until the council has finished, its private meetings concerning the issue, that the Mayor will have no public statement to make on the matter.

In any event, arrangements are going forward toward what is hoped will be a friendly meeting of both sides at the conference. This debate has certainly stirred up the local media but things have been somewhat smoothed over by the decision of the committee to allow the local television station to cover the conference live.

A suggestion that public hearings on applications be limited to one every six months was taken under advisement by the commission.

Thus at this conference all our governments found themselves in unanimous agreement regarding this undertaking. Arrangements for dealing with questions and disputes between the republics were further improved.

Errol Flynn Dies At 50 In Vancouver

An immediate investigation is assured and indications are that some new light will be shed on the situation in the near future. Available facts seem vague but authorities feel that time will disclose some means of arriving at a solution.

Future plans will, of necessity, have great bearing on the situation as it now stands. Decisions will have to be made of the actual planning of the project will take considerable time but it is felt that these steps are very important.

It would appear that the preliminary inquiry into this matter has in fact not settled any of the minor differences arising from the situation but rather has aggravated the mood of those petitioning for more local involvement by the council.

State authorities have finally announced the date for the opening of the new municipal court center. This long-anticipated event has been the source of much animosity among the civic leaders of the communities surrounding the capitol.

Index

DR. E. BROWN ENTERPRISES

24 HR SCIENTIFIC SERVICES
(916) 555-4385

1646 Riverside Drive, Hill Valley, California 95420

CUSCO
1249 BUSINESS CENTER ROAD, HILL VALLEY, CA 95429-4345

EMPLOYEE ID

MC FLY, MARTIN

```
TWIN PINES MOVIEPLEX 6
SAT OCT 05 85
7:00P AUD:3

GOONIES

1 ADULT                   NO REFUND

WELCOME TO THE NEW     $  4.75
TWIN PINES MOVIEPLEX 6
```

Battle of the Bands

AUDITIONS

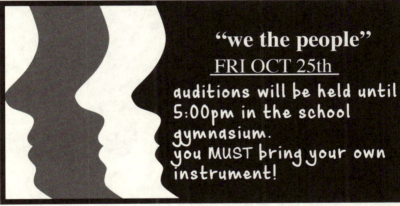

"we the people"
FRI OCT 25th

auditions will be held until 5:00pm in the school gymnasium.
you MUST bring your own instrument!

 3:30 pm after school

SIGN UP in the library by THU OCT 24th by 3:00pm

GRAYS
SPORTS
ALMANAC

COMPLETE SPORTS STATISTICS

1950–2000

INCLUDING BASEBALL, FOOTBALL, BOXING, HORSERACING AND MORE!

Hill Valley Telegraph

Vol. XVII, No. 32 — MAY 23, 1983 — 25 Cents

EMMETT BROWN COMMITTED

Crackpot Inventor Declared Legally Insane

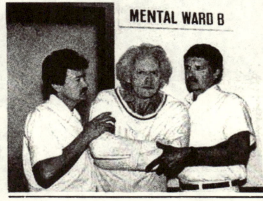

Local scientist Emmett Brown yesterday was legally declared insane by doctors. Brown now is being held at the Hill Valley Hospital and is under heavy sedation.

Nixon to Seek Fifth Term

Vows End to Vietnam War by 1985

BiffCo to Build New Dioxin Plant

More Jobs will Bolster Local Economy

BiffCo Takes Over Lone Pine Mall

Tannen Birthplace Declared National Monument

Hill Valley Pollution Alert

Traffic Safety Plan Outlined by City Roads Authorities

DIPLOMATS FETED AS IMPORTANT ISSUES GO BY THE BOARD

RELATED STORIES

Hill Valley Telegraph

Vol. XVII, No. 32 — MAY 23, 1983 — 25 Cents

EMMETT BROWN COMMENDED
Local Inventor Receives Civic Award

PAUL CRUMRINE
Staff Writer

Local scientist Emmett Brown yesterday was legally declared insane by doctors. Brown now held at the Hill Valley Hospital is under heavy sedation.

The facts regarding the situation remain the same, state the authorities. Details concerning the action have been given a preliminary investigation, but it is felt that only by a more detailed study will the true facts become known.

Thus at this conference all our governments found themselves in unanimous agreement regarding this undertaking. Arrangements for dealing with questions and disputes between the republics were further improved.

Of no less importance was the common recognition shown of the fact that any menace from without to the peace of our continents concerns all of us and therefore properly is a subject for consultation and cooperation. This was reflected in the instruments adopted by the conference.

A suggestion that public hearings on applications be limited to one every six months was taken under advisement by the commission.

Many persons feel at this stage that some legal action is forthcoming but it now becomes common knowledge that there is pressure from the inside which will materially change the aspect of the case.

Of no less importance was the common recognition shown of the fact that any menace from without to the peace of our continents concerns all of us and therefore properly is a subject for consultation and cooperation. This was reflected in the instruments adopted by the conference.

Mayor Wilson Vetoes Zoning Bill
Victory for Local Homeowners

Of no less importance was the common recognition shown of the fact that any menace from without to the peace of our continents concerns all of us and therefore properly is a subject for consultation and cooperation. This was reflected in the instruments adopted by the conference.

A suggestion that public hearings on applications be limited to one every six months was taken under advisement by the commission.

Many persons feel at this stage that some legal action is forthcoming but it now becomes common knowledge that there is pressure from the inside which will materially change the aspect of the case.

The facts regarding the situation remain the same, state the authorities. Details concerning the action have been given a preliminary investigation, but it is felt that only by a more detailed study will the true facts become known.

Thus at this conference all our governments found themselves in unanimous agreement regarding this undertaking. Arrangements for dealing with questions and disputes between the republics were further improved.

Of no less importance was the common recognition shown of the fact that any menace from without to the peace of our continents concerns all of us and therefore properly is a subject for consultation and cooperation. This was reflected in the instruments adopted by the conference.

An immediate investigation is assured and indications are that some new light will be shed on the situation in the near future. Available facts seem vague but authorities feel that time will disclose some means of arriving at a solution.

Many persons feel at this stage that some legal action is forthcoming but it now becomes common knowledge that there is pressure from the inside which will materially change the aspect of the case.

City Council to Push New Park Plan

The facts regarding the situation remain the same, state the authorities. Details concerning the action have been given a preliminary investigation, but it is felt that only by a more detailed study will the true facts become known.

Thus at this conference all our governments found themselves in unanimous agreement regarding this undertaking. Arrangements for dealing with questions and disputes between the republics were further improved.

Of no less importance was the common recognition shown of the fact that any menace from without to the peace of our continents concerns all of us and therefore properly is a subject for consultation and cooperation. This was reflected in the instruments adopted by the conference.

Traffic Safety Plan Outlined by City Roads Authorities

DIPLOMATS FETED AS IMPORTANT ISSUES GO BY THE BOARD

That at this conference all our governments found themselves in unanimous agreement regarding this undertaking. Arrangements for dealing with questions and disputes between the republics were further improved.

Of no less importance was the common recognition shown of the fact that any menace from without to the peace of our continents concerns all of us and therefore properly is a subject for consultation and cooperation. This was reflected in the instruments adopted by the conference.

An immediate investigation is assured and indications are that some new light will be shed on the situation.

Reagan to Seek Second Term
No Republican Challengers Expected

The Mayor, meanwhile, has diplomatically kept a low profile, at least in public. Sources at City Hall confirm that until the council has finished, its private meetings concerning the issue, that the Mayor will have no public statement to make on the matter.

The facts regarding the situation remain the same, state the authorities. Details concerning the action have been given a preliminary investigation but it is felt that only by a more detailed study will the true facts become known.

A suggestion that public hearings on applications be limited to one every six months was taken under advisement by the commission.

Many persons feel at this stage that some legal action is forthcoming but it now becomes common knowledge that there is pressure from the inside which will materially change the aspect of the case.

Residents feel that they have been taken advantage of ever since the tax laws governing their additional land holdings were reviewed and increased.

Expansion Plans for Lone Pine Mall

An immediate investigation is assured and indications are that some new light will be shed on the situation in the near future. Available facts seem vague but authorities feel that time will disclose some means of arriving at a solution.

Many persons feel at this stage that some legal action is forthcoming but it now becomes common knowledge that there is pressure from the inside which will materially change the aspect of the case.

State authorities have finally announced the date for the opening of the new municipal court center. This long-anticipated event has been the source of much animosity among the civic leaders of the communities surrounding the capitol.

(Continued on Page 8)

RELATED STORIES
The last edition	A-1
No Star bayern	A-1
Pulitzer cartoons	A-9
Pulitzer winners	A-10
The Staff	A-10
Production staff	A-11

Hill Valley Sponsors Charity

A suggestion that public hearings on applications be limited to one every six months was taken under advisement by the commission.

The facts regarding the situation remain the same, state the authorities. Details concerning the action have been given a preliminary investigation, but it is felt that only by a more detailed study will the true facts become known.

The taxes being paid by the residents of the hard-hit community have long been the subject of heated debate among the city council. Now the members of that community are finally being heard and

AGRADECIMENTOS

Preciso dar meus maiores agradecimentos a Peter Steinerg da Foundry Literary + Media, o melhor agente literário que eu poderia ter para este projeto, por seu apoio a essa ideia na época em que eu mais precisava disso, e Kate Napolitano, minha fantástica editora, por toda sua sabedoria e orientação para maximizar meu potencial e fazer este o melhor livro possível não só para mim, mas para todos os fãs de *De Volta para o Futuro* espalhados por aí, como Peter, eu mesmo e vocês, nossos leitores. Aprendi tanto com vocês dois e espero que nós todos tenhamos a oportunidade de fazer isso outra vez, depois de uma merecida pausa. Também Rachel Bressler e toda a equipe da Plume e Penguin Randon House, não posso agradecê-los o suficiente por tudo que vocês fizeram para que este livro se tornasse o que se tornou, especialmente considerando nosso cronograma apertado. Eu não poderia pedir uma casa melhor para este projeto.

Também há duas pessoas que significativamente foram para o alto e além para me ajudar em minha jornada para contar a história mais precisa e compreensiva que pude. Bob Gale, coprodutor e coautor da trilogia, foi um entusiasta deste livro desde o início e sempre esteve disponível para minha cantilena de perguntas e pedidos de ajuda para entrar em contato com algum integrante do elenco ou da equipe mais difícil de ser encontrado. Sua memória é impecável e se durante a leitura deste livro você se perguntou como eu poderia saber de certas coisas de forma tão detalhada, é provável que seja graças a Bob. Adicionalmente, Stephen Clark, o produtor executivo de BacktotheFuture.com, foi igualmente prestativo em corroborar minhas informações, me ajudando a achar algumas pessoas e geralmente funcionando como confessionário das minhas ideias e frustrações. Eu não

consigo imaginar como este livro poderia ter sido sem vocês dois, mas ele certamente não seria escrito na velocidade que foi.

Entre abril de 2013 e janeiro de 2015 eu entrevistei mais de cinquenta pessoas cujas reflexões formaram amplamente a narrativa que construí. Apesar de nem todos terem sido citados substancialmente ao longo deste livro, cada conversa sobre o fenômeno *De Volta para o Futuro* acrescentava algo sobre a trilogia e melhorava minha ideia sobre qual era o clima no set e além. Com todo meu coração, gostaria de agradecer às seguintes pessoas por seu tempo e acesso: Isa Alsup, John Bell, Clyde E. Bryan, Mark Campbell, Neil Canton, Tamara Carrera, Rick Carter, Stephen Clark, Ron Cobb, Darold "Doc" Crotzer, Dean Cundey, David de Vos, Mike Fenton, Tim Flattery, Charles Fleischer, Don Fullilove, Courtney Gains, Bob Gale, Richie Gaona, Paul Hanson, Melora Hardin, Oliver Holler, Terry Holler, Bones Howe, Joanna Johnston, Kenneth Kapalowski, Harry Keramidas, Huey Lewis, Christopher Lloyd, A.J. LoCascio, Ricky Dean Logan, Joe Maddalena, Dan Madsen, Leonard Maltin, Wesley Mann, Frank Marshall, Frances Lee McCain, Marc McClure, Gary Morgan, Scott Neitlich, Larry Paull, Kevin Pike, Elsa Raven, Peyton Reed, Scott Ross, Michael Scheffe, Bob Schmelzer, Arthur Schmidt, Sid Sheinberg, Tom Silknitter, Steve Starkey, Drew Struzan, Wes Takahashi, Lea Thompson, James Tolkan, Darlene Vogel, Joe Walser, Harry Waters, Jr., Jeffrey Weissman, Claudia Wells, Cheryl Wheeler, Bob Yerkes e Robert Zemeckis.

Algumas das pessoas listadas acima têm agentes, assistentes, gerentes e publicitários fantásticos que me ajudaram a entrar em contato com eles. O maior desafio de escrever um livro como este é eliminar os intermediários e, acredite, sou grato às seguintes pessoas

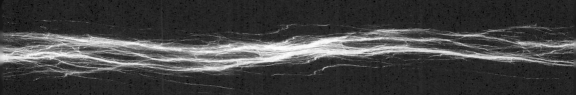

por terem aceitado meus pedidos e propostas a seus clientes e me ajudado a encontrá-los: Sarah Bauer, Michelle Bega, Nina Bombadier, Beth Comstock, Pearl Evidente Feldman, Andrew Freedman, Lily Gibbs, Julie Groll, Samantha Hill, Derek Hogue, Mary Hulett, Hannah Jacobson, Karin Martin, Evan Miller, Paul Miller, Judith Moss, Monique Perez, Maxine Pezim, Sabrina Propper e Ivan Savic. Além desses, devo agradecimentos a Roni Lubliner e Jessica Taylor por sua ajuda neste projeto.

Quando leio um livro, quase sempre me encontro lendo primeiro os agradecimentos, especialmente se o autor é alguém que eu conheço. Por experiência própria, sei que muitos dos meus amigos também fazem o mesmo. Eu posso praticamente ver algumas das minhas pessoas favoritas rapidamente lendo estes parágrafos, vendo se eu os saudei. Por isso, amigos, parem de ler rápido – aqui é a sua seção!

Devo agradecimentos extraespeciais a Johanna Calle, que frequentemente recebe meus espasmos aleatórios de criatividade, frustração, excitação e desapontamento – quer ela queira, quer não. Sua paciência e seu amor são algo que eu nunca desmereci. Eu também tenho de agradecer a Christopher Ryan, Toney Jackson, Mathew Klickstein e Dina Nasr-Heerema, amigos fantásticos e escritores melhores ainda, que servem como constantes fontes de inspiração para mim, normalmente apenas em outras conversas normais. Também vai meu apreço sem fim para Reeshelle Sookram, por resolver aquela incumbência top-secret pra mim quando ficamos presos na Costa Leste.

Terecille Basa-Ong tem os melhores olhos para pescar erros tipográficos e de gramática, e tem sido generosa o suficiente para compartilhá-los comigo de forma a manter meus livros da melhor maneira que eles possam estar. Fiona Sarne continua uma fantástica fonte de ajuda e orientação para mim através do processo de escrita e de publicação. Jen Hale e toda a turma da ECW Press, ainda estou incrivelmente agradecido pela oportunidade com meus dois primeiros livros.

Alguns amigos levantaram o tema da minha conversa com os entrevistados e sobre o processo de escrita mais do que outros e, por isso, quero dizer obrigado pela compreensão quando meus pensamentos não conseguiam mais ser retidos em minha cabeça ou na minha boca. Realmente não posso pagá-los de volta o tempo que passaram me ouvindo falar, mas espero que ao verem seu nome impresso haja uma pequena compensação: Josh Bellocchio, Phil Brophy, Daniel Carola, Angela De Gregorio, John e Rose Frontignano, Rasha Jay, Gregory Liosi, Vanessa "Curly Fries" Matthews, Steven Pfeiffer, Melissa Rotolo, Wendy Salkin, Stephanie Shaw, Michele Stein, Jared Wexler e Anthony Zisa.

Por último, mas não menos importante, tenho de agradecer à minha família – especialmente meus pais, Bernadette e Curtis, e meu irmão, Curtis Gaines III – por seu apoio sem fim, amor e encorajamento.

Sou tão abençoado de tê-los em minha vida atualmente e no futuro.

Continua...

CASEEN GAINES
caseengaines.com

FONTES

A esmagadora maioria das informações neste livro foi retirada de uma série de entrevistas originais conduzidas pelo autor. De forma a melhor corroborar com a informação provida pelos entrevistados, bem como para preencher algumas lacunas, algumas fontes adicionais foram consultadas. O que segue é uma lista de fontes que são úteis, em grande ou pequena parte, para a precisão e escopo geral deste projeto.

LIVROS

BAXTER, Meredith. *Untied: A Memoir of Family, Fame, and Floundering*. Waterville, Me: Thorndike, 2011.

FOX, Michael J. *Lucky Man: A Memoir*. Nova York: Hyperion, 2002.

GOLDBERG, Gary David. *Sit, Ubu, Sit: How I Went from Brooklyn to Hollywood with the Same Woman, the Same Dog, and a Lot Less Hair*. Nova York: Harmony, 2008.

KLASTORIN, Michael; HIBBIN, Sally. *"Back to the Future": The Official Book of the Complete Movie Trilogy*. Londres: Hamlyn, 1990.

MCBRIDE, Joseph. *Steven Spielberg: A Biography*. 2. ed. Jackson, MS: University Press of Mississippi, 2011.

STRUZAN, Drew; SCHOW, David J.; DARABONT, Frank. *The Art of Drew Struzan*. Londres: Titan, 2010.

FILMES

(isto inclui também todos os comentários em áudio e atrações especiais)

Carros Usados. Dir. Robert Zemeckis. 1980. Sony, 2002.

Febre de Juventude. Dir. Robert Zemeckis. 1978. Universal, 2004. DVD.

Looking Back at the Future. Dir. Darold "Doc" Crotzer. Agenda Films, 2006. DVD.

De Volta para o Futuro. Dir. Robert Zemeckis. 1985. Universal, 2011. Blu-ray.

De Volta para o Futuro – Parte II. Dir. Robert Zemeckis. 1989. Universal, 2011. Blu-ray.

De Volta para o Futuro – Parte III. Dir. Robert Zemeckis. 1990. Universal, 2011. Blu-ray.

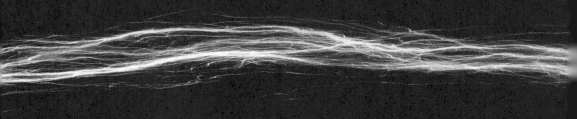

ARTIGOS E ENTREVISTAS ON-LINE

Entrevista com J.J. Cohen.
O áudio está disponível em: http://moviehole.net/img/jjcoheninterview.mp3.

Entrevista com Tom Wilson.
O áudio está disponível em: http://www.nerdist.com/pepisode/nerdist-podcast-125-tom-wilson.

A resposta que Brad Jeffries deu para **"Como era trabalhar nos filmes *De Volta para o Futuro*?"** no Quora, que pode ser encontrada em http://quora.com/What-was-it-like-to-work-on- the-Back-to- the-Future-movies.

"Back to the Future: The Oral History", da *Empire Online*, que pode ser encontrada em: http://www.empireonline.com/interviews/interview.asp?IDD=1084.

"Interview: Lovely Lorraine Lea Thompson Is 'Back to the Future'", do *HollywoodChicago.com,* que pode ser encontrada em: http://hollywoodchicago.com/news/10067/interview-lovely-lorraine-lea-thompson-is-back-to- the-future.

"Meet the 'Real' Crispin Glover", da *Movieline*, originalmente publicada no dia 1º de dezembro de 1989. Pode ser encontrada on-line em: http://www.movieline.com/1989/12/01/meet-the-real-crispin-glover.

Artigo de 1989 que Tom Wilson escreveu para a *Us Weekly*, **"Back to Back"**.

A data de publicação do artigo original é desconhecida, mas todo o texto do artigo pode ser encontrado em: http://www.bigpopfun.com/Biff_to_the_Future.shtml.

O artigo **"'I Met Andy Warhol at Madonna and Sean Penn's Wedding': An Interview with Crispin Glover"**, da *Uncut*, que pode ser encontrado on-line em: http://goo.gl/70WkXc.

PERIÓDICOS

Associated Press. "Movie Sequel Arives [sic] This Weekend." *The Nevada Daily Mail*, 25 de maio de 1990.

BENSON, Shiela. "Movie Review: An Underpowered Trip 'Back to the Future.'" *Los Angeles Times*, 3 de julho de 1985.

DOGHERTY, Conor. "Hoverboards: A Story 25 Years in the Making." *New York Times*, 24 de outubro de 2014.

LYMAN, Rick. "Back to the Future Director Found Path to Success a Rocky Road." *Orlando Sentinel*, 12 de julho de 1985.

"Stoltz Out-Foxed on Film Role." *Wilmington Morning Star*, 23 de abril de 1985.

STRAUSS, Bob, Los Angeles Times. "Fox Seeks Challenge in Dramatic Roles." *Pittsburgh Post-Gazette*, 25 de agosto de 1989.

THOMAS, Bob, Associated Press. "Eric Stoltz Hits 'Up,' Again." *The Gainesville Sun*, 12 de março de 1987.

THOMAS, Bob, Associated Press. "Zemeckis Film Took Long Road to Screen." *Park City Daily News*, 2 de julho de 1985.

WEBSITES

Back to the Future
— http://www.backtothefuture.com.

Back to the Future Filming Locations — http://www.seeing-stars.com/Locations/BTTF.shtml.

Billboard Music Charts
— http://www.billboard.com.

Box Office Mojo
— http://www.boxofficemojo.com.

Crispin Glover's Official Website
— http://www.crispinglover.com.

Futurepedia: The Back to the Future Wiki
— http://backtothefuture.wikia.com.

The Internet Movie Database
— http://www.imdb.com.

ScreenUsed
— http://www.screenused.com.

Tom Wilson's Official Website
— http://www.tomwilsonusa.com.

YOUTUBE

Bob Gale (Back to the Future), Page One Writer's Conference, 2013, Part 1 — http://youtu.be/t_Kqe49o9y4.

"Car Crash: The DeLorean Story"
— http://youtu.be/uMUXZaROJKM.

Crispin Glover, "Back to the Future Controversy"
— http://youtu.be/gmuGyHb4iHE.

Crispin Glover, "Zemeckis Got Really Mad at Me", SiriusXM, Opie & Anthony
— http://youtu.be/lcG61w474zY.

BTM UNCUT, "Director Robert Zemeckis on the Mattel Hoverboard Prop Replicas"
— http://youtu.be/oa0GkcPDdOc.

Hollywood Treasures, "DeLorean Time Machine"
— http://youtu.be/QUVO5qsyBYI

The South Bank Show, "Robert Zemekis [sic]"
— http://youtu.be/o6UMUYV1AJM.

Além disso, vários relatórios de produção, folhas de recado, artes conceituais e desenhos de fantasias dos três filmes da série *De Volta para o Futuro* – a maior parte compartilhada por Bob Gale, John Bell e Joanna Johnston – também foram úteis.

Embora o autor tenha feito todo o esforço para providenciar telefones, sites e outras informações de contato precisas quando da publicação, a editora e o autor não assumem qualquer responsabilidade por erros ou mudanças que ocorreram após a publicação. Além disso, a editora não tem nenhum controle e não assume qualquer responsabilidade pelos sites do autor ou de terceiros tampouco por seu conteúdo.

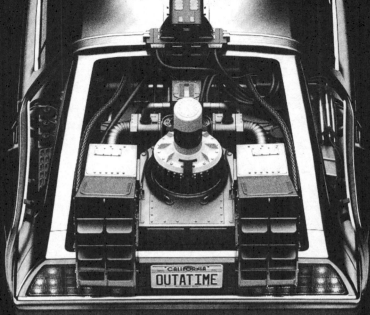

CRÉDITOS DAS IMAGENS

Agradecemos enormemente a todos pelo uso de suas imagens, usadas originalmente para propaganda, promoção e publicidade das obras cinematográficas que elas ilustram. Todos os direitos reservados.

© Universal City Studios, Inc., 1978
© Universal City Studios, Inc., 1985
© Universal City Studios, Inc., 1985
© Universal City Studios, Inc., 1985
© Universal City Studios, Inc., 1989
© Universal Pictures / Amblin
© Moviestore collection Ltd
  Alamy Stock Photo
© AF archive / Alamy Stock Photo
© Michael Kemp
© Drew Struzan, 1985
© Ron Cobb, 1984

Todos os esforços foram envidados para localizar os detentores dos direitos autorais de tais imagens; todas as omissões serão corrigidas em futuras edições. As visões e opiniões expressas pelos entrevistados neste livro não são necessariamente as opiniões do autor ou do editor. O autor e o editor não aceitam a responsabilidade por erros ou omissões, e negam especificamente qualquer responsabilidade, perda ou risco, seja de maneira pessoal, financeira ou qualquer outra decorrida em consequência, direta ou indireta, do conteúdo deste livro.

CASEEN GAINES é um devotado historiador de cultura pop. Sua tese de formando em jornalismo e estudos midiáticos na conceituada Rutgers University explorou relações raciais presentes na série original de filmes *Planeta dos Macacos*. É professor de inglês do ensino médio e diretor artístico da Hackensack Theatre Company. *De Volta Para o Futuro: We Don't Need Roads – Os Bastidores da Trilogi*a é seu terceiro livro. Saiba mais em caseengaines.com.

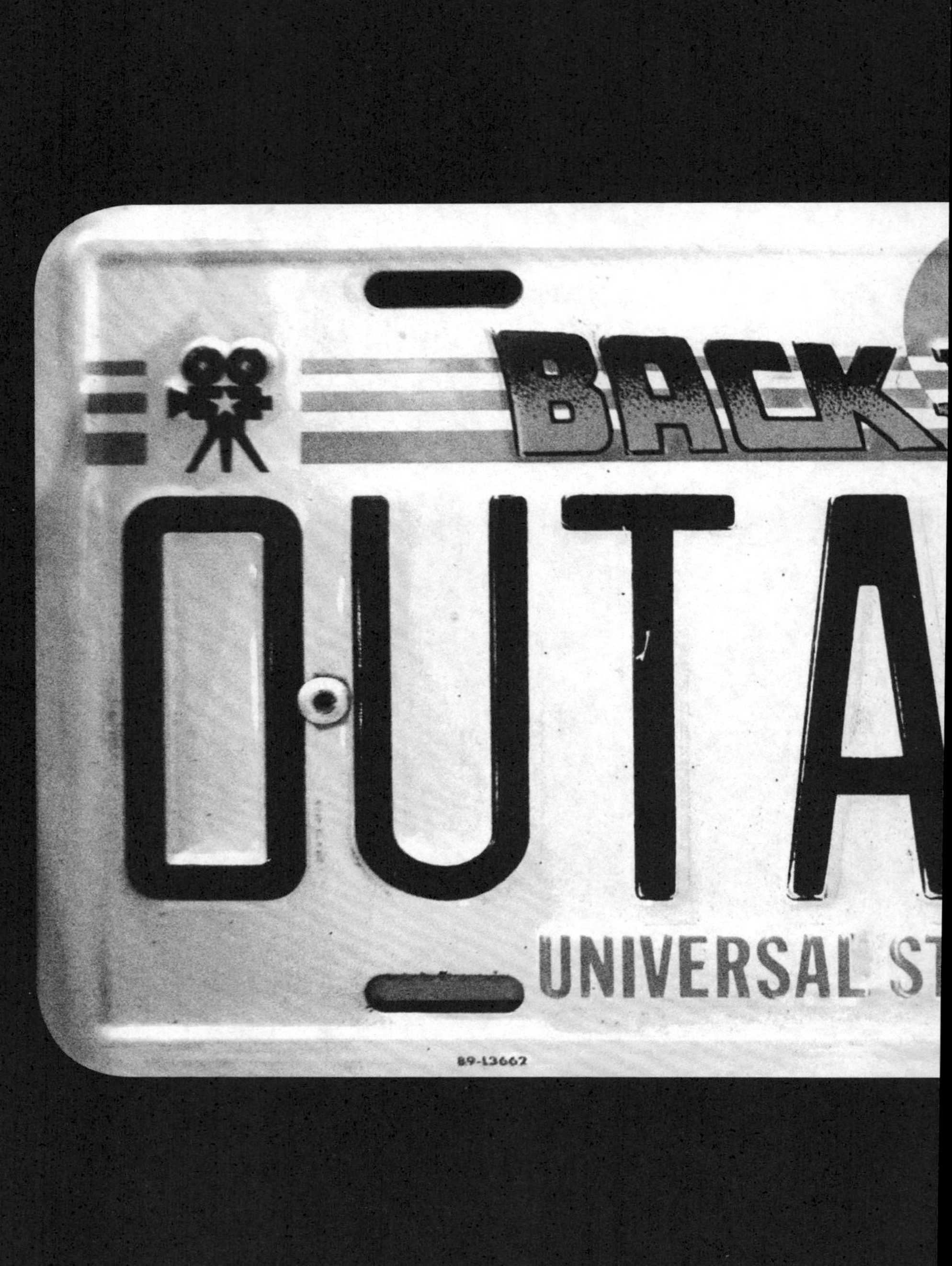
BACK
OUTA
UNIVERSAL ST
89-13662

PARA ONDE VAMOS,
NÃO PRECISAMOS DE ESTRADAS
OUT. 21 2015

DARKSIDEBOOKS.COM